甘肃省哲学社会科学项目

题目：多元文化语境下社会主义核心价值观共识机制研究（YB108）

马克思主义哲学
经典著作导读

甄晓英 著

中国社会科学出版社

图书在版编目（CIP）数据

马克思主义哲学经典著作导读／甄晓英著．—北京：中国社会科学
出版社，2017.3（2018.6 重印）

ISBN 978 - 7 - 5161 - 9860 - 5

Ⅰ．①马… Ⅱ．①甄… Ⅲ．①马克思主义哲学—马列著作研究
Ⅳ．①A851.63

中国版本图书馆 CIP 数据核字 (2017) 第 031367 号

出 版 人	赵剑英	
责任编辑	赵　丽	
责任校对	周　昊	
责任印制	王　超	

出　　　版	中国社会科学出版社	
社　　　址	北京鼓楼西大街甲 158 号	
邮　　　编	100720	
网　　　址	http://www.csspw.cn	
发 行 部	010 - 84083685	
门 市 部	010 - 84029450	
经　　　销	新华书店及其他书店	

印刷装订	北京君升印刷有限公司	
版　　　次	2017 年 3 月第 1 版	
印　　　次	2018 年 6 月第 2 次印刷	

开　　　本	710×1000　1/16	
印　　　张	19	
插　　　页	2	
字　　　数	239 千字	
定　　　价	79.00 元	

前　言

　　马克思主义哲学著作，在整个马克思主义理论科学体系中具有非常重要的地位，在当代哲学发展史和思想发展史上有深刻而广泛的影响，这些伟大著作代表着马克思主义者对社会现实的反思和对未来的展望，为无产阶级革命提供了思想武器和精神动力，是马克思主义政党的理论基础。研读马克思主义哲学著作是掌握马克思主义理论科学体系的前提。马克思主义哲学著作是关于马克思主义最根本的世界观和方法论的经典论著，辩证唯物主义和历史唯物主义是无产阶级科学的世界观和方法论，也是马克思主义理论科学体系的哲学基础。正如列宁所指出的："马克思的哲学是完备的哲学唯物主义，它把伟大的认识工具给了人类，特别是给了工人阶级。"

　　马克思主义哲学的生命在于发展，其发展的基础和动力来源于发展着的社会实践，21世纪，在中国，这个社会实践就是中国特色社会主义建设、实现中华民族伟大复兴中国梦的实践。同时，发展马克思主义哲学又必须坚持以其精神实质和基本理论为前提。因此，真正理解和掌握马克思主义哲学的精神实质与理论精髓就成为我们坚持和发展马克思主义哲学的基本思想和理论原则，学习和研究经典著作是我们全面准确地掌握马克思主义哲学的基本途径。

　　本书在尊重和保留对马克思主义哲学经典著作文本解读的前提下，对其历史地位、理论意义、实践意义、对我们的启示等部分，增加了一定分量的对马克思主义哲学经典著作的中国化研究。这种对中国化解读的研究，旨在帮助读者读懂原著，掌握基本原理，深刻地学习和领会马克思主义哲学经典著作的理论实质和实践意义。强调理论联系实际，学以致用，促进读者树立辩证唯物主义和历史唯物主义的世界观、人生观和价值观，坚定共产主义信念。增强在建设中国特色社会主义、实现中华民族伟大复兴中国梦的实践中运用马克思主义的立场、观点、方法分析和解决实际问题的能力。提高贯彻执行党的基本路线的自觉性，增强对中国特色社会主义的理论自信、道路自信、制度自信、文化自信。因为，哲学是时代精神的精华和社会变革的先导，这本导读是哲学著作，它的地位最终决定于其对现实生活的影响。正如哲学不仅仅是黄昏到来时才起飞的密纳发的猫头鹰，而且也常常是破晓曙光的晨鸡！

本书 20 余万字，主要内容是遵循马克思主义哲学形成及发展的逻辑路径而安排的。首先，在总论部分选编了 3 篇文章，分别是恩格斯的《在马克思墓前的讲话》、列宁的《马克思主义的三个来源和三个组成部分》和《马克思学说的历史命运》，旨在从整体视域下研究马克思及马克思主义理论的渊源、体系、实质、政治立场和理论品质。在分论部分展现了历史背后的理论形成、理论发展和理论创新，切实体现了马克思、恩格斯、列宁和毛泽东各自在实践中是如何发展、如何创新的，深刻理解了他们各自在思想上的独创性发展。其中，按马克思主义哲学萌芽、形成和成熟的逻辑发展顺序，首先介绍了马克思的《〈黑格尔法哲学批判〉导言》和《1844年经济学哲学手稿》两篇著作，可以说这是马克思从青年黑格尔派向马克思主义者过渡转化的早期主要著作，通过解读可以帮助读者了解和厘清马克思主义哲学形成发展的萌芽时期的主要哲学观点。然后对《关于费尔巴哈的提纲》《共产党宣言》和《〈政治经济学批判〉序言》等著作进行了解读，这些著作是马克思主义哲学思想比较成熟的著作，接着对恩格斯的《路德维希·费尔巴哈和德国古典哲学的终结》《反杜林论》《自然辩证法》和《家庭、私有制和国家的起源》等进行了解读。对列宁的《唯物主义和经验批判主义》《谈谈辩证法问题》《辩证法的要素》也进行了解读，恩格斯和列宁的这些著作标志着马克思主义哲学具有体系化和概念性，是马克思主义哲学在丰富和发展时期的著作。本书还介绍了马克思、恩格斯关于历史唯物主义的部分书信。这些书信根据当时的实践发展和理论斗争的需要，在各个方面丰富和完善了唯物史观，是历史唯物主义的珍品。学习和研究这些书信，对于完整、准确地掌握历史唯物主义的观点具有重要的意义。最后，对毛泽东的《实践论》《矛盾论》等著作进行了解读，这是马克思主义中国化的第一次历史性飞跃形成的第一大理论成果的重要著作，是马克思主义基本原理与中国革命实际相结合的理论和实践的产物。

最后，值得一提的是读者要正确处理原著与解读的关系，解读的目的是让读者认真读原著，这是根本。恩格斯曾在给德国社会民主党人格奥尔格·亨利希·福尔马尔的回信中说："最主要的是，认真学习从重农学派到斯密和李嘉图及其学派的古典经济学，还有空想社会主义圣西门、傅立叶和欧文的著作，以及马克思著作，同时要不断地努力得出自己的见解。"也就是说，要系统地读原著，因为"研究原著本身，不会让一些简述读物和别的第二手资料引入迷途"。

作　者

2016 年 4 月写于甘肃兰州

目　　录

第一部分　总论

第二部分　分论

第一部分

总 论

在马克思墓前的讲话[*]

国际无产阶级的伟大导师马克思于 1883 年 3 月 14 日与世长辞后，他的遗体被安葬在英国伦敦的海格特公墓。恩格斯参加了 3 月 17 日举行的马克思遗体安葬仪式并致了悼词。1883 年 3 月 22 日，《社会民主党人报》刊载了这篇悼词，即《在马克思墓前的讲话》。

悼词概述了马克思光辉的一生，阐明了马克思创立革命理论和从事伟大的革命实践活动的世界历史意义，说明了马克思是全世界无产阶级的伟大导师，他的逝世是无产阶级革命事业的巨大损失。悼词特别强调马克思在理论方面的两大发现，阐明了唯物史观和剩余价值学说在整个马克思主义学说中的重要地位。学习这篇文章对于我们学习和研究唯物史观的创立过程及其伟大意义具有重要的理论价值。

一　马克思的逝世对于无产阶级和历史科学都是不可估量的损失

马克思的逝世，对于战斗的无产阶级来说，是失去了一位伟大

＊《马克思恩格斯文集》第 3 卷，人民出版社 2009 年版，第 601—603 页。

的导师和领袖，对于历史科学来说，马克思的有些著作还没有来得及完成，譬如，马克思正在撰写的《资本论》第 2 卷、第 3 卷。为了从多角度、多层次展现人类社会变迁的宏伟画卷，马克思正在撰写篇幅巨大的《历史学笔记》，所有这些都是不可弥补的损失。恩格斯在文中指出的"这位巨人逝世以后所形成的空白"① 指的就是这个意思。

二　马克思的两个划时代发现奠定了科学社会主义的理论基础

（一）　马克思的第一个伟大发现——唯物史观的创立

恩格斯表述，正像达尔文发现有机界的发展规律一样，马克思发现了人类历史的发展规律，即历来为纷繁芜杂的意识形态所掩盖着的一个简单事实：人们首先必须吃、喝、住、穿，然后才能从事政治、科学、艺术、宗教等，所以，直接的物质生活资料的生产是生存的基础，从而一个民族或一个时代的一定的经济发展阶段，便构成上层建筑的基础，人们的国家制度、法的观点、艺术以至宗教观念，就是从这个基础上发展起来的，因而，也必须由这个基础来解释，而不是像过去那样做得相反。这就是说，马克思揭示的人类历史的发展规律是在物质生活资料的生产中，人们在同自然界发生关系的同时必须要发生生产过程中的人与人的关系，即生产关系，它决定了不同国家、不同时期的经济发展阶段，构成一定社会的基础，全部上层建筑就是在这个基础上发展起来的。

我们知道，从 18 世纪法国唯物主义到黑格尔，都想揭示历史发

① 《马克思恩格斯文集》第 3 卷，人民出版社 2009 年版，第 601 页。

展的根本原因，也曾有过一些有价值的见解，但他们最后却把历史的动因归于"绝对观念""征服""人的本性"之类的精神因素或政治因素，因而不可能揭示历史发展的真实原因，无法走出历史唯心主义的迷宫。从19世纪40年代初开始，马克思、恩格斯批判地吸取了这些思想家的积极成果，抛弃了他们的唯心主义、形而上学的糟粕，一种崭新的历史观——唯物主义历史观已成雏形。1846年，马克思、恩格斯合著的《德意志意识形态》一书表明，马克思的唯物史观已经初步形成。马克思在1859年1月为《政治经济学批判》第一分册写的序言中对历史唯物主义原理作了经典性的概括。

马克思、恩格斯在创立唯物史观的过程中，主要解决了以下几个问题。

物质生活的生产活动是人类社会存在和发展的基础，物质生活的生产方式制约着整个社会生活、政治生活和精神生活的过程。马克思、恩格斯指出："我们首先应当确定一切人类生存的第一个前提也就是一切历史的第一个前提，这个前提是：人们为了能够'创造历史'，必须能够生活，但是为了生活，首先就需要吃喝住穿以及其他东西。因此，第一个历史活动就是生产满足这些需要的资料，即生产物质生活本身，而且，这是人们从几千年前直到今天单是为了维持生活就必须每日每时从事的历史活动，是一切历史的基本条件……因此任何历史观的第一件事情就是必须注意上述基本事实的全部意义和全部范围，并给予应有的重视。"[1]

一定的社会经济结构成为社会的经济基础，它决定政治法律制度和社会意识形态等上层建筑。恩格斯在回顾他和马克思创立历史唯物主义的过程时，深刻地论述了确定经济基础决定上层建筑原理对于创立历史唯物主义的重大作用。他说："我在曼彻斯特时异常

<del>[1]《马克思恩格斯文集》第1卷，人民出版社2009年版，第531页。</del>
[1]《马克思恩格斯文集》第1卷，人民出版社2009年版，第531页。

清晰地观察到，迄今为止在历史著作中根本不起作用或者只起极小作用的经济事实，至少在现代世界中是一个决定性的历史力量；这些经济事实形成了产生现代阶级对立的基础；这些阶级对立，在它们因大工业而得到充分发展的国家里，因而特别是在英国，又是政党形成的基础，党派斗争的基础，因而也是全部政治历史的基础。马克思不仅得出同样的看法，并且在《德法年鉴》（1844年）里已经把这些看法概括成如下的意思：决不是国家制约和决定市民社会，而是市民社会制约和决定国家，因而应该从经济关系及其发展中来解释政治及其历史，而不是相反。当我1844年夏天在巴黎拜访马克思时，我们在一切理论领域中都显出意见完全一致，从此就开始了我们共同的工作。1845年春天当我们在布鲁塞尔再次会见时，马克思已经从上述基本原理出发大致完成了阐发他的唯物主义历史理论的工作，于是我们就着手在各个极为不同的方面详细制定这种新形成的世界观了。"①

　　生产力作为社会发展的最终决定力量，为历史唯物主义体系奠定了坚实的基础。在马克思以前，19世纪的空想社会主义者，法国复辟时期的历史学家，以及黑格尔，已在某种程度上接近甚至达到了财产关系决定政治制度的观点，但是，由于他们不懂得把财产关系归结为生产力的发展状况，而是把它归结为"征服""人的本性""绝对观念"等，于是最终陷入了历史唯心主义。这也说明了要把唯物主义贯彻到底，不仅要确立生产关系即经济基础决定上层建筑的观点，还要进一步回答生产关系是由什么决定的这一重大问题，否则仍然会陷入历史唯心主义。

　　他们揭示了人类历史发展的内在动力和规律。由于生产力的发展，必然引起生产关系的变化，生产关系就由生产力发展的形式变

---

① 《马克思恩格斯文集》第4卷，人民出版社2009年版，第232页。

成生产力发展的桎梏，这时社会革命的时代就到来了。社会革命就是要改变生产关系，即经济基础，而随着经济基础的变革，全部庞大的上层建筑也或快或慢地发生着变革，于是，社会就由一个较低的形态发展成为较高的形态。

马克思、恩格斯解决了上述几个相互联系的问题，描述了人类历史发展变化的过程，而发展变化的终极原因是物质力量，即物质生产力。发展的规律则是生产关系一定要适合生产力发展的状况，上层建筑一定要适合经济基础发展的状况，从而发现了唯物主义的历史观。唯物主义历史观的发现具有划时代的伟大意义。这一发现，使人类整个历史观发生了革命性的变革，从而把唯心主义从它最后的避难所——社会历史领域中清除出去，克服了旧唯物主义的不彻底性和不完备性，使哲学唯物主义第一次成为包括社会生活在内的完备的彻底的唯物主义理论；使社会主义由空想变成了科学，为人们对社会历史问题的研究提供了科学的方法论，为研究各门具体的社会科学提供了科学的指导原则。实践证明，历史唯物主义已成为无产阶级认识社会、改造社会的精神武器，已成为无产阶级政党制定纲领、路线、方针、政策和策略的直接理论依据。

（二）马克思的第二个伟大发现——剩余价值学说的创立

恩格斯指出："这个问题的解决使明亮的阳光照进了经济学的各个领域，而在这些领域中，从前社会主义者也曾像资产阶级经济学家一样在深沉的黑暗中摸索。"① 这就告诉我们，马克思运用唯物主义历史观通过对现代资本主义社会的剖析，揭露了资本家剥削工人的秘密，创立了剩余价值学说，从而揭示了资本主义必然灭亡的规律。这一发现是科学社会主义的又一理论基石。

---

① 《马克思恩格斯文集》第 9 卷，人民出版社 2009 年版，第 212 页。

1. 剩余价值学说揭露了资本主义制度的本质。它科学地论证了资本家付给工人的工资，形式上是偿付工人劳动所创造的全部价值，实际上则是工人劳动所创造的价值的一小部分，其余部分都被资本家无偿占有了，这个部分就是剩余价值。这就使资本家剥削工人的秘密暴露无遗了。

2. 剩余价值学说阐明了无产阶级的真实地位和历史使命。它弄清了雇佣劳动和资本的关系，说明了无产阶级在资本主义制度下为了生活不得不出卖自己劳动力的现实，而资本家则利用购买劳动力这种特殊的商品，使之同生产资料相结合，投入生产过程以榨取剩余价值。一方面，资本家为了榨取更多的剩余价值，总是采取种种方法，加强对工人的剥削，力图把工人劳动创造的剩余价值提高到最大限度，而把其消费降低到生存需要的最低限度；另一方面，则不断扩大生产规模和更新技术设备，提高了竞争能力，其结果使生产日益社会化，造成资本主义必然灭亡的物质条件，使无产阶级日益成熟，成为资本主义的掘墓人。

3. 剩余价值学说展示了推翻资本主义、实现社会主义的正确道路。它找到了无产阶级和资产阶级对立和斗争的经济根源，为无产阶级革命提供了科学论证。空想社会主义者由于不能说明资本主义的生产方式，因而也就不能对付这个生产方式。剩余价值学说的创立，说明资本主义生产方式表现为激烈的对抗和冲突，表现为激烈的阶级斗争。这种矛盾，资本主义制度本身不能解决，只有经过无产阶级的革命斗争才能解决。

综上所述，马克思的两大划时代的发现，奠定了科学社会主义的理论基础。值得指出的是，早在马克思生前，恩格斯在 1877 年所写的《卡尔·马克思》一文中就详细叙述了马克思的两大发现，使马克思的名字"永垂于科学史册"。后来，恩格斯在《反杜林论》中又指出："这两个伟大的发现——唯物主义历史观和通过剩余价值揭开资本主义生产的秘密，都应当归功于马克思。由于这两个发现，社会主义变成了科学，现在首先要做的是对这门科学的一切细节和联系做进一步的探索。"①

三　马克思是一位伟大的革命家

恩格斯指出，马克思对待科学研究严肃认真，永不满足，特别重视对历史发展产生革命影响的科学发现。任何一门理论科学中的新发现，都使马克思激动不已；而当有了对工业、对历史发展产生革命影响的发现时，他就更加兴奋。

恩格斯指出，马克思之所以能成为一个伟大的思想家，是因为他首先是一个革命家。马克思把参加推翻资本主义制度、建立社会制度的无产阶级解放事业作为自己的毕生使命。马克思一生敢于斗争，善于斗争，把斗争看作一种喜悦。斗争是他的生命要素。而他进行斗争的热烈、顽强和卓有成效，是很少见的。1842 年，马克思在革命民主主义倾向日益明显的《莱茵报》工作时同反动政府展开了激烈的斗争；1844 年，他创办了具有共产主义思想倾向的《前进报》，对普鲁士腐朽制度进行了尖锐的批判；1847 年，侨居布鲁塞尔的德国政治流亡者创办了《德意志—布鲁塞尔报》，马克思直接影响了该报的方针，使之成了正在形成的无产阶级政党即"共产主义者同盟"的机关报；1848 年，马克思在创办的《新莱茵报》中，以及 1851—1862 年为美国的《纽约每日论坛报》的撰稿中，积极宣传马克思主义理论，热情宣传各国工人运动的成就；1864 年 9 月 28 日，在马克思的领导下，在英国伦敦成立了著名的第一国际，第

① 《马克思恩格斯文集》第 9 卷，人民出版社 2009 年版，第 30 页。

一国际把各国工人运动统一起来，团结在马克思主义的旗帜下，有力地推动了全世界无产阶级革命运动的发展。第一国际成立前后，马克思同蒲鲁东主义、巴枯宁主义、英国的工联主义、德国的拉萨尔主义进行了尖锐的斗争，并且取得了胜利。总之，马克思创立和传播的革命理论，使战斗的无产阶级第一次意识到本身的地位和需要，意识到本身解放的条件。马克思以革命的舆论工作推动了现实的革命斗争实践，建立了第一个无产阶级革命的国际组织，马克思之所以能够创立革命理论，正是他亲自参加革命斗争实践的结果。

正因为马克思是马克思主义的奠基人和无产阶级的革命导师，所以他遭到了一切反动势力的嫉恨和诬蔑，但是马克思生前对这一切却毫不在意，"把它们当做蛛丝一样轻轻抹去。"另外，马克思却深得各国无产阶级和革命人民的无比尊敬和爱戴。马克思虽然逝世了，从俄国的西伯利亚到美国的加利福尼亚，也就是在世界范围内，千百万战友都对他表示尊敬、爱戴和悼念。马克思名字的光辉和他所从事的无产阶级解放事业是永垂不朽的。

恩格斯指出："我们的理论是发展着的理论，而不是必须背得烂熟并机械地加以重复的教条。"[1] 历史唯物主义诞生至今已经经历了 160 年的历史。实践证明，它的基本原理是正确的，但是，唯物主义历史观不是封闭僵化的体系，而是开放发展的体系，它必将在实践中不断得到丰富和发展。

当前，在建设中国特色社会主义事业的伟大实践中，面临着诸多新情况、新问题，我们必须以马克思主义的唯物主义历史观为认识工具，科学分析和解决社会主义建设过程中的诸多问题，正确认识资本主义社会和社会主义社会的发展规律，正确认识人类社会历史及其发展趋势。例如，学习和运用马克思主义关于生产力是人类

---

① 《马克思恩格斯文集》第 10 卷，人民出版社 2009 年版，第 3 页。

社会发展和进步的决定因素，就要敏锐地把握社会先进生产力的发展趋势和要求，坚持以经济建设为中心，深刻认识中国特色社会主义理论体系中关于社会主义的根本任务是解放和发展生产力，为实现中华民族伟大复兴的中国梦而奋斗！

马克思主义的三个来源和三个组成部分[*]

一　历史背景

《马克思主义的三个来源和三个组成部分》发表于 1913 年 3 月，是列宁在撰写《马克思学说的历史命运》一文的同时所写的又一篇纪念马克思逝世 30 周年的重要文章。

1905—1907 年，俄国革命失败以后，维护沙皇制度的反动势力十分猖獗，他们大肆宣扬反革命思想。自由派资产阶级思想家们，则极力攻击马克思主义世界观和工人阶级政党的战略策略，鼓吹放弃革命和民主思想。党内和知识界中出现了一批唯心主义哲学的鼓吹者。"批评"马克思主义成为一种时髦。非马克思主义的小资产阶级思潮，涂上马克思主义色彩到处流行。马克思主义运动经受着严重的内部危机。因此，捍卫马克思主义的理论基础和基本原理免遭曲解，便成为马克思主义者的时代任务。如同列宁在 1910 年年底写的《论马克思主义历史发展中的几个特点》一文中指出："现在，由于资产阶级的影响遍及马克思主义运动中的各种各样的'同路人'，使马克思主义的理论基础和基本原理受到了来自截然相反的

＊《列宁专题文集　论马克思主义》，人民出版社 2009 年版，第 66—72 页。

各方面的曲解，因此团结一切意识到危机的深重和克服危机的必要性的马克思主义者来共同捍卫马克思主义的理论基础和基本原理，是再重要不过的了。"① 同时，在革命遭受挫折以后，被卷进革命斗争行列的广大人民群众，为了总结和消化极丰富的革命斗争经验，很自然地要重新思考和研究多种基本问题，要求掌握马克思主义的一般理论知识。正如列宁所说："在革命遭到挫折之后，社会的所有阶级和最广大人民群众对整个世界观（直到宗教问题和哲学问题，直到我们的马克思主义全部学说的原则）的深刻基础都发生了兴趣，这不是偶然的，而是必然的……应当重新对这些群众阐明马克思主义的基本原理：捍卫马克思主义理论的任务又提到日程上来了。"② 党只有向革命群众阐明马克思主义世界观，用马克思主义世界观指导人民群众正确总结革命经验，才能为迎接新的伟大革命的到来做好思想理论准备。

因此，列宁在《马克思主义的三个来源和三个组成部分》这篇文章中，简要地阐明了马克思主义理论的渊源、体系和实质，指出它是一个严整的科学体系和完备的世界观，它包括马克思主义哲学、政治经济学和科学社会主义学说。

二　基本内容

本文由引言和三节构成。

（一）马克思主义的特点

引言部分阐述了马克思主义的三个特点。

---

① 《列宁专题文集　论马克思主义》，人民出版社 2009 年版，第 161—162 页。
② 同上书，第 305 页。

第一，马克思主义与资产阶级科学（官方科学和自由派）有着根本的区别：全部官方的和自由派科学都是为雇佣奴隶制辩护；而马克思主义则是对雇佣奴隶制宣布了无情的战争。因此，马克思主义本质上是批判的、革命的、实践的理论，它必然要引起资产阶级科学代言人极大的仇恨和憎恨。第二，马克思主义同"宗派主义"毫无相似之处，它绝不是离开世界文明发展大道而产生的一种故步自封、僵化不变的思想学说。马克思主义的产生正是历史上哲学、政治经济学和社会主义学说的优秀成果的直接继承。因此，它是发展的理论。第三，马克思主义哲学、政治经济学和科学社会主义学说构成了一个严密的完整的世界观体系。它具有无限力量，因为它是正确的科学的理论。

（二）马克思主义的哲学

马克思和恩格斯继承了18世纪末的法国唯物主义哲学，最坚决地捍卫了哲学唯物主义，他们没有就此止步。他们继承并进一步发展了19世纪初期德国古典哲学成果，特别是黑格尔体系和费尔巴哈的唯物主义成果。这些成果中主要的就是辩证法，即最完备最深刻最无片面性的关于发展的学说，从而创立了辩证唯物主义。

不仅如此，马克思还加深和发展了哲学唯物主义，把它对自然界的认识推广到对人类社会的认识，从而创立了历史唯物主义。这是科学思想中的最大成果。这种科学理论说明，生产力的发展决定了社会制度的变化，导致了一种社会经济结构向另一种更高级的社会经济结构的转变。

社会存在决定社会意识。人们的社会意识（哲学、宗教、政治等的不同观点和学说）反映社会的经济制度。同一定理论观点相适应的制度、组织和机构，是经济基础的上层建筑。资本主义国家的各种政治形式，都是为巩固资产阶级对无产阶级的统治服务的。

(三) 马克思主义的经济理论

马克思的经济理论，继承并且彻底地发展了英国古典经济学派亚当·斯密和大卫·李嘉图的劳动价值论。

马克思在资产阶级经济学家看到物与物之间的关系（商品交换商品）的地方，揭示了人与人之间的关系。他从分析资本主义经济的细胞——商品出发，揭示各个生产者通过在市场进行商品交换发生联系；货币把他们全部的经济生活不可分割地联结成一个整体；资本把人的劳动力变成商品，雇用工人把自己的劳动力出卖给资本家；工人用工作日的一部分抵偿工资，另一部分被资本家无偿占有，为资本家创造剩余价值、积累财富。

这就是马克思创立的剩余价值学说，也是马克思经济理论的基石。它揭示了资本主义剥削的秘密，科学地说明了工人阶级同资本家阶级之间矛盾和斗争的经济根源。

工人劳动所创造的资本，反过来压迫工人，并使小业主破产，造成失业大军。在农业方面，大生产也导致农民经济的衰败和破产。同时，资本使劳动生产率不断提高，造成大资本家同盟的垄断地位，生产日益社会化，而广大工人共同劳动的产品却被少数资本家所占有。生产的无政府状态越来越严重，危机日益加深。资本主义制度使工人成为联合劳动的伟大力量。因此，工人阶级战胜资产阶级是必然的。

(四) 马克思主义的社会主义学说

马克思主义的社会主义学说批判地继承了空想社会主义学说。在资本主义社会出现时，反映资本主义制度对劳动者的剥削、压迫和反对这种剥削、压迫的各种社会主义学说就产生出来。起初，它表现为空想社会主义从不道德、不正义的角度批判、谴责、咒骂资本主义，幻想有一种较好的制度来代替它。其缺陷是既不会阐明资本主义制度下雇佣奴隶制的本质，又不会发现资本主义发展的规律，也不会找到能够成为新社会的创造者的社会力量。

马克思主义同空想社会主义的不同之处在于，它从资本主义各国战胜农奴制的过程中得出阶级斗争是整个世界历史发展的基础和动力的结论，并且彻底地贯彻了这个结论。马克思的阶级斗争学说，揭示了人们关于道德、宗教、政治和社会的言论、声明、诺言等都代表了其所在阶级的利益。旧的政治上层建筑，不管它怎么腐朽，总是由某些统治阶级的势力在支持着。要粉碎这些阶级的反抗，就必须在各社会阶级中根据其所处的社会地位寻找一种适当的能够除旧立新的社会力量，教育它、组织它去进行斗争。能够推翻资本主义社会，创建社会主义社会的社会力量，就是现代无产阶级。

只有马克思的哲学唯物主义，才给无产阶级指明了如何摆脱一切被压迫阶级至今深受其害的精神奴役的出路，只有马克思的经济理论，才阐明了无产阶级在整个资本主义制度中的真正地位。马克思的唯物主义历史观和剩余价值学说，揭示了阶级斗争是阶级社会发展的基础和动力，阐明了资本主义雇佣奴隶制的剥削本质，论证了资本主义社会产生、发展、灭亡的规律，指出只有无产阶级才是创建社会主义社会的真正社会力量。因此，马克思的社会主义学说是科学的。

三　学习意义

（一）整体上理解马克思主义

通过这篇文章的学习，我们可以了解到马克思主义是一个严谨的科学体系和完整的世界观，它不仅仅包括马克思主义哲学、政治经济学、科学社会主义理论三个部分。马克思主义各个组成部分之间的关系，我认为应该是一个核心（社会主义学）、两个基础（哲学、政治经济学）、十几个周围部分（政治学、法学、军事学等）。当然，我们也决不能把马克思主义看成是许多原理和结论的简单相加，或者把它看作是提供现成答案的百科辞典。马克思主义不能被肢解，更不能被误解，我们只能完整准确地从整体上理解它的精神实质。

（二）实践中理解马克思主义

马克思主义本质上是批判的革命的理论，是发展的理论，是有无限创造力的理论。抹杀它的战斗性和阶级立场，把它看作是僵化的、停止的理论，认为它已经"过时"等，都是错误的。准确地理解马克思主义，只能在实践中。正如马克思在《共产党宣言》的七篇序言中指出，这些原理的实际运用，随时随地都要以当时的历史条件为转移，也就是在实践中发展。也就是说，马克思主义一旦走出书本，落脚现实世界，成为一个民族的无产阶级的理论思想和行动纲领，就必须回答和解决当时当地的实际问题。

历史一再证明，马克思主义是我们认识世界的强大思想武器。坚持以马克思主义为指导，是我们建设中国特色社会主义的根本指导思想。

马克思学说的历史命运[*]

一　历史背景

《马克思学说的历史命运》是列宁在 1913 年纪念马克思逝世 30 周年时，为捍卫马克思主义的纯洁性，继续揭批第二国际修正主义所写的重要文章。

1913 年，正是第一次世界大战的前夕，无论是俄国还是西欧，革命运动又重新高涨起来。

俄国在 1905 年至 1907 年革命失败以后，经过短暂的静寂时期，在 1910 年开始有明显转变。到 1911 年，工人群众渐渐转为进攻，群众重新趋向于革命。这一年，罢工人数从前几年的每年 5 万—6 万人增至 10 万人以上。1912 年 4 月，西伯利亚勒拿金矿工人罢工，遭到沙皇宪兵的枪杀，死伤 500 多人。由此，引起抗议勒拿惨案和纪念"五一"的五月大罢工，参加五月大罢工的人数在 40 万人左右。"1912 年罢工人数，据官方统计是 72.5 万人，而据比较完备的统计，则为 100 万人以上；1913 年罢工人数，据官方统计是 86.1 万人，而据比较完备的统计，则为 127.2 万人。"[①]列宁在 1912 年 6

---

[*] 《列宁专题文集　论马克思主义》，人民出版社 2009 年版，第 61—65 页。

[①] 《苏联共产党（布）历史简明教程》，人民出版社 1949 年版，第 195 页。

月写的《革命的高涨》一文中指出："全俄无产阶级的声势浩大的五月罢工，以及罢工引起的游行示威、散发革命宣言和向工人群众发表革命演说，都清楚地表明俄国已进入了革命高涨时期。"①

在俄国 1905 年革命的影响下，西方国家工人运动在经历了资本主义的和平发展时期以后，也再度风起云涌，革命斗争的烈火越烧越旺。德国、英国、法国、意大利、奥匈帝国以及美国和日本，都爆发了规模浩大的罢工。1912 年 3 月，德国鲁尔爆发了 25 万煤矿工人大罢工。这一年，英国爆发了 100 万煤矿工人全国性总罢工。法国、奥匈帝国的罢工、示威还同军警发生了武装冲突。

革命群众运动的重新高涨说明，无产阶级更加成熟，它的社会主义本性在完成其世界历史作用之前将会不断表现出来。同时也说明，在资本主义的和平发展时期，任何对革命悲观失望的情绪，都是懦弱的表现。因此，列宁在《马克思学说的历史命运》这篇文章中，首先指出："马克思学说中主要的一点，就是阐明了无产阶级作为社会主义社会创造者的世界历史作用。"② 接着，列宁又分析了《共产党宣言》问世以来世界历史发展的进程不断证实无产阶级的世界历史作用，同时，也使马克思主义随着世界历史的发展而不断取得新的胜利，并且预言马克思主义在即将来临的历史时期中定会获得更大的胜利。

二　基本内容

《马克思学说的历史命运》一文，由引言和三节构成。

引言开头的一句话，即"马克思学说中的主要的一点，就是阐

---

① 《列宁全集》第 21 卷，人民出版社 1990 年版，第 342 页。

② 《列宁专题文集　论马克思主义》，人民出版社 2009 年版，第 61 页。

明了无产阶级作为社会主义社会创造者的世界历史作用"①，这是科学社会主义的基本原理，也是这篇文章的主线。这个基本原理，或者说马克思主义的主要之点，在列宁划分的三个世界历史时期中都不断地得到证实。

马克思在1844年2月发表在《德法年鉴》上的《〈黑格尔法哲学批判〉导言》中，第一次论述了无产阶级的历史使命问题，阐明无产阶级是实现人的解放的社会力量。马克思和恩格斯合著的、于1848年问世的《共产党宣言》，对这个学说作了完整的、系统的阐述。它运用唯物主义历史观，分析阶级斗争在社会历史中的作用，揭示资本主义产生、发展和必然灭亡的客观规律，阐明无产阶级是资本主义社会的掘墓人和共产主义社会的创造者。

列宁把1848年《共产党宣言》问世以来的世界历史划分为三个时期，然后简要地论述了马克思主义在每个时期的命运。

从1848年革命到1871年巴黎公社时期，这是马克思主义在工人运动中逐渐巩固自己地位的时期。这个时期的开头，马克思主义只不过是许多社会主义派别或思潮中的一个而已。当时，占统治地位的是小资产阶级社会主义，例如，西斯蒙第派以及法国的蒲鲁东主义和德国的"真正的"社会主义。马克思、恩格斯在《共产党宣言》中讲道："那些站在无产阶级方面反对资产阶级的著作家，自然是用小资产阶级和小农的尺度去批判资产阶级制度的。"② 这种社会主义"非常透彻地分析了现代生产关系中的矛盾"③，但是，它们不懂得历史运动的唯物主义原理，不能分别说明资本主义社会各个阶级的地位和作用，不懂得无产阶级的历史使命，他们所主张的各种民主变革具有资产阶级实质。

---

① 《列宁专题文集　论马克思主义》，人民出版社2009年版，第61页。
② 《马克思恩格斯文集》第2卷，人民出版社2009年版，第56页。
③ 同上。

1848 年革命，给形形色色的非无产阶级社会主义流派以致命的打击，因为革命检验了各个社会阶级。共和派资产阶级在巴黎六月革命中枪杀工人；自由派资产阶级害怕无产阶级的独立行动，比害怕反动势力还要厉害百倍；农民以废除封建残余为满足，转而站到资产阶级方面反对工人。所有这一切，最终证明只有无产阶级具有社会主义本性。1871 年，巴黎公社起义又一次表明，只有靠无产阶级的英勇，共和制的国家组织形式才能得以巩固下来。因此，到这个时期的末尾，马克思以前的社会主义已奄奄一息，无产阶级社会主义取得了巨大胜利。

从 1871 年巴黎公社到 1905 年俄国革命时期，这是资本主义"和平"发展的时期，各国工人运动转入低潮。在 19 世纪 70 年代末 80 年代初，欧洲各国相继出现了就其主要成分来说是无产阶级的社会主义政党。到 19 世纪末，马克思学说获得了完全的胜利，并且广泛传播开来。无产阶级运动缓慢而持续地向前发展。

马克思主义在理论上的胜利，逼得它的敌人装扮成马克思主义者，历史的辩证法就是如此。19 世纪末，马克思主义在工人运动中居于统治地位。马克思主义的敌人不得不改变它们的斗争形式；装扮成马克思主义者来继续反对马克思主义，试图在社会主义的机会主义形态下复活。它们利用资本主义"和平"发展的新形势，提出一大套"新"论据来全面修正马克思主义，这就是以伯恩施坦为代表的第二国际机会主义。马克思主义同修正主义的思想理论斗争，是无产阶级所进行的伟大革命斗争的"序幕"。20 世纪初期，无产阶级革命斗争和民族解放运动的兴起，社会主义由理想变成现实，证明了列宁这个预见非常正确。

从 1905 年俄国革命至今（1913 年），这是亚洲出现革命风暴并"反过来影响"欧洲的时期。它宣告资本主义"和平"发展时期已经结束，世界无产阶级革命和民族解放运动的革命风暴正在崛起。

在俄国革命的影响下，1906 年，伊朗发生了反帝反封建的资产阶级革命。1908 年，土耳其也发生了资产阶级革命。1911 年，中国爆发了辛亥革命。这些革命都是由年轻的民族资产阶级领导的，由于这个阶级的软弱性、妥协性，都没有完成民族民主革命的任务。它暴露了自由派地主资产阶级的毫无气节和卑鄙无耻，促进了无产阶级的觉醒，证明只有无产阶级才能领导人民大众彻底完成民族民主革命。它又一次证明，鼓吹非阶级的政治和非阶级的社会主义学派，只配供人观赏。

在亚洲革命风暴的影响下，欧洲 1872—1904 年的"和平"时期一去不复返了，甚至受到自由派腐蚀最深的英国工人也行动起来。德国这个最"顽固的"资产阶级国家，政治危机也迅速成熟。欧洲活像一桶即将爆炸的火药。无产阶级的成熟过程正在持续地进行，它预示着无产阶级革命时代行将到来。

列宁根据马克思主义创立以后在世界历史发展的三个时期中马克思主义学说不断取得证实和不断得到胜利的事实充分说明：马克思主义在即将来临的历史时期定会获得更大的胜利。

三　学习意义

学习列宁的这篇文章，可以使我们认识到马克思主义具有强大的生命力。马克思主义生命力的源泉，在于它的鲜明的无产阶级性质。它把无产阶级当作自己的物质武器，无产阶级则把它当作自己的精神武器，这是马克思主义即无产阶级社会主义或共产主义学说较之其他社会主义流派的优越点。在 1848 年《共产党宣言》问世以来的世界历史的各个发展时期，都证明只有无产阶级最关心社会主义的实现，它作为社会主义创造者的世界历史作用，是其他任何社会阶级不可代替的。因此，在每个历史时期，在同非无产阶级社会主义的各种流派的斗争中，在同修正主义的斗争中，马克思主义这个无产阶级的学说能够所向披靡，锐不可当。100 多年来的马克思主义史，就是马克思主义不断胜利、不断发展的历史。当前，尽管无产阶级社会主义事业在某些国家中遭遇严重挫折，但是，未来的历史将继续证明，马克思主义是不可战胜的，它定会获得更大的胜利。

第二部分

分　论

《〈黑格尔法哲学批判〉导言》[*]

马克思在克罗茨纳赫从事研究的时候，创办《德法年鉴》的计划一直在推进。他接受激进民主主义者卢格的邀请，同意与其合办刊物，但不同意卢格恢复曾被查封的《德国年鉴》的打算。马克思认为，复刊《德国年鉴》至多也只能做成一个已停刊的杂志很拙劣的翻版。马克思赞成当时广为流传的德法两国进步力量联合的思想，认为新刊物也应体现这一精神。

《德法年鉴》经多方努力，于1844年2月在巴黎出版，但只出版了创刊号（第1、2期合刊）就停刊了。这里有内外两层原因：外因是杂志出版后反响很大，引起了政府的注意，普鲁士政府通令封锁边境区，严禁杂志入境，并令各警察机关，一旦马克思、卢格进入普鲁士国境，就予以逮捕，同时一些书刊也纷纷攻击《德法年鉴》；原因是马克思与卢格在《德法年鉴》的办刊方针、原则问题上存在较大分歧，卢格始终囿于人民精神解放的范围，希望通过创办自由出版物，实现政治自由，马克思则认为，"自由主义的华丽外衣掉下来了，可恶至极的专制制度已赤裸裸地呈现在全世界的面前"^①，主张新思潮的优点就恰恰在于我们不想教条主义地预料未来，而只是希望在批判旧世界中发现新世界。因此，马克思说，我

---

* 《马克思恩格斯文集》第1卷，人民出版社2009年版，第3—18页。

① 《马克思恩格斯文集》第10卷，人民出版社2009年版，第5页。

们的原则是"要对现存的一切进行无情的批判,所谓无情,就是说,这种批判既不怕自己所作的结论,也不怕同现有各种势力发生冲突"。① 马克思坚持的这种政治态度和哲学主张,同卢格发生冲突就是不可避免的了。

在《德法年鉴》上,马克思发表了两篇重要文章:《论犹太人问题》和《〈黑格尔法哲学批判〉导言》。

《论犹太人问题》是《黑格尔法哲学批判》的姊妹篇,是对人自身的二重化和人的本质二重化问题的解决,是对"苦恼的疑问"的解答——提出并论述了政治解放和人类解放,但是,对人类解放的现实力量和现实途径并没有论及,而这就是《〈黑格尔法哲学批判〉导言》的任务。

《〈黑格尔法哲学批判〉导言》是1843年所作的《黑格尔法哲学批判》的一篇导言,是对《论犹太人问题》中提出但没解决的问题的解答,即解决了人类解放的现实力量和现实途径等问题。在这里,马克思一方面深入了解工人的生活和斗争,另一方面继续进行理论研究,从而加速了实现向唯物主义和共产主义的转变。

一　从宗教批判入手,批判尘世、法和政治,反映了马克思的唯物思想

马克思开篇就说:就德国而言,对宗教的批判实际上已经结束;而对宗教的批判是其他一切批判的前提。因此,马克思从宗教批判入手,并把批判引向政治和社会。

马克思指出:人创造了宗教,而不是宗教创造了人,但人并不

① 《马克思恩格斯文集》第10卷,人民出版社2009年版,第7页。

是抽象地栖息在世界之外的东西，"人就是人的世界，就是国家，社会。这个国家、这个社会产生了宗教，一种颠倒的世界意识，因为它们就是颠倒的世界"①。这就是说，只是因为现实社会本身存在着不可解决的矛盾，存在着异化和分裂，才导致了人们在世界观上的颠倒，才把现实的苦难宗教化，把现实的一切希望寄托给天国，"反宗教的斗争间接地就是反对以宗教为精神抚慰的那个世界的斗争"②。因此，在德国，在费尔巴哈把上帝的本质归还给人以后，即"人的自我异化的神圣形象被揭穿以后，揭露具有非神圣形象的自我异化，就成了为历史服务的哲学的迫切任务。于是，对天国的批判变成对尘世的批判，对宗教的批判变成对法的批判，对神学的批判变成对政治的批判"③。从马克思的这些话语中，我们可以感受到此时的马克思摆脱了黑格尔唯心思想的束缚转而用唯物主义的思想进行思考。

宗教的批判变成了世俗的批判，但是，当时的德国正在"犯时代上的错误"。马克思指出，法国和英国即将完结的事物，在德国才刚刚开始；法国和英国在理论上加以反对的陈旧的腐朽的制度，在德国却被当作美好未来的东西而大受欢迎，在那里，是正在解决的问题；在这里，矛盾才被提出。因此，"应该向德国制度开火！"而"一旦现代的政治社会现实本身受到批判，即批判一旦提高到真正的人的问题，批判就超出了德国现状"④。不过，马克思还指出，对德国以及对现实的批判要避免两种错误派别：一是实践的政治党派，即"实践派"，他们否认哲学，企图通过直接的行动来影响和改变现实关系，他们不懂得只有在现实中实现哲学，才能消灭哲

---

① 《马克思恩格斯文集》第 1 卷，人民出版社 2009 年版，第 3 页。
② 同上书，第 3 页。
③ 同上书，第 4 页。
④ 同上书，第 8 页。

学；二是理论派，他们认为目前的斗争只是哲学同德国这个世界的批判斗争，看不到现存的哲学就属于这个世界，他们错误地认为，不消灭哲学本身，就可以使哲学变成现实。通过对三国社会经济与哲学的比较，我们可以体会到：虽然德国的社会经济没有英、法两国那样强，但德国的哲学水平并不比英、法的哲学弱。这是为什么呢？这反映了社会意识本身相对的独立性，社会意识的发展与社会存在的发展不一定同步。

二　先进的理论是人类解放的必要因素

在马克思看来，对现实的批判既不能盲目地进行，它需要理论的指导和一定物质条件的保证，也不能停留在空洞的口号上。

马克思指出，对思辨的法哲学的批判既然是德国过去政治意识形式的坚决反对者，那它就不会集中于自己本身，而会集中于只用一个办法即通过实践才能解决的那些课题上去。那么，"德国能不能实现有原则高度的［à la hauteur des principes］实践，即实现一个不但能把德国提高到现代各国的正式水准，而且提高到这些国家最近的将来要达到的人的高度的革命呢？"① 马克思对此作了肯定的回答。马克思还指出："批判的武器当然不能代替武器的批判，物质力量只能用物质力量来摧毁；但是理论一经掌握群众，也会变成物质力量。理论只要说服人［ad hominem］，就能掌握群众；而理论只要彻底，就能说服人［ad hominem］。所谓彻底，就是抓住事物的根本。而人的根本就是人本身。"② 这就是说，不仅要用武器的批判、物质的力量来摧毁旧的制度，而且要用先进的理论武装群

---

① 《马克思恩格斯文集》第 1 卷，人民出版社 2009 年版，第 11 页。
② 同上。

众，让先进的理论变成群众手中的武器，以实现人类的解放。因此，我们能够看到马克思从人本主义者向共产主义者转化的思想痕迹。

马克思强调，先进的理论之所以能够有助于人类解放，是因为"理论在一个国家实现的程度，总是决定于理论满足这个国家的需要的程度"，因为彻底的革命只能是彻底需要的革命。革命需要理论的指导，理论只有抓住事物的根本、符合历史的发展要求、满足国家的需要，才能指导革命。马克思坚决驳斥把理论和实践、哲学和革命割裂开来的"实践派"和"理论派"，进一步发展了他在博士论文中就已萌芽的应有和现有、哲学和现实相统一的思想。

三 无产阶级是实现人类解放的"心脏"和"物质力量"

德国的解放和人类的解放还需要一个先进的、能够掌握和运用先进理论的阶级，但是，马克思认为，德国任何一个特殊阶级都没有取得承担解放者的地位。他分析道："就连德国中等阶级道德上的自信也只是以自己是其他一切阶级的平庸习性的总代表这种意识为依据……以致连扮演一个重要角色的机遇，也是未等它到手往往就失之交臂，以致一个阶级刚刚开始同高于自己的阶级进行斗争，就卷入了同低于自己的阶级的斗争。因此，当诸侯同君王斗争，官僚同贵族斗争，资产者同所有这些人斗争的时候，无产者已经开始了反对资产者的斗争。中等阶级还不敢按自己的观点来表述解放的思想，而社会形势的发展以及政治理论的进步已经说明这种观点是陈旧过时了，或者至少是成问题了。"①

　　那么，德国解放的实际可能性到底在哪里呢？马克思分析了无产阶级的特殊社会地位和历史使命，指出："就在于形成一个被戴上彻底的锁链的阶级，一个并非市民社会阶级的市民社会阶级，形成一个表明一切等级解体的等级，形成一个由于自己遭受普遍苦难而具有普遍性质的领域，这个领域不要求享有任何特殊的权利，因为威胁着这个领域的不是特殊的不公正，而是普遍的不公正，它不能再求助于历史的权利，而只能求助于人的权利，它不是同德国国家制度的后果处于片面的对立，而是同这种制度的前提处于全面的对立，最后，在于形成一个若不从其他一切社会领域解放出来从而解放其他一切社会领域就不能解放自己的领域，总之，形成这样一个领域，它表明人的完全丧失，并因而只有通过人的完全回复才能回复自己本身。社会解体的这个结果，就是无产阶级这个特殊等级。"② 在这里，马克思首次指出了无产阶级担负着解放全人类的历史使命，提出了无产阶级不解放全人类就不能解放自己的思想。

　　马克思还指出，无产阶级是伴随工业的发展而形成起来的，无产阶级的地位决定了它必须把消灭私有制作为自己的重要任务。"因为组成无产阶级的不是自然形成的而是人为造成的贫民，不是在社会的重担下机械地压出来的而是由于社会的急剧解体，特别是由于中间等级的解体而产生的群众，虽然不言而喻，自然形成的贫民和基督教日耳曼的农奴也正在逐渐跨入无产阶级的行列。"③ 同样，无产阶级的解放也是工业发展的必然，是与社会自身的解放和全人类的解放相一致的。"无产阶级宣告迄今为止的世界制度的解体，只不过是揭示自己本身存在的秘密，因为它就是这个世界制度

① 《马克思恩格斯文集》第 1 卷，人民出版社 2009 年版，第 15—16 页。

② 同上书，第 16—17 页。

③ 同上书，第 17 页。

的实际解体。无产阶级要求否定私有财产，只不过是把社会已经提升为无产阶级的原则的东西，把未经无产阶级的协助就已作为社会的否定结果而体现在它身上的东西提升为社会的原则。"①

马克思还认为，不仅如此，无产阶级要想完成解放全人类的历史使命，还必须掌握哲学这一精神武器。同样，哲学只有在无产阶级的革命实践中才能成为变革现实的精神武器，即无产阶级所担负的这个解放的头脑是哲学，它的心脏是无产阶级，"哲学把无产阶级当作自己的物质武器，同样地，无产阶级也把哲学当作自己的精神武器"。因此，"哲学不消灭无产阶级，就不能成为现实；无产阶级不把哲学变成现实，就不可能消灭自身"②。

---

① 《马克思恩格斯文集》第 1 卷，人民出版社 2009 年版，第 17 页。
② 同上书，第 18 页。

《政治经济学批判》序言[*]

《〈政治经济学批判〉序言》是马克思的一篇非常经典的哲学文献。正如马克思在文中最后指出的,通过对政治经济学的研究所得出的唯物史观的基本原理,不管多么不合乎统治阶级的自私的偏见,却是他多年进行科学探讨的结果。历史唯物主义既是马克思研究政治经济学的哲学成果,又是马克思进一步研究政治经济学的世界观和方法论。对历史唯物主义原理的概述是这篇序言的核心内容。

一 社会历史背景

19 世纪中叶,欧洲经过资产阶级民主革命和工业革命,资本主义得到了迅速发展。同时,资本主义制度的内在矛盾也日益暴露。1857 年,爆发了第一次世界性的经济危机。世界形势的发展要求从理论上对资本主义方式及其发展规律作出科学的分析,深刻揭示资本主义制度的本质;从理论上进行新概括,阐明社会发展的规律。同时,随着第一次经济危机的爆发,工人运动再次掀起高潮。马克

* 《马克思恩格斯文集》第 2 卷,人民出版社 2009 年版,第 588—594 页。

思为了适应无产阶级革命斗争发展的需要，紧张地投入了一度中断的政治经济学问题的研究中，写出了《政治经济学批判》和 20 多本政治经济学笔记。自 1850 年以来，马克思就一直研究政治经济学，到 1857 年至 1858 年时，最终形成了《资本论》最初的手稿——《1857—1858 年经济学手稿》。但是，当时马克思的写作计划是准备在《1857—1858 年经济学手稿》的基础上写一部名为《政治经济学批判》的著作，这部著作原计划分为六个分册出版，《〈政治经济学批判〉序言》（以下简称《序言》）是 1859 年 1 月马克思为《政治经济学批判》第一分册出版时写的序言。

二　逻辑结构

《序言》中，马克思叙述了他研究政治经济学的经过，着重阐明了历史唯物主义的基本原理。

《序言》一共 7 个自然段，第 1、2 段是马克思叙述他研究政治经济学的次序和方法，说明《政治经济学》第一分册的内容结构。

第 3 段是讲他研究政治经济学的经过和目的，说明他研究政治经济学的直接动机。

第 4 段是重点段，马克思在说明他的唯物史观形成过程的基础上，着重阐明了历史唯物主义的基本原理。

第 5、6、7 段简要地说明了他和恩格斯共同研究唯物史观和政治经济学的经过。

三　主要思想内容

（一）揭示了社会形态的一般结构

1. 社会物质生活关系是其他社会关系的基础。马克思首先指出，法的关系和国家形式一样，既不能从它们本身来理解，也不能从所谓人类精神的一般发展来理解，相反，它们根源于社会物质生活关系。社会物质生活关系是其他社会关系的基础，这是马克思长期研究得出来的科学结论，也是我们考察社会生活的基本前提。

2. 生产力与生产关系的关系。马克思在论述历史唯物主义理论体系时指出："人们在自己生活的社会生产中发生一定的、必然的、不以他们的意志为转移的关系，即同他们的物质生产力的一定发展阶段相适合的生产关系。"[①] 这里有三层意思：第一，人们在生产过程中发生的相互关系是生产关系，一定历史阶段建立什么样的生产关系是不以人的意志为转移的；第二，生产关系是一种客观的物质关系；第三，特定社会的生产关系是在特定生产力状况的基础上形成、由生产力状况决定的。

3. 经济基础和上层建筑的关系。接着马克思分析了经济基础和上层建筑的关系："这些生产关系的总和构成社会的经济结构，即有法律的和政治的上层建筑竖立其上并有一定的社会意识形式与之相适应的现实基础。"[②] 这里概述了四个方面的意思：第一，这些生产关系和总和是指占统治地位的生产关系各方面的总和，它包括生产、交换、分配、消费四个环节的总和；第二，这些生产关系的总和构成社会的经济基础；第三，经济基础决定上层建筑，一定的上

---

①　《马克思恩格斯文集》第 2 卷，人民出版社 2009 年版，第 591 页。

②　同上。

层建筑既是经济基础的反映，同时又反作用于经济基础，并为其服务；第四，由此，经济基础直接规定了社会的性质。

4. 人类社会的基本矛盾。生产力和生产关系的矛盾，经济基础和上层建筑的矛盾，构成了人类社会的基本矛盾。生产力、生产关系（经济基础）和上层建筑三个层次有机地联系起来，形成了社会形态的一般结构。生产力决定生产关系（相对于上层建筑是经济基础），经济基础决定上层建筑，其中，生产力是社会发展的最终决定力量。关于这点，毛泽东创新性地提出了我国作为社会主义国家仍然存在基本矛盾，那就是生产力与生产关系、经济基础与上层建筑的矛盾。邓小平正是继承了毛泽东的这一社会主义社会的基本矛盾，成功地开启了中国伟大的改革开放的历史新时期。

（二）论述了社会存在决定社会意识的原理

马克思指出："物质生活的生产方式制约着整个社会生活、政治生活和精神生活的过程。不是人们的意识决定人们的存在，相反，是人们的社会存在决定人们的意识。"① 这就是说：第一，整个社会生活是一个发展的过程；第二，在社会发展过程中，物质生活的生产方式是决定力量，它制约着整个社会生活、政治生活和精神生活的过程；第三，社会存在决定社会意识，社会意识是指社会精神生活过程，社会存在是指物质生活过程，主要是指物质资料的生产方式。社会存在是第一性的，社会意识是第二性，社会存在决定社会意识。

社会存在和社会意识的关系问题是社会历史观的基本问题。马克思第一次科学地解答了这个问题，使社会历史理论成为真正的科学。而一直占据统治地位的唯心史观则认为，社会意识决定社会存

---

① 《马克思恩格斯文集》第 2 卷，人民出版社 2009 年版，第 591 页。

在，把社会历史看成是精神发展史，根本否认了社会历史的客观规律，根本否认了人民群众在社会历史发展中的作用。

（三）揭示了社会革命的根源，阐明了社会发展的一般规律

马克思接着说：“社会的物质生产力发展到一定阶段，便同它们一直在其中运动的现存生产关系或财产关系（这只是生产关系的法律用语）发生矛盾。于是这些关系便由生产力的发展形式变成生产力的桎梏。那时社会革命的时代就到来了。随着经济基础的变更，全部庞大的上层建筑也或慢或快地发生变革。”①

在这段话中，马克思高度地概括了社会历史发展的一般过程，主要有以下几层意思。

1. 生产方式是社会发展的决定力量，是社会发展变化的物质根源。

2. 生产力和生产关系的矛盾是生产方式的内部矛盾。其中，生产力是内容，是最活跃、最革命的因素；生产关系是形式，是相对稳定的因素。于是这就构成了生产方式内部生产力和生产关系的现实矛盾。

3. 生产方式的变化首先从生产力的变化开始。当生产关系适合生产力状况时，对生产力的发展起促进作用，社会发展处于量变阶段，矛盾不具有对抗性；当生产关系不适合生产力发展而变成它的桎梏时，新的生产力与旧的生产关系发生尖锐冲突，冲突的结果必然要求生产关系发生根本变化，这时，社会发展就由量变转化为质变，社会革命的时代就到来了。社会革命是由生产力和生产关系的矛盾引起的，通过社会革命，社会形态发生根本性质的变化。生产力和生产关系的矛盾是社会革命的物质根源。

---

① 《马克思恩格斯文集》第 2 卷，人民出版社 2009 年版，第 591—592 页。

4. 生产力和生产关系矛盾的尖锐化，在阶级社会表现为阶级矛盾的激化，表现为代表生产力发展要求的先进阶级同代表旧的生产关系的落后阶级之间的阶级斗争。通过阶级斗争推动社会的变革。

5. 经济基础决定上层建筑。随着经济基础的变革，全部庞大的上层建筑也或快或慢地发生变革，于是整个社会制度就发生全面的根本性质的变化。旧的上层建筑必然为新的上层建筑所代替。所有这一切，归根结底是由生产力的发展所决定的。

（四）提供了历史唯物主义的方法论

1. 把社会的物质关系和精神关系区别开来。马克思指出："在考察这些变革时，必须时刻把下面两者区别开来：一是生产的经济条件方面所发生的物质的、可以用自然科学的精确性指明的变革，二是人们借以意识到这个冲突并力求把它克服的那些法律的、政治的、宗教的、艺术的或哲学的，简言之，意识形态的形式。"① 这就是说，在考察社会变革时，首先必须时刻要把社会的物质生活条件的变革与精神生活条件的变革，把社会的物质关系和精神关系区别开来，否则，就不能用唯物史观来观察和解决社会矛盾。

2. 区分目的是寻找社会变革的物质的、经济的根源。把社会生活区分为物质的和精神的，其目的在于从社会物质生活的矛盾中，从社会生产力和生产关系的矛盾中去探索、寻找社会变革的物质的、经济的根源。社会意识形态领域的变革也只有从社会物质生活的矛盾中，从社会生产力和生产关系的矛盾中，才能得到科学的说明。这种方法既坚持了唯物论，又坚持了辩证法。

3. 根据矛盾的实际状况找出符合实际的革命或建设的任务。马克思又指出："无论哪一个社会形态，在它们所能容纳的全部生产

---

① 《马克思恩格斯文集》第 2 卷，人民出版社 2009 年版，第 592 页。

力发挥出来以前，是决不会灭亡的；而新的更高的生产关系，在它存在的物质条件在旧社会的胎胞里成熟以前，是决不会出现的。"①这是不以人的意志为转移的客观规律。这就是说，首先，我们无论是搞革命还是搞建设，都必须从当时当地的实际出发，根据一定生产力和一定生产关系的矛盾的实际状况找出符合实际的革命或建设的任务。这是马克思对《共产党宣言》思想的很好补充，因为《共产党宣言》中"两个必然"讲的是一种不以人们意志为转移的客观规律，是一种历史趋势。这个规律和这种趋势，本身并不回答这个国家的资产阶级何时灭亡或那个国家的无产阶级何时胜利，而是指出资产阶级灭亡、无产阶级胜利的不可避免性。其次，"两个必然"的科学依据是社会生产力的社会本性，生产关系一定要适合生产力发展的水平。生产力的社会本性就是指它本身具有排斥私有、要求公有以适应社会的革命性质。生产力的社会化趋势不可能长期容忍生产资料的资本主义私人占有，它的社会本性要求生产资料的公有制与它相适应，这也是一种必然趋势。当社会生产发展到一定的程度，当资本主义生产方式不能再促进生产力发展而成为生产力发展的桎梏的时候，生产资料的公有形式就一定会代替生产资料的私人占有，社会主义就必然代替资本主义。最后，"两个必然"的实现，要通过无产阶级的革命斗争，而无产阶级革命能否取得胜利、何时取得胜利，则取决于无产阶级革命的主客观条件以及整个国际环境。总之，全面准确地把握"两个必然"和"两个决不会"，既有利于人们坚定资本主义必然灭亡、共产主义必然胜利的信心，同时，也有利于人们坚持科学态度、尊重客观规律、为共产主义事业而奋斗！

---

① 《马克思恩格斯文集》第 2 卷，人民出版社 2009 年版，第 592 页。

（五）概述了社会发展的几种基本形式，论证了共产主义代替资本主义的历史必然性

马克思在阐明社会发展的一般规律的基础上，对人类社会已经经历的几种社会形态进行了理论上的高度概括，他指出："大体说来，亚西亚的、古希腊罗马的、封建的和现代资本主义的生产方式可以看作是经济的社会形态演进的几个时代。"① 这些概括是以社会基本矛盾运动原理为依据的。

马克思特别指出"资产阶级的生产关系是社会生产过程的最后一个对抗形式"，② 这是由资本主义生产方式内在矛盾——社会化大生产和资本主义私人占有制的矛盾决定的。社会化大生产的生产力要求生产资料的占有制也必须社会化，无产阶级反对资产阶级的斗争，就是这种生产力和生产关系矛盾的表现。资本主义生产力的发展，不仅为共产主义制度的产生准备了社会化大生产这一物质基础，决定了资本主义向共产主义过渡的客观必然性；同时，也为资本主义制度的灭亡准备了掘墓人——革命的无产阶级。

马克思满怀信心地认为："人类社会的史前时期"③ 将以资本主义的灭亡而告终。在未来的共产主义社会，人们将成为自然界和人类社会的主人。人类社会将实现从必然王国向自由王国的飞跃。

四　理论价值与现实意义

《序言》篇幅虽短，但在马克思主义理论宝库中具有重要的科学价值和理论意义。

---

① 《马克思恩格斯文集》第 2 卷，人民出版社 2009 年版，第 592 页。

② 同上。

③ 同上。

（一）理论价值

1. 它是马克思主义政治经济学的重要文献。在《序言》中，马克思叙述了他研究政治经济学的经过，说明了历史唯物主义既是他研究政治经济学成果的哲学概括，又是指导他进一步研究政治经济学的世界观和方法论。

2. 这篇《序言》还是马克思主义哲学的经典文献。马克思对政治经济学研究的哲学概括成果——历史唯物主义的实质做了系统的、经典的表述。历史唯物主义是构成这篇序言的核心内容。

3. 马克思在《序言》中所阐述的基本观点，不仅对于理论，应该在对于社会实践也是最革命的结论。由于马克思对历史唯物主义基本观点做了进一步的发挥，并将其应用于历史现状的分析，使一个伟大的、一切时代中最伟大的革命远景展现在我们的眼前。这个基本观点像一根红线一样贯穿于党的一切文献，成为无产阶级政党的理论基础。

（二）现实意义

《序言》对于指导我国今天的社会主义现代化建设具有重要的现实意义。生产力与生产关系的矛盾是推动社会发展根本动力的原理，为社会主义改革指明了方向。生产力决定生产关系的原理，要求我们要坚持以公有制为主体、多种所有制经济共同发展的基本经济制度。经济基础决定上层建筑的原理，决定了政治上层建筑与观念上层建筑改革的必要性和紧迫性。

关于费尔巴哈的提纲[*]

  《关于费尔巴哈的提纲》（以下简称《提纲》）是马克思1845年春在比利时首都布鲁塞尔写的，记在1844—1847年的笔记本中，标题是《关于费尔巴哈》。当时"根本没有打算付印"^①，只是供进一步研究用的提纲。1888年，恩格斯在出版《路德维希·费尔巴哈和德国古典哲学的终结》一书的单行本时，将这篇著名的《提纲》作为附录首次发表。在该书的附录中，这个《提纲》的标题是《马克思论费尔巴哈》。现在这个标题是苏共中央马列主义研究院根据恩格斯给《路德维希·费尔巴哈和德国古典哲学的终结》一书写的序言加的。《提纲》是马克思、恩格斯实现人类哲学史上伟大革命变革过程中的一份研究性的纲要。它是马克思同黑格尔唯心主义决裂以后，在研究政治经济学取得初步成果的基础上提出的马克思主义哲学的一系列重要思想。

---

* 《马克思恩格斯文集》第1卷，人民出版社2009年版，第499—506页。
① 《马克思恩格斯文集》第4卷，人民出版社2009年版，第266页。

一　《提纲》在马克思主义哲学中的地位

在这份"包含着新世界观天才萌芽"①的文件中，马克思第一次从根本上分析、批判了费尔巴哈和一切旧唯物主义的局限性、不彻底性；提出了以实践观点为中心和基础，提出了马克思主义哲学的一些重要思想，特别是对唯物史观的重要思想，为进一步系统地论述辩证唯物主义和历史唯物主义奠定了基础。《提纲》标志着马克思不仅同唯心主义，而且同一切旧唯物主义划清了界限；标志着马克思已经彻底摆脱了一切资产阶级哲学思想的影响；标志着为建立完备的、彻底的唯物主义世界观奠定了基础。19 世纪 40 年代初，无产阶级革命斗争日益高涨，迫切需要科学的社会主义理论和正确的世界观作指导。1844 年 2 月，马克思和恩格斯完成了从唯心主义向唯物主义、从革命民主主义向共产主义的转变，并着手创立新世界观。创立科学的世界观，既要批判片面夸大意识的唯心主义，又要批判忽视主体能动性的旧唯物主义，而在当时唯物主义"在所有先进知识分子中间特别是在工人中间已经占据优势"②的情况下，批判旧唯物主义对于新世界观的创立具有更重要的意义。1844 年 4 月至 8 月，马克思写了《1844 年经济学——哲学手稿》，对资产阶级经济理论、空想社会主义以及黑格尔的唯心主义做了分析批判。1844 年 9 月至 1845 年 2 月，马克思和恩格斯合写了《神圣家族》，对黑格尔和青年黑格尔派的唯心主义做了彻底清算，并初步拟定了新世界观的一些原理，这两部分著作虽已开始"超越"费尔巴哈，但尚未对他的错误进行系统批判。《提纲》就是 1845 年春马克思为

---

① 《马克思恩格斯文集》第 4 卷，人民出版社 2009 年版，第 266 页。
② 《列宁全集》第 18 卷，人民出版社 1988 年版，第 254 页。

了全面分析、批判费尔巴哈的人本学唯物主义、制定新世界观而写的。它系统地批判了包括费尔巴哈在内的旧唯物主义的直观性和不彻底性，科学地阐明了实践在马克思主义认识论和历史观中的重要地位，扼要地表述了新世界观的基本点，从而为创立新世界观奠定了基础。但由于这仅是一个研究提纲，对新世界观的基本原理尚未来得及系统论述，建立新世界观的任务，是马克思、恩格斯在1845年秋至1846年春合写的《德意志意识形态》一书中完成的。在那里，马克思、恩格斯第一次全面、系统地阐明了马克思主义哲学特别是历史唯物主义的基本原理，因此，《提纲》只是新世界观的萌芽和雏形，《德意志意识形态》才是新世界观形成的标志。

所以，这篇不到1500字的短文虽然只是"供进一步研究用的匆匆写成的笔记"，却是"包含着新世界观的天才萌芽的第一个文件"①，其思想是十分丰富和深刻的，在马克思主义哲学发展史上具有非常重要的地位。

二　对《提纲》内容的理解

《提纲》共有11条，包含着丰富的内容和深刻的思想。现在把它分为3个部分，分别讲解如下。

（一）新唯物主义和旧唯物主义的本质区别

这部分包括第一、第二条。在这两条里，马克思根据自己多年来对人类哲学思想史的研究，从总体上概括了马克思的新唯物主义和旧唯物主义的本质区别，开始把实践纳入自己的哲学体系，从而

---

① 《列宁全集》第2卷，人民出版社1990年版，第208—209页。

为建立马克思主义哲学体系奠定了牢固的基础，之后各条的内容正是在这个基础上展开的，因此，应当把这两条看作整个《提纲》的总纲。

　　1. 旧唯物主义的"主要缺点"是不了解实践的意义。马克思说："从前的一切唯物主义（包括费尔巴哈的唯物主义）的主要缺点是：对对象、现实、感性，只是从客体的或者直观的形式去理解，而不是把它当作人的感性活动，当做实践去理解，不是从主体方面去理解。"①"因此，他不了解'革命的'、'实践批判的'活动的意义。"②"对象、现实、感性"③ 是指可以被人们看得见、摸得着的一切客观事物，即客观物质世界。在马克思以前的一切唯物主义是怎样理解人和客观物质世界关系的呢？他们只是从客体的或者直观的形式去理解，即只是理解为由于"客体"即客观事物对人们感觉器官的刺激，从而在人们的头脑里像费尔巴哈讲的"意识是一面镜子"④，不需要任何中介而直接地形成关于客观事物的感觉、印象、观念、思想，而不是把它当作人的感性活动，当作实践去理解，不是从主观方面去理解，即不是把这种反映理解为人类所特有的一种主观能动的活动过程，不是理解为实践活动的过程。一切旧唯物主义者把人和客观物质世界的关系，仅仅理解为一种被动的、消极的、直观的反映和被反映的关系。他们不懂得人们的认识对象同时也是人们实践的对象，只有通过实践，人们才能反映客观物质世界。认识世界和改造世界是在实践的基础上统一起来的，实践是把人和客观物质世界联系起来的桥梁。对所有这一切，旧唯物主义者是根本不理解的。他们把实践排除在人和客观物质世界的关系之

---

　　① 《马克思恩格斯文集》第 1 卷，人民出版社 2009 年版，第 499 页。

　　② 同上。

　　③ 同上。

　　④ 《费尔巴哈哲学著作选集》上卷，商务印书馆 1984 年版，第 264 页。

外，因此，就必然得出这样的结论：人们只能消极地、被动地、直观地反映世界，而不能变革世界。

由于旧唯物主义不理解实践的重大意义，就必然导致旧唯物主义的形而上学和不彻底性，所以，马克思在《提纲》里开宗明义地把这一点看作从前一切旧唯物主义的主要缺点，这是和新唯物主义的根本区别。

2. 唯心主义抽象地发展了人的主观能动性。马克思分析了旧唯物主义以后说："因此，和唯物主义相反，唯心主义却把能动的方面抽象地发展了，当然，唯心主义是不知道现实的、感性的活动本身的。"① 唯心主义者看到了、肯定了人们的主观能动活动的意义，但是唯心主义者只是把这种主观能动性"抽象地发展了"，即把人们实践活动的现实的、具体的客观物质性抽象掉了，只剩下人们的意志、愿望等主观的东西。由于他们的哲学前提是精神决定物质，所以把人们的精神因素作用夸大为脱离了物质的、绝对的、决定性的作用。他们认为，精神是一切现存事物的本质及其发展的源泉。实质上，唯心主义者也是把实践活动排除在认识论之外的。

3. 费尔巴哈对实践的错误认识。马克思指出，费尔巴哈想要研究跟思想客体确实不同的感性客体，但是他没有把人的活动本身理解为对象性的活动。黑格尔认为世界的本质是一种"思想客体"或叫作"精神客体"，即绝对精神，绝对精神就成了黑格尔哲学研究的对象。费尔巴哈是一个唯物主义者，他坚决摒弃了黑格尔的绝对精神，把自己哲学研究的对象规定为"自然界和人"，即规定为"感性客体"。他确实真心实意地要探索包括人在内的客观物质世界自身的客观规律。

但是，由于费尔巴哈没有把"人的本质不是单个人所固有的抽

---

① 《马克思恩格斯文集》第 1 卷，人民出版社 2009 年版，第 499 页。

象物"①，即不懂得实践活动，特别是生产劳动这一人类最基本的实践活动也是一种客观的、物质活动过程的意义；他不理解这一点正是人区别于动物的最本质的特征。费尔巴哈对人的实践活动，只是从它的卑污的犹太人活动的表现形式去理解和确定，这当然是一种荒谬的偏见。

费尔巴哈在《基督教的本质》一书中，在分析人和动物的本质区别时，由于不懂得实践，而把人和动物的区别只看作人是有理性的，他认为"理性、意志和心"是人区别于动物的本质。

《基督教的本质》是费尔巴哈写的一部批判基督教和唯心主义的著作。在这本书中，他从人本主义立场出发，批判了黑格尔的唯心主义哲学，论述了唯物主义的基本原理，揭露了基督教的本质及其认识根源，指出神的本质不过是人的本质的神圣化，但书中也明显暴露了费尔巴哈唯物主义的局限性。在《基督教的本质》一书中，费尔巴哈将人的活动分为"理论的活动"和"实践的活动"两类，但他仅仅把理论的活动看作是真正人的活动，对实践则大加贬抑。他认为，"只有理论才揭示世界的壮丽"②"理论之立场，就意味着与世界和谐相处……与此相反，如果人仅仅立足于实践的立场，并由此出发来观察世界，而使实践的立场成为理论的立场时，那他就跟自然不睦，使自然成为他的自私自利、他的实践利己主义最顺从的仆人。"③ 费尔巴哈对实践的贬抑，是以他对实践概念的不正确理解为前提的，他不是把实践理解为人类改造客观世界的积极能动的活动，而是理解为卑污的犹太人活动的表现形式。他说："希腊人从学术上来观察自然；他们在星辰之和谐的运行中听到属天的音乐；他们凭空幻想出有一个产生万物的大洋，由此就仿佛看

---

① 《马克思恩格斯文集》第 1 卷，人民出版社 2009 年版，第 501 页。
② 《费尔巴哈哲学著作选集》下卷，商务印书馆 1984 年版，第 235 页。
③ 同上书，第 144—145 页。

到自然以维纳斯的形态出现。与此相反，以色列人只从实惠的观点来看自然；他们仅仅在口腔中对自然发生兴味；仅仅在吃吗（犹太教、基督教圣经故事中的'天赐食物'）时他们才认识他们的上帝。"① "直到今天，犹太人还不变其特性。他们的原则、他们的上帝，乃是最实践的处世原则，是利己主义。"② 可见，在费尔巴哈的笔记下，实践乃是在利己主义的欲望驱使下所进行的经商谋利活动和吃吃喝喝的行为，所以，马克思在这里指出，他在《基督教的本质》中仅仅把理论的活动看作是真正的人的活动。他把精神活动看作是人、社会历史的基础、动力。这样，他就不可避免地陷入了历史唯心主义中。最后，马克思总结性地指出："因此，他不了解'革命的'、'实践批判的'活动的意义。"③ 不懂得人们改造自然、改造社会的活动的伟大意义。

4. 实践是检验真理的标准。在这两条里，马克思说过，人的思维是否具有客观的真理性，这并不是一个理论的问题，而是一个实践的问题。这就是说，人们的思维，任何一种理论体系、任何一种哲学学说是不是客观真理，归根结底只能由实践来检验。马克思提出这个论断，是哲学发展史上的一次革命性突破。

从整个人类哲学史来看，一切主观唯心主义者否认真理的客观性，当然也就谈不上检验真理的客观标准问题。客观唯心主义者，例如黑格尔，虽然承认真理的客观性，但由于他把"绝对精神"看作世界的本质，因而他所谓真理的客观性，也只不过是在他所创造的逻辑体系内靠他自己主观地宣布他的哲学体系实现了绝对精神，是唯一的、绝对的、永恒的客观真理而已。总之，一切唯心主义者都是这样或那样地从思想领域里寻找真理的标准。

---

① 《费尔巴哈哲学著作选集》下卷，商务印书馆 1984 年版，第 146 页。

② 同上。

③ 《马克思恩格斯文集》第 1 卷，人民出版社 2009 年版，第 499 页。

　　一切旧唯物主义者认为，他们的理论是对客观物质世界的反映，真实的概念、科学的理论是和它的对象相一致、相符合的，他们承认客观真理，但是，用什么来证明理论和实践相一致、相符合呢？旧唯物主义各派的说法各种各样，但是都没有科学地解决这个问题。例如费尔巴哈说："只有通过感性直观而确定自身，而修正自身的思维，才是真实的，反映客观的思维——具有客观真理性的思维。"① 但是，用什么客观标准来检验"感性直观"的结果是正确地反映了客观对象呢？他没有回答。实际上仍然没有解决这个问题。

　　要想解决这个问题，就必须找到一个把思维和存在、精神和物质联系起来的中间桥梁，这个中间桥梁必然是既能和精神的东西相一致、相联结又能和物质的东西相一致、相联结。这个中间桥梁就是实践，因为实践既是人类所特有的一个主观能动的活动过程，是实现人们的目的、意志的精神活动过程；又是一种客观的、物质的活动过程。实践既具有生动的具体的现实性品格，又具有普遍性品格。实践把人们认识世界和改造世界的活动统一起来了，也就是把人们的认识和客观世界的规律性统一起来了。由此可见，实践不仅是人们认识世界的基础、动力，也是检验真理的唯一标准。旧唯物主义者由于不懂得实践，因此，检验真理的客观标准问题，也就成了他们长期不能解决的一个老大难问题。

　　只有马克思、恩格斯在探索人类社会的本质及其发展规律的过程中，特别是在研究政治经济学、剖析资本主义经济制度的过程中，逐步形成了科学的实践观，才第一次科学地解决了这个问题。康德在现象和本质之间、"此岸"与"彼岸"之间，人为地划了一条不可逾越的鸿沟。在这里，马克思所说的思维的此岸性，是指人

① 《费尔巴哈哲学著作选集》上卷，商务印书馆 1984 年版，第 249 页。

们能够透过现象认识客观世界的客观规律，这一点在人们改造世界的活动中是能够得到证明的，这样，就批判了康德的不可知论。

最后，马克思又特别强调，离开实践的检验来争论谁是谁非，就像中世纪的经院哲学家关于圣母玛丽亚是不是处女的争论一样，是无聊的，是毫无意义的争论。

在这里，马克思第一次明确地把实践纳入自己的哲学体系，把实践看作检验真理的标准，看作建立马克思主义理论体系，的基础。马克思主义理论就是一种不断地接受实践检验并且随着实践的发展而发展的、开放的科学理论体系。实践是理解马克思主义哲学及其全部理论的枢纽，因此，马克思曾经把自己的哲学学说叫作"实践的唯物主义"。

（二）批判旧唯物主义的唯心史观，提出唯物史观的重要思想

在第三条至第九条里，马克思批判了旧唯物主义的唯心史观，同时，在实践的基础上提出了一系列唯物史观的重要思想，为建立马克思主义哲学的理论体系，勾画了一张最早的蓝图。

1. 批判法国唯物主义和空想社会主义的唯心史观，提出实践是环境和人改变的共同基础。马克思在第三条里指出，有一种唯物主义学说，认为人是环境和教育的产物，因而认为改变了的人是另一种环境和改变了的教育的产物。这种学说忘记了环境正是由人来改变的，而教育者本人一定也是受教育的，因此，这种学说必然会把社会分成两部分，其中一部分高出社会之上。例如，在罗伯特·欧文那里就是如此。

马克思在这里所讲的"有一种唯物主义学说"是指 18 世纪法国唯物主义，它的代表人物是霍尔巴赫、爱尔维修等人。他们讲的"环境"主要是指社会环境，即政治、法律、教育等制度。爱尔维修曾经肯定地说人完全依赖于"教育"。教育实质上是指"社会影

响的全部总和"。

　　但是，这种学说忘记了环境正是由人来改变的，而教育者本人一定也是受教育的。这就是说，这种学说只看到环境对人的作用，而没有看到人的实践对环境的能动的改造作用，教育者本人的知识和才能是后天获得的，归根到底也是从社会实践中得来的。由于18世纪的法国唯物主义者不懂得实践的意义，他们就必然从理论上陷入不可克服的矛盾之中，究竟是环境决定人还是人决定环境？如何在唯物主义的基础上把这两者统一起来？由于他们在这个问题上不能科学地解释而使他们重新陷入了唯心主义的泥坑。在批判18世纪法国唯物主义的唯心史观时，马克思为什么在括号里特别提到空想社会主义者罗伯特·欧文呢？这是具有深刻用意的。空想社会主义者欧文认为，"理想"、改革方案都是天才人物发现的真理，只有依靠统治者实行自上而下的改革，才能建立起理想的社会制度，这就必然导致唯心主义的英雄史观。1842年10月，马克思发表在《莱茵报》上的《共产主义奥格斯堡〈总汇报〉》一文里，曾经谈到共产主义学说的问题。那时，马克思曾表示反对当时流行的各种社会主义、共产主义学说，认为这些理论是根本不可能实现的，但是，那时的马克思还不能从理论上对这些学说进行科学的分析、批判。到了1845年春，马克思经过这一段的实践和理论研究，对这个问题的认识发生了一个飞跃，在《提纲》里，开始把批判法国唯物主义的唯心史观和批判空想社会主义联系起来了，从哲学上揭示了空想社会主义的错误。

　　马克思在第三条里，提出一个重要论断："环境的改变和人的活动或自我改变的一致，只能被看作是并合理地理解为革命的实践。"① 在这里，马克思针对旧唯物主义只看到环境对人的影响和作

———————

① 《马克思恩格斯文集》第1卷，人民出版社2009年版，第500页。

用、不懂得革命实践的伟大意义这种错误的、片面的观点，提出
"环境的改变和人的活动的一致"的马克思主义观点。这种"一致"
只能看作是并合理地理解为"革命的实践"，不是随便一种实践，
是"革命的"实践——人们改造自然、改造社会的实践。人们在改
造客观世界的斗争中，自身也得到改造。无产阶级在改造环境的同
时也改变着自己，由此可见，实践是环境的改变和人的改变的共同
的基础。

　　2. 批判费尔巴哈的唯心史观，提出人的本质是一切社会关系
的总和。马克思在第四条至第七条里，集中批判了费尔巴哈的唯
心史观。费尔巴哈的唯心史观最突出地反映在他的唯心主义宗教
观中，所以，马克思从批判费尔巴哈的唯心主义宗教观开始。在
第四条里，马克思首先肯定了费尔巴哈批判宗教的历史功绩。他
说："费尔巴哈是从宗教上的自我异化、从世界被二重化为宗教世
界这一事实出发的。他做的工作是把宗教世界归结于它的世俗基
础。"① 所谓"宗教的自我异化"是指宗教把现实的人类世界荒谬
地划分为神的世界和世俗世界。费尔巴哈针对宗教的这一基本特
征展开了批判。他认为，这种"世界被二重化"的原因，只能从
人类自身去寻找。世界上根本没有神、上帝，上帝是人的本质的
自我异化，是人把自己的本质异化为上帝，然后把上帝推崇为支
配自己命运的神，从而对它顶礼膜拜。他认为，宗教和哲学一样，
都是人的本质的反映，在宗教那里，人的本质通过神而被歪曲地
反映出来。费尔巴哈批判宗教的目的，就是要打倒上帝，使人和
人的本质直接联系起来。他在《基督教的本质》一书里，根据这
样一个根本思想，从不同方面论证了上帝是人创造的，上帝不过
是人的本质的虚幻反映，从而揭穿了宗教的神秘外衣。因此，马

---

　　① 《马克思恩格斯文集》第 1 卷，人民出版社 2009 年版，第 500 页。

克思说："他致力于把宗教世界归结于它的世俗基础。"① 这充分肯定了他的这一历史功绩。

但是，马克思同时又指出，他没有注意到，在做完这一工作之后，主要的事情还没有做。所谓"主要的事情"就是指要科学地揭示出宗教产生的社会根源。只有弄清楚这个问题，才能正确认识宗教的本质，才能真正地克服宗教。费尔巴哈却根本没有想到这个问题；不仅如此，他还认为心是宗教的本质，并且把宗教变迁看成是人类历史发展的动力。这就充分暴露了他的唯心史观的本质。

马克思针对费尔巴哈的唯心主义宗教观，科学地揭示了宗教产生的社会根源以及正确解决宗教问题的途径，提出了历史唯物主义的宗教观。

马克思说："但是，世俗的基础使自己从自身中分离出去，并在云霄中固定为一个独立王国，这只能用这个世俗基础的自我分裂和自我矛盾来说明。"② 在这里，马克思明确提出，必须从客观存在的社会自身的内在矛盾中去探索宗教产生的根源，也只有这样，才能找出一条解决宗教问题的正确途径。这时的马克思已经开始深入社会经济领域探索社会自身的矛盾了，已经初步确立了社会存在是社会意识产生的根源的思想。

马克思指出："对于这个世俗基础本身应当在自身中、从它的矛盾中去理解，并且在实践中使之发生革命。因此，例如，自从发现神圣家族的秘密在于世俗家庭之后，世俗家庭本身就应当从理论上和实践中被消灭。"③ 这样就找到了一条正确解决宗教问题的道路，在《德意志意识形态》中所论证和阐述的关于生产力和生产关系、社会经济基础和社会上层建筑的矛盾规律，关于社会存在和社

---

① 《马克思恩格斯文集》第 1 卷，人民出版社 2009 年版，第 500 页。
② 同上。
③ 同上。

会意识的矛盾规律以及阶级、阶级斗争的规律，等等，就是对"世俗基础"本身内在矛盾的科学分析。

为了消灭宗教，就必须铲除宗教赖以产生、存在和发展的社会根源。这就是说，"自从发现神圣家族的秘密在于世俗家庭之后"，①即找到宗教的社会根源以后，为了消灭宗教，只是在宗教意识领域里、在精神领域里打转转是不行的，必须对"世俗家庭"本身进行理论的分析，得出科学的认识，然后，把对这种社会制度的理论批判变为革命的实际行动，使这种社会制度"在实践中被消灭"。宗教赖以存在和发展的社会根源消除了，宗教问题也就可以解决了。这样，马克思就把宗教问题放在人类社会历史的发展中，放在社会变革中，科学地指出了解决宗教问题的途径；把解决宗教问题和无产阶级革命、共产主义制度的建立联系起来了。

在第五条里，马克思指出：费尔巴哈在社会历史领域里未能坚持和贯彻唯物主义，而陷入了历史唯心主义的原因就在于他不懂得实践。马克思说："费尔巴哈不满意抽象的思维而喜欢直观；但是他把感性不是看作实践的、人类感性的活动。"② 他不理解实践，更不理解生产实践在人类历史发展中的决定性意义，因此，他在社会历史领域里陷入唯心主义就是不可避免的了。

在第六条里，马克思一方面明确指出人的本质"是一切社会关系的总和"这一唯物史观的著名命题；另一方面，也揭露批判了费尔巴哈把抽象的人作为他的理论的逻辑起点的错误。

马克思指出：费尔巴哈"把宗教的本质归结于人的本质"③，从而剥掉了宗教的神秘外衣，但是，人的本质并不像费尔巴哈所理解的是"单个人所固有的抽象物，在其现实性上，它是一切社会关系

---

① 《马克思恩格斯文集》第 1 卷，人民出版社 2009 年版，第 500 页。

② 同上书，第 501 页。

③ 同上。

的总和"①。也就是说，现实的、客观存在的人，是以一定的方式进行生产活动的人，而人们在生产活动中必然结成一定的生产关系，这种生产关系是一种客观的、物质的社会关系。在生产关系的基础上形成政治、法律、道德、宗教等各种社会关系。在所有这些关系中，归根结底生产关系决定、制约着其他社会关系，其他社会关系一旦形成又会以不同的形式和功能反作用于生产关系。在阶级社会里，这些关系表现为阶级关系，处于不同阶级地位的人，具有不同的阶级性。

生产关系绝不是凝固不变的，归根结底，它总是适应着社会生产力的发展变化而发展变化着，因此，人的本质也是发展变化的，在现实生活里没有什么永恒不变、抽象的人的本质。马克思关于人的本质的科学命题，既是唯物史观的一个根本观点，也是研究、探索人的本质的根本方法。

费尔巴哈在谈到人的本质的时候，"没有对这种现实的本质进行批判"②，而是"撇开历史的进程，把宗教感情固定为独立的东西，并假定出一种抽象的——孤立的——人的个体"③。也就是说，费尔巴哈离开人类实践的发展，离开一定的生产力发展水平，离开一定的现实的生产关系以及与这种生产关系相联系的阶级关系来考察人的本质，他把人当作和其他动物一样的生物个体来考察，看不到人和动物的客观的、物质的本质区别，因此，真正人的本质——一定社会关系的总和就必然在他的视野之外，他把"类""类本质"，只不过是"理解为一种内在的、无声的，把许多个人自然地联系起来的普遍性"④，只不过是把各个孤立的个人归纳为区别于动

---

①　《马克思恩格斯文集》第 1 卷，人民出版社 2009 年版，第 500 页。

②　同上书，第 501 页。

③　同上。

④　同上。

物的另一种特殊的动物的"类"，只不过是在人和动物的比较中抽象出不同于动物的"共同性"，即"理性、意志、心"。

费尔巴哈正是以这种抽象的人，即把人的现实的、客观的物质属性抽象掉的所谓人的本质作为他的宗教观、人本主义哲学的基础的。由于他把这种抽象的人作为建立他的理论体系的逻辑起点，所以他的宗教观、历史观必然是唯心主义的。

在第七条里，马克思作了一个对费尔巴哈唯心主义宗教观批判的小结。马克思指出："费尔巴哈没有看到，'宗教感情'本身是社会的产物。""而他所分析的抽象的个人，是属于一定的社会形式的"①，也是一种历史的现象，也有它的产生、发展和消亡的历史。"抽象的人"、抽象的"理性、意志、心"在现实生活里是没有的。它只不过是对现实的人的歪曲反映，是对资产阶级本质的歪曲反映。这一点，恩格斯在《路德维希·费尔巴哈和德国古典哲学的终结》第三章里，做了极其中肯、尖锐的分析、批判。

3. 社会生活在本质上是实践的，新旧唯物主义不同的阶级基础。在第八条里，马克思阐述了实践在人类社会发展中的重大意义，从而指明了科学的实践观是唯物史观和唯心史观的本质区别。

马克思说："全部社会生活在本质上是实践的。"② 人类最基本的生产劳动是社会赖以存在和发展的基础。生产、生产方式决定社会的性质及其进一步发展的趋势，是历史发展的根本动力。

按照唯物主义的基本观点，是物质决定精神。马克思发现了社会实践在人类社会存在和发展中的意义，从而制定了社会存在决定社会意识这一唯物史观的基本原理。任何社会意识都是由社会存在决定的，是对社会存在的反映。在这里，马克思特别指出："凡是把理论引向神秘主义的神秘东西，都能在人的实践中以及对这个实

---

① 《马克思恩格斯文集》第 1 卷，人民出版社 2009 年版，第 501 页。

② 同上。

践的理解中得到合理的解决。"① 这就是说，不仅正确的社会意识是社会存在的反映，而且任何错误的、荒谬的理论，甚至像宗教这样的社会意识，也是由社会存在决定的，是对社会存在的歪曲反映，对这些"神秘的东西"也不能用意识本身来说明，而只有从一定的社会物质生活条件中，才能找到它们产生的根源，才能科学地说明它们的本质。

在第九条里，马克思说："直观的唯物主义，即不是把感性理解为实践活动的唯物主义，至多也只能达到对单个人和市民社会的直观。"② 黑格尔在《法哲学原理》一书中，把"市民社会"描述为以一定的经济利益为纽带，把单个人联系起来的社会结构，由于它是人们之间的私人利益关系，所以，黑格尔认为，和国家相比，"市民社会"是有限的领域，是国家——无限的领域、绝对精神的体现——决定"市民社会"。马克思在《黑格尔法哲学批判》一书中，对黑格尔的这种唯心主义观点进行了批判，明确指出：是"市民社会"——社会经济关系决定国家。在这里，马克思又对旧唯物主义的唯心史观进行了批判。他指出，由于旧唯物主义者不懂得实践在社会发展中的重大意义，因而不理解社会的本质是人和人之间以一定物质利益联系起来的经济关系，即"市民社会"。

人和人之间的经济关系是在一定的生产实践的基础上形成和发展的；这种经济关系也只有在人们的社会实践中才能显现出来。而旧唯物主义者不是把感性理解为实践活动，因此，他们对处于"市民社会"中的人，只能做到单个人的直观。这样，旧唯物主义就不能正确地理解和把握人的本质，当然就更谈不上科学地揭示社会历史发展的客观规律了。

在第十条里，马克思进一步深入揭示出新旧唯物主义不同的阶

---

① 《马克思恩格斯文集》第 1 卷，人民出版社 2009 年版，第 501 页。

② 同上书，第 502 页。

级基础。马克思说："旧唯物主义的立脚点是市民社会，新唯物主义的立脚点则是人类社会或社会的人类。"① 这里所讲的"市民"是指资产阶级，旧唯物主义的基础是资本主义社会经济基础，它是为资本主义制度服务的，是资产阶级的世界观，资产阶级是它的阶级基础。

在《1844 年经济学哲学手稿》里，马克思把资本主义社会看作是人的本质异化了的社会，是丧失了人的本质的社会，它不是真正的"人类社会"。共产主义社会则是扬弃了私有制和异化的社会，是恢复了人的本质的社会，是真正的"人类社会"。"社会化了的人类"和"人类社会"是一个意思，即共产主义社会。新唯物主义的立脚点和基础是共产主义社会，它是面向未来的，是为实现共产主义解放全人类服务的，它是无产阶级的世界观，无产阶级是它的阶级基础。

马克思创立新唯物主义，一开始就是面向无产阶级的，是无产阶级根本利益和愿望的理论表现。由于无产阶级的根本利益和社会发展的客观规律是完全一致的，所以，马克思创立的新唯物主义才成为科学的、完备的、彻底的唯物主义。恩格斯在《路德维希·费尔巴哈和德国古典哲学的终结》里说，科学愈是毫无顾忌和大公无私，它就愈加符合工人的利益和愿望。马克思主义哲学的阶级性和科学性是统一的、完全一致的。

（三）马克思主义哲学的历史使命

第十一条是整个《提纲》的总结，是整个《提纲》逻辑发展的必然结论。马克思说："哲学家们只是用不同的方式解释世界，问题在于改变世界。""哲学家们"是指马克思主义哲学以前的哲学家

---

① 《马克思恩格斯文集》第 1 卷，人民出版社 2009 年版，第 502 页。

们。正如《提纲》已经论证的一样，由于他们不懂得实践在人们认识世界和改造世界中的重大意义，不懂得"社会生活在本质上是实践的"，由于他们的阶级局限性，就决定了他们最多只能说明、解释他们赖以存在的社会制度的"合理性"，是"用不同方式解释世界"①，而不是成为改造社会的伟大精神武器。例如，费尔巴哈就是这样的。马克思、恩格斯说："我们不想花费精力去启发我们的聪明的哲学家，使他们懂得：如果他们把哲学、神学、实体和一切废物消融在'自我意识'中，如果他们把'人'从这些词句的统治下——而人从来没有受过这些词句的奴役——解放出来，那么，'人'的'解放'也并没有前进一步。"②

　　马克思创立新唯物主义，就是为了给革命的无产阶级寻找一个认识世界、改造世界的伟大精神武器。马克思主义哲学第一次科学地解决了理论和实践的统一，第一次明确提出"社会生活在本质上是实践的"，从而创立了包括自然和社会生活在内的一元的、辩证的、历史的唯物主义。马克思、恩格斯说："对实践的唯物主义者即共产主义者来说，全部问题都在于使现存世界革命化，实际地反对并改变现存的事物。"③ 正如毛泽东所说："马克思主义的哲学认为十分重要的问题，不在于懂得了客观世界的规律性，因而能够解释世界，而在于拿了这种对于客观规律性的认识去能动地改造世界。"④

①　《马克思恩格斯文集》第 1 卷，人民出版社 2009 年版，第 502 页。

②　同上书，第 526—527 页。

③　同上书，第 527 页。

④　《毛泽东选集》第 1 卷，人民出版社 1991 年第 2 版，第 268 页。

三　学习《提纲》的几点启示

1.《提纲》使我们清楚地看出，实践的观点是贯穿整个《提纲》的一条基本线索。马克思第一次把科学的实践观纳入哲学体系之中，从而创立了辩证唯物主义和历史唯物主义。革命的实践是马克思主义哲学也是全部马克思主义理论的基础。马克思主义哲学的阶级性和科学性的统一基础也只能是革命的实践。离开实践的观点就不能正确地理解和把握马克思主义哲学，因此，学习马克思主义和运用马克思主义是不能分开的，只有坚持理论和实践相结合的方法，才能真正学好、用好马克思主义。

2.《提纲》使我们更深刻地理解到坚持和发展马克思主义，必须也只能在社会主义"革命和建设的实践中"统一起来。离开当前的社会主义实践，既谈不到坚持马克思主义，也谈不到发展马克思主义。

3. 通过《提纲》的学习，我们更清楚地认识到，建设中国特色社会主义，必须反对机械地搬用马列词句，而要充分发挥主观能动性，把马克思主义的基本原理同中国的社会主义现代化建设结合起来，既要反对一切非马克思主义的错误思想，又要必须反对一切教条主义和思想僵化。我们今天所进行的中国特色社会主义的伟大事业是一项前无古人的大事业，社会主义现代化建设规律及改革开放的规律需要我们去探索、去认识、去把握。《提纲》给我们提供了解决问题的基本方向。人是能够正确认识世界的，实践是我们认识世界的基础和唯一的标准。只要我们处理好主体与客体的关系、理论与实践的关系，一切从实际出发，实事求是，我们就一定能探索和总结出一整套的社会主义现代化建设的经验和方法来。

哲学的贫困[*]

《关于费尔巴哈的提纲》和《德意志意识形态》已经表明，新世界观的全面创立已基本完成，下面的任务就是运用新世界观去指导蓬勃发展的工人运动以及正在建立中的无产阶级组织，使新世界观与现实运动紧密相连并公开问世，为广大工人阶级所掌握。而此时，下列两个事件又进一步促成了马克思、恩格斯愿望的实现，即蒲鲁东及其他形形色色的社会主义的出现和第一个共产主义组织——共产主义者同盟的筹备成立。马克思、恩格斯正是在同蒲鲁东的论战中，在为共产主义者同盟起草的纲领中，使新世界观得以公开问世的。蕴含着新世界观的两部著作是《哲学的贫困》和《共产党宣言》。

《哲学的贫困》是马克思于1847年写成并发表的一本最早的成熟的马克思主义著作，此书是以批判蒲鲁东主义的形式出现的。蒲鲁东是法国小资产阶级社会主义者和无政府主义思想家。早在1840年，蒲鲁东发表过《什么是财产》一书，提出了"财产就是盗窃"的著名论断，得到了马克思的肯定，但在随后的几年，蒲鲁东的思想急剧右转，他否认社会革命，否认国家政权，主张以产品交换和经济（分配）组织来改善资本主义，并在1846年年底发表《经济矛盾的体系，或贫困的哲学》一书，体现了上述思想。同时，蒲鲁东在书中对社会

＊《马克思恩格斯文集》第1卷，人民出版社2009年版，第593—656页。

历史的发展和辩证法的方法等问题做出了错误理解。蒲鲁东的思想在工人运动中造成了很坏的影响，阻碍了刚刚创立的新世界观的传播。于是，马克思于 1847 年 1 月到 6 月写成了《哲学的贫困——答蒲鲁东先生的〈贫困的哲学〉》（以下简称《哲学的贫困》）一书，既回击了蒲鲁东，又向世界公开了自己的新世界观。

《哲学的贫困》由两章组成。第一章"科学的发现"① 主要批判蒲鲁东在价值论方面的错误观点；第二章"政治经济学的形而上学"② 集中批判了蒲鲁东的唯心主义和形而上学。在对蒲鲁东的批判中，马克思第一次运用马克思主义的哲学观点来研究经济学现象，并在唯物史观的基础上，阐明政治经济学的研究对象、方法和范畴。

《哲学的贫困》于 1847 年第一次以原文——法文——的形式在巴黎和布鲁塞尔出版，1885 年出版了德文版第一版，恩格斯曾校对了译文，并写了一篇序言，加了许多注释。1886 年，俄国马克思主义小组"劳动解放社"出版了俄文版第一版。1892 年，又出版了德文版第二版，恩格斯又写了一篇序言，纠正了原文中某些不准确的地方。1896 年，恩格斯逝世后，出版了经马克思的女儿劳拉·拉法格整理的法文版第二版。

一　揭露蒲鲁东思想的唯心主义性质，阐述物质生产方式决定社会关系及观念的原理

马克思说，资产阶级经济学家们把分工、信用、货币等资产阶级生产关系说成固定不变的、永恒的范畴，蒲鲁东借用这些范畴作为他理论的出发点，并试图给人们说明这些范畴、观念的形成情况

---

① 《马克思恩格斯文集》第 1 卷，人民出版社 2009 年版，第 594 页。

② 同上书，第 597 页。

和来历。但是，蒲鲁东告诉人们的是："这里我们论述的不是与时间次序相一致的历史，而是与观念顺序相一致的历史。各经济阶段或范畴在出现时有时候是同时代的，有时候又是颠倒的……不过，经济理论有它自己的逻辑顺序和理性中的系列。"① 蒲鲁东把永恒原理、理想范畴看作是先于人的生活而存在的，把世界上的事物看作是逻辑范畴这块底布上的花纹，把现实关系看作是睡在人类的"无人身的理性"② 的怀抱里的永恒范畴的化身。换言之，蒲鲁东把"一切存在物，一切生活在地上和水中的东西"经过抽象都归结为逻辑范畴，"因而整个现实世界都淹没在抽象世界之中，即淹没在逻辑范畴的世界之中"③，从而否认了历史运动的客观性和规律性。

马克思指出，经济学家蒲鲁东先生非常明白，人们是在一定的生产关系范围内制造产品如丝织品的，但是，蒲鲁东不明白，这些一定的社会关系如同丝织品一样，也是人们生产出来的。马克思还进一步指出，社会关系和生产力紧密相连，即随着生产力的获得，人们改变自己的生产方式，随着生产方式即保证自己生活方式的改变，人们也就会改变自己的一切社会关系。"手推磨产生的是封建主的社会，蒸汽磨产生的是工业资本家的社会。"④ 因此，人们按照自己的物质生产的发展建立相应的社会关系，又按照自己的社会关系创造了相应的原理、观念和范畴。这些原理观念和范畴同它们所表现的关系一样，不是永恒的，它们是历史的暂时的产物。蒲鲁东不仅颠倒了思维与存在的关系，把现实历史看作是一个范畴向另一个范畴的逻辑推演，而且还否认了运动和现实历史的客观性，他看不到"生产力的增长、社会关系的破坏、观念的形成都是不断运动

---

① 《马克思恩格斯文集》第 1 卷，人民出版社 2009 年版，第 598 页。
② 同上书，第 599 页。
③ 同上书，第 600 页。
④ 同上书，第 602 页。

的，只有运动的抽象即'不死的死'才是停滞不动的"①。

二　批判蒲鲁东的错误方法及其对黑格尔辩证法的歪曲，阐发辩证运动的实质

蒲鲁东在经济学中到处谈论矛盾、对立及矛盾的解决。他认为，任何经济范畴都是由"好"和"坏"两方面构成的。"好的方面和坏的方面，益处和害处加在一起就构成每个经济范畴所固有的矛盾"②。既然如此，解决矛盾也就是保存"好"的方面，消灭"坏"的方面。这样，蒲鲁东把所有经济范畴逐一取来，把一个范畴用作另一个范畴的消毒剂，例如，蒲鲁东以捐税消除垄断的缺陷，以贸易差额消除捐税的缺陷，以土地所有权消除信用的缺陷。如同对待经济范畴一样，蒲鲁东进而把辩证运动的全部过程也归结为"好"与"坏"两方面，即归结为简单地对比善和恶，归结为善对恶的永无止境地消解，即下一个范畴相对于前一个范畴而言永远是善。

马克思指出，蒲鲁东的这种辩证法是对黑格尔辩证法的三重歪曲。一是在黑格尔那里，认为矛盾是普遍存在的，每一个事物都是由相互矛盾着的两个方面构成的矛盾统一体，"好"与"坏"、"善"与"恶"只是相互矛盾着的双方的某种表现形式；二是在黑格尔那里，认为运动是范畴的运动，是概念的发展史，颠倒了思维和存在、对象和概念的关系，但是，黑格尔却又在思辨的形式下叙述了事物的历史；三是在黑格尔那里，不仅认为矛盾双方是辩证的关系，而且对任何一方也辩证地看待，如黑格尔认为恶也是历史发展的动力借以表现的形式。因此，蒲鲁东费了九牛二虎之力想爬上矛

---

① 《马克思恩格斯文集》第 1 卷，人民出版社 2009 年版，第 603 页。
② 同上书，第 604 页。

盾体系的顶峰，却只从黑格尔的辩证法那里学得了术语，并且把它降低到极为可怜的程度，"用矛盾和矛盾的消毒剂这二者的混合物写成两卷矛盾，并且恰当地称为《经济矛盾的体系》"①。

马克思还正面阐发了辩证运动的实质。马克思指出，任何一个矛盾都包含着相互对立的两方面，"即肯定和否定，'是'和'否'。这两个包含在反题中的对抗因素的斗争，形成辩证运动。'是'转化为'否'，'否'转化为'是'。'是'同时成为'是'和'否'，'否'同时成为'否'和'是'。对立面互相均'衡'，互相中和，互相抵消的。这两个彼此矛盾的思想的融合，就形成一个新的思想，即它们的合题"。② 新的思想既是此前矛盾运动的结果，又是新的矛盾运动的开始，因为"这个新的思想又分为两个彼此矛盾的思想，而这两个思想又融合成新的合题"③。思想的运动是对现实的运动的反映，现实中的矛盾是无限发展的，是无法消除的。对立双方总是相互斗争、相互制约、相互包含、相互转化，并形成新的矛盾统一体，而这种"两个相互矛盾方面的共存、斗争以及融合成一个新范畴，就是辩证运动。谁要给自己提出消除坏的方面的问题，就是立即切断了辩证运动"④。

三　批判蒲鲁东否认历史发展的观点，论述生产力与生产关系辩证关系原理

马克思指出，蒲鲁东把观念看作是先于历史而存在的，让历史

---

① 《马克思恩格斯文集》第 1 卷，人民出版社 2009 年版，第 606 页。

② 同上。

③ 同上书，第 601 页。

④ 同上书，第 605 页。

的秩序去适应观念的秩序，那么，"我们已经看到，在这一切一成不变的、停滞不动的永恒下面没有历史可言，即使有，至多也只是观念中的历史，即反映在纯理性的辩证运动中的历史"①。这就是说，在蒲鲁东这里没有现实的历史运动，有的只是观念的历史运动，即观念和范畴的历史展开。而实际上，只要仔细研究人们的生存条件所产生的人与人之间的关系，就会发现对这些问题的探讨就是研究人们现实的、世俗的历史。反过来讲，探讨历史就是要探讨生产力、生产方式以及在其中形成的人与人之间的关系，历史是由人创造的，是由生产力、生产方式决定的。

　　马克思还指出："每一个社会中的生产关系都形成一个统一的整体"②，每一个社会都是"一切关系在其中同时存在而又互相依存的社会机体呢?"③ 这里，马克思首次提出了"生产关系"和"社会有机体"的概念，并对生产力与生产关系之间的关系以及社会有机体的发展做了详细论证。马克思认为，新生产力的获得必将促使人们改变自己的生产方式，生产方式的改变又将促使人们改变自己的一切社会关系，而在一定的社会关系下，人们又创造了一定的思想、观念、范畴等。这些要素及彼此之间的关系，使人类社会成为一个有血有肉的、活的机体——社会有机体。马克思讲，在这个有机体中，"这难道不是说，生产方式，生产力在其中发展的那些关系，并不是永恒的规律，而是同人们及其生产力发展的一定水平相适应的东西，人们生产力的一切变化必然引起他们的生产关系的变化吗？由于最重要的是不使文明的果实——已经获得的生产力被剥夺，所以必须粉碎生产力在其中产生的那些传统形式"④。即生产力

---

①　《马克思恩格斯文集》第 1 卷，人民出版社 2009 年版，第 608 页。

②　同上书，第 603 页。

③　同上书，第 604 页。

④　同上书，第 613—614 页。

决定生产关系，当生产关系不适应或阻碍生产力发展时，就要改变现存的生产关系。这里，马克思科学地表述了唯物史观，也丰富了唯物史观。

四　批判蒲鲁东对阶级和政治的否认，论述阶级斗争和政治革命

蒲鲁东否认任何政治，否认阶级对抗。马克思指出，实际情况完全不像蒲鲁东所想象的那样。当文明一开始的时候，生产就建立在等级和阶级的对抗上，最后建立在积累的劳动和直接的劳动的对抗上。没有对抗就没有进步，这是文明直到今天所遵循的规律，到目前为止，生产力就是由这种阶级对抗的规律而发展起来的。马克思指明了阶级和阶级斗争的存在。

马克思还阐述了工人阶级解放的条件和阶级斗争作为社会发展动力的问题。工人阶级解放的条件就是要消灭一切阶级，正如第三等级，即资产阶级解放的条件就是要消灭一切等级一样，而消灭阶级的运动只有通过革命才能完成。"被压迫阶级的存在就是每一个以阶级对抗为基础的社会的必要条件。因此，被压迫阶级的解放必然意味着新社会的建立。要使被压迫阶级能够解放自己，就必须使既得的生产力和现存的社会关系不再能够继续并存。在一切生产工具中，最强大的一种生产力是革命阶级本身。"① 革命阶级进行社会革命，改变现存的社会关系，以推动社会的进步和发展，这也就是说，阶级斗争是阶级社会发展的动力。

马克思也指出了工人阶级解放的前景。马克思说："劳动阶级

① 《马克思恩格斯文集》第 1 卷，人民出版社 2009 年版，第 655 页。

在发展进程中将创造一个消除阶级和阶级对抗的联合体来代替旧的
市民社会；从此再不会有任何原来意义的政权了。"① 而在没有阶级
和阶级对抗的情况下，社会进化将不再是政治革命。因此，未来的
社会应是工人阶级在消灭了其他一切阶级之后自行消亡从而进入没
有阶级和阶级对抗的社会。

---

① 《马克思恩格斯文集》第 1 卷，人民出版社 2009 年版，第 655 页。

共产党宣言[*]

    《共产党宣言》（以下简称《宣言》），是马克思、恩格斯合著的一篇经典著作，写于 1847 年 12 月到 1848 年 1 月，同年 2 月在伦敦公开发表，标志着马克思主义科学社会主义的诞生。在马克思主义的发展史上，《宣言》具有里程碑的奠基意义。它集马克思主义哲学、政治经济学和科学社会主义于一体，阐明了无产阶级的世界观和无产阶级的革命理论，内容极为丰富，是从整体上了解马克思主义的一部重要文献。正如列宁曾评价说："这部著作以天才的透彻而鲜明的语言描述了新的世界观，即把社会生活领域也包括在内的彻底的唯物主义、作为最全面最深刻的发展学说的辩证法，以及关于阶级斗争和共产主义新社会创造者无产阶级肩负的世界历史性的革命使命的理论。"[①]这充分说明了《宣言》的发表也标志着辩证唯物主义与历史唯物主义基本原理的确立和运用。换句话说，《宣言》正是运用历史唯物主义原理分析资本主义社会，提出了"两个必然"原理，无产阶级的历史使命原理，无产阶级专政原理和共产党的性质、纲领、策略原理。因此，从哲学的角度解读《宣言》，是学会运用马克思主义的基本方法来解决新问题的最佳途径。

---

    * 《马克思恩格斯文集》第 2 卷，人民出版社 2009 年版，第 3—67 页。

    ① 《列宁专题文集　论辩证唯物主义和历史唯物主义》，人民出版社 2009 年版，第 5 页。

一　社会历史背景

《宣言》是在资本主义大工业时代的社会历史条件下产生的。

（一）时代的产物

《宣言》是无产阶级反对资产阶级的阶级斗争的产物。

19 世纪中叶，资本主义生产方式在西欧几个主要国家迅速发展起来，英、法等国的资产阶级在经济上、政治上取得统治地位。英国完成了产业革命，伴随大工业的出现，资本主义制度固有的矛盾——生产社会化和生产资料私人占有之间的矛盾日益暴露出来，无产阶级同资产阶级的斗争已发展到十分激烈的程度。19 世纪三、四十年代，欧洲爆发了无产阶级三大革命运动：一是 1831 年和 1834 年法国里昂工人的两次起义；二是从 1837 年开始的持续了十几年的英国"宪章运动"；三是 1844 年德国西里西亚纺织工人起义。无产阶级以一支独立的政治力量登上了历史舞台，但是，由于没有革命理论的指导和无产阶级政党的领导，工人的几次起义均以失败而告终。无产阶级革命运动迫切需要科学社会主义理论的指导，马克思和恩格斯正是在这样的历史背景下，适应无产阶级革命斗争的需要，总结了工人运动的经验，写作和发表了《宣言》这一伟大著作，为无产阶级革命斗争指明了方向，提供了强大的思想武器。

（二）实践的产物

《宣言》是马克思和恩格斯总结革命实践的产物。

《宣言》不是从工人运动中自发产生的，它是马克思和恩格斯适应时代的需要，亲自参加革命运动，在创建无产阶级政党的实践中产生的。

为建立无产阶级革命政党，马克思和恩格斯进行了积极的宣传组织工作。1845 年春，在比利时首都布鲁塞尔建立了"共产主义通讯委员会"，与各国工人阶级组织进行联系。1847 年 6 月，他们帮助德国正义者同盟改组为"共产主义同盟"，并两次参加了"共产主义同盟"代表大会。在第二次代表大会上，德国正义者委托他们起草一个周密的理论和实践的纲领，以回敬反动势力的攻击，向全世界公开说明自己的观点、目的和意图，马克思和恩格斯系统拟定了《共产党宣言》这一纲领性的文件，同盟委员会未加任何修改就通过了这一文件，并于 1848 年 2 月在伦敦公开发表。

（三）继承与创新的产物

科学学说的创立需要站在巨人的肩膀上，马克思和恩格斯通过辛勤刻苦的学习研究，批判地继承了人类优秀文化遗产所取得的伟大成果，尤其是继承了德国古典哲学、英国古典政治经济学和法国、英国的空想社会主义创立和发展起来的。一部马克思主义的发展史，就是一部理论继承、理论批判、理论斗争的历史。

二　中心思想

《宣言》一书包括 7 篇序言和 4 章正文，序言是《宣言》不可或缺的重要组成部分。《宣言》是国际共产主义运动第一个纲领性文件，是马克思主义学说第一次完整、系统的阐述。

《宣言》运用辩证唯物主义和历史唯物主义考察了人类社会，系统地阐述了阶级与阶级斗争理论，特别分析了资本主义社会的产生和发展，全面剖析了资产阶级的产生、发展和最终走向灭亡的历史过程。同时，揭示了无产阶级的产生、发展及其历史赋予的伟大使命。

《宣言》论述了共产党的性质、特点和基本纲领，批判、驳斥了资产阶级对共产党人和共产主义的种种诬蔑和攻击，阐述了无产阶级革命和无产阶级专政的思想，以及通向共产主义的必由之路。《宣言》还阐明了共产党人政治斗争的策略原理。

《宣言》分析了当时流行的各种社会主义流派产生的社会原因和历史背景，指出了他们的阶级实质和危害性，揭露和批判了各种假社会主义，划清了科学社会主义和其他假社会主义的界限。

三　主要思想内容

（一）阶级斗争是阶级社会发展的直接动力

《宣言》第一章一开头就指出：自原始公社解体以来，至今一切社会的历史都是阶级斗争的历史。自由民和奴隶、贵族和平民、领主和农奴、行会师傅和帮工，一句话，压迫者和被压迫者，始终处于相互对立的地位，进行不断的、有时隐蔽有时公开的斗争，而每一次斗争的结局是整个社会受到革命改造或者斗争的各阶级同归于尽。这是马克思主义对人类历史所做的科学分析，是历史唯物主义的一个基本观点。也就是说，阶级斗争总是推动着人类社会向前发展，阶级斗争的结局，是新的生产方式代替旧的生产方式，从而作为代表旧生产方式的两个互相对立的阶级，同时被代表新生产方式的两个对立的阶级所代替。例如，封建社会的封建领主和农奴代替了奴隶社会的奴隶主和奴隶；资本主义社会的资产阶级和无产阶级代替了封建社会的封建领主和农奴、行会师傅和帮工。

　　马克思还分析了各阶级社会的阶级对立和斗争的特点，特别指出了资本主义社会独有的特点。现代资产阶级只是用新的阶级、新的压迫条件、新的斗争形式代替了旧的。正如它指出的，"我们的时代，资产阶级时代，却有一个特点：它使阶级对立简单化了。整个社会日益分裂为两大敌对的阵营，分裂为两大相互直接对立的阶级：资产阶级和无产阶级。"可以看出，不同历史时期的阶级状况有不同的特点，但归结起来，实质一样，都是相互对立的阶级。当然，值得指出的是，《宣言》以严密的逻辑论证了阶级对立，但我们始终要清楚，在资本主义社会中，阶级斗争的根本原因是生产力与生产关系的社会基本矛盾原理。生产力是社会基本矛盾运动中最基本的动力因素，是人类社会发展和进步的最终决定力量。社会基本矛盾往往会通过一定社会的阶层或阶级的矛盾表现出来，或表现为不同社会集团之间的利益矛盾甚至冲突，从而爆发阶级斗争，这是人类社会向前发展的实质所在。

（二）现代资产阶级是生产方式和交换方式的一系列变革的产物

　　《宣言》认为，资产阶级与无产阶级并非先验的存在，现代资产阶级本身是一个长期发展过程的产物，是生产方式和交换方式的一系列变革的产物。在封建社会，由于商品经济的发展，产生了初期城市。没有人身自由的农奴进入城市后，变成了有自由的城关市民。最初的资产阶级分子是从市民等级中产生的，后来，随着生产力的进一步发展，新大陆和新航路的发现，工商业和航海业的发展，对商品需求的不断增加，封建行会手工业生产不能适应日益增长的需要，资本主义工场手工业代替封建行会手工业，工场手工业主代替行会师傅。商品需求总是不断增加，工场手工业生产也不能满足需要，因此引起了产业革命，机器大工业代替工场手工业，现代资产阶级代替工场手工业主。最初的资产阶级分子随着经济的发展成为现代资产阶级，在经济上取得统治地位。可见，现代资产阶级是历史发展到一定阶段的必然产物。资产阶级在封建社会是被压迫的等级，随着经济的发展，它在政治上相应地取得了进展。机器大工业和世界市场的建立，资产阶级在政治上打败了封建贵族阶级，建立了以代议制国家为基本形式的资产阶级的政治统治。

（三）资产阶级革命对社会发展的巨大作用

社会革命在社会发展中的作用主要表现在它是实现社会形态更替的重要手段和决定性环节，这是马克思主义唯物史观的重要内容，而这个内容充分体现在马克思主义的《宣言》里面。《宣言》第一章用了很大的篇幅高度评价了资产阶级在历史上的革命作用，这是我们应该非常重视的思想。忽视这一点，很多时候就造成了人们对马克思主义的误解，认为资本主义一片黑暗，认为马克思没有看到资本主义的历史进步性，或者有的人还认为马克思主义自相矛盾，为什么肯定资本主义却又否定资本主义呢？《宣言》明确指出，资产阶级在历史上曾起过革命性的作用。当封建社会内部发展起来的新生产力和封建的生产关系发生了矛盾、封建生产关系变成了束缚新生产力的镣铐的时候，资产阶级便推翻封建贵族的统治，打破封建生产关系，建立资本主义的经济制度和政治制度。资产阶级按照自己的面貌为自己创造出一个世界，在它取得统治的地方，用公开无耻的剥削代替了由各种幻想掩盖着的封建剥削；把人和人的关系变成赤裸裸的金钱关系；把分散的封建割据结合成集中统一的资产阶级国家。资产阶级充分发挥了人的创造能力，它使生产工具不断变革，从而对全部的社会关系不断地进行革命。生产的不断变革，一切社会状况不停地动荡，永远的不安定和变动，这是资本主义社会不同于过去一切时代的地方。资产阶级开拓了世界市场，并使一切国家的生产和消费都成为世界性的了。它把一切民族甚至最野蛮的民族都卷到文明中来了。它创立了巨大的城市，使城市人口比农村人口大大增加起来，因而使很大一部分居民脱离了乡村生活的愚昧状态。总之，资产阶级在它统治的不到 100 年的时间里，不断采用新技术、新机器，空前地提高了社会生产力，使工业、农业、商业、交通运输和科学技术都得到巨大的发展。同以前的其他社会经济制度相比，资产阶级通过革命，空前地提高了社会生产力，实现了人类历史的巨大发展。

（四）"两个必然"思想

在《宣言》第一章的结尾中，马克思和恩格斯指出："资产阶级的灭亡和无产阶级的胜利是同样不可避免的。"[①] 也就是说，资本主义必然灭亡，社会主义必然胜利，通常称为"两个必然"或"两个不可避免"。这是《宣言》通过对资产阶级和无产阶级的产生、发展分析后得出的最终结论。众所周知，资产阶级是依靠生产力的不断发展来打破封建的生产关系从而取得统治地位的，这是生产关系一定要适应生产力发展的结果。在《宣言》发表的时候，资本主义社会的生产力和生产关系的矛盾已经很尖锐了，经济危机的爆发，证明资产阶级生产关系已经不适应生产力的发展了。以前被资产阶级用来推翻封建制度的武器——生产力的发展，现在又对准了资产阶级的生产关系。正如《宣言》中写道："几十年来的工业和商业的历史，只不过是现代生产力反抗现代生产关系、反抗作为资产阶级及其统治的存在条件的所有制关系的历史。"[②] 所以，生产关系一定要适合生产力的性质的客观规律，无论对封建贵族或是对资产阶级都一样起作用。资产阶级生产关系仍然是一种私有制代替另

---

① 《马克思恩格斯文集》第 2 卷，人民出版社 2009 年版，第 43 页。

② 同上书，第 37 页。

一种私有制、一种剥削形式代替另一种剥削形式。它曾经大大推动了生产力的发展，但是随着生产力的发展，资本主义社会的基本矛盾，即生产社会化和生产资料的私人占有之间的矛盾越来越尖锐，狭小的资产阶级生产关系又妨碍了庞大的生产力的进一步发展。资本主义社会带来了其自身无法解脱的周期性经济危机。而面对经济危机，资产阶级一方面不得不消灭大量生产力，另一方面，不得不夺取新的市场，更加彻底地利用旧的市场。马克思也指出，"这不过是资产阶级准备更全面更猛烈的危机的办法，不过是使防止危机的手段越来越少的办法。"因此，"资产阶级用来推翻封建制度的武器，现在却对准资产阶级自己了"①，资本主义的灭亡是它本身矛盾发展的必然结果。可见，整个《宣言》渗透着"两个必然"的核心思想，它是马克思主义的根本内容，任何时候都不能推翻它，而只能证明它的合理性。坚持马克思主义，必须坚持"两个必然"的重要思想。

更进一步看，"两个必然"的思想是建立在唯物史观的基础上的，它们有着内在的一致性，恩格斯曾在后面所写的《终结》中也有类似的观点。他认为："一切依次更替的历史状态都只是人类社会由低级到高级的无穷发展进程中的暂时阶段。每一个阶段都是必然的，因此，对它发生的那个时代和那些条件来说，都有它存在的理由；但是对它自己内部逐渐发展起来的新的、更高的条件来说，它就变成过时的和没有存在的理由了；它不得不让位于更高的阶段，而这个更高的阶段也要走向衰落和灭亡。"② 与唯心史观不同，唯物史观不是从人们的思想动机方面寻找人类社会历史发展的根源，而是从生产力和生产关系的矛盾运动中、从生产方式的变革中发现了人类社会历史发展的动力，因此，马克思把经济的和社会形

---

① 《马克思恩格斯文集》第 2 卷，人民出版社 2009 年版，第 37 页。
② 《马克思恩格斯文集》第 4 卷，人民出版社 2009 年版，第 270 页。

态的发展理解为一种自然的历史过程，资本主义社会只是人类社会发展过程中的一个阶段，它是封建社会发展的结果，也是新的更高阶段社会形态的准备，它迟早要被更高的社会主义社会发展阶段所代替。

（五）无产阶级的历史使命

马克思主义指出，社会主义社会终究要代替资本主义社会，这是历史发展的必然趋势。无产阶级是现代大工业的产物，是真正革命的阶级，随着生产社会化水平的不断提高和无产阶级队伍的不断壮大，将会对准资产阶级。也就是说，资产阶级不仅锻造了置自身于死地的武器，它还产生了将要运用这种武器的人——无产阶级。

1. 无产阶级的产生和它的地位。《宣言》指出，无产阶级和资产阶级是同时产生的。资本主义发展到机器大工业生产的时代，形成了现代工业无产阶级。无产阶级是出卖劳动力的雇佣劳动者，是处于被奴役的社会最下层，但它又是新生产力的代表，是最有力量、最有前途的革命阶级，是资本主义制度的掘墓人。

2. 无产阶级的发展过程，也就是无产阶级同资产阶级斗争的过程。无产阶级是在同资产阶级的斗争中发展的，它经历了从自在阶级到自为阶级的发展过程。无产阶级反对资产阶级的斗争从它存在的那一天就开始了。最初，个别工人反对直接剥削他们的单个资产阶级者，分散地自发地进行斗争。后来，从自发斗争发展到有组织的自觉斗争，开始成立反对资本家的同盟组织，进行经济斗争。经过无数次反复的斗争，工人愈来愈团结，把地方性的斗争汇合成全国范围的斗争；把个别工人反对个别资本家和官吏的斗争汇合成整个无产阶级反对整个资产阶级及其政府的阶级斗争，从而发展成以夺取政权为目标的政治斗争。无产阶级在反复的斗争中，积累了经验，增长了才干，认识到资本主义的本质，认识到自己的历史使命，认识到必须团结起来组成自己的政党来领导经济斗争和政治斗争。这样，无产阶级就从自在的阶级发展成为自为的阶级。总之，旧社会内部的所有冲突在许多方面都促进了无产阶级的发展。

3. 无产阶级的伟大历史使命。《宣言》从无产阶级的历史地位阐明了它所肩负的伟大历史使命。在资本主义社会，资产阶级独占一切生产资料和消费资料，造成无产阶级不占有任何财产，只占有可以自由出卖的劳动力。对无产阶级来说，没有什么东西需要加以保护。如果不摧毁构成官方社会的整个上层，不摧毁至今保护和保障私有制的一切，无产阶级就不能翻身，也不能解放。同时，由于资产阶级对无产阶级的剥削压迫是国际性的，因此，无产阶级的解放运动也是国际性的。无产阶级的运动是绝大多数人的、为绝大多数人谋利益的独立运动。无产阶级只有解放全人类，才能最终解放自己。总之，无产阶级肩负的历史使命，就是打倒资产阶级，建立无产阶级的统治，彻底消灭私有制和改变私有观念，尽快地发展生产力，最终实现共产主义。

总之，《宣言》从三个方面论述了无产阶级的历史使命的原理：第一，指出在同资产阶级对立的一切阶级中，只有无产阶级才是真正革命的阶级，无产阶级是大工业本身的产物，代表了先进的生产力；第二，无产阶级是资本主义社会的掘墓人，它将用暴力推翻资产阶级而建立自己的统治；第三，无产阶级是未来社会的建设者，它在革命中失去的只是锁链，获得的将是整个世界。正如1883年德文版《序言》中，明确指出了《宣言》中始终贯彻的基本思想之一便是："而这个阶级斗争现在已经达到这样一个阶段，即被剥削被压迫的阶级（无产阶级），如果不同时使整个社会永远摆脱剥削、压迫和阶级斗争，就不再能使自己从剥削它压迫它的那个阶级（资产阶级）下解放出来。"这三方面的内容，贯穿《宣言》的始终。

（六）共产党的性质、特点和基本纲领

马克思、恩格斯首先从分析共产党同无产阶级及其他工人政党的关系来说明党的性质和特点，指出共产党没有任何同整个无产阶级的利益不同的利益，是无产阶级的政党，但是，共产党也有自己的特点，这就是坚持国际主义的原则，具有更广泛的代表性。它强调和坚持整个无产阶级共同的不分民族的利益；在同资产阶级斗争的各个发展阶段上，它始终代表整个无产阶级运动的利益，因此，在实践中，共产党是各国工人政党中最坚决的、始终起推动作用的部分。在理论上，共产党了解无产阶级运动的条件、进程和一般结局。

接着，《宣言》阐述了共产党的基本纲领。指出共产党人的最近目的是把无产阶级组织成为强大的政治力量，推翻资产阶级的统治，由无产阶级夺取政权。共产主义革命的特征不是要消灭一般的所有制，而是要废除资产阶级的私有制。从这个意义上讲，共产党人的理论用一句话概括起来，就是消灭私有制。在这里，我们也要注意，消灭私有制是马克思主义的目标，但如何消灭何时消灭，还要历史的去看，不能盲目照搬。再说，马克思始终强调，它们要消灭的私有制是剥削型的，换句话说，非剥削型的私有制不需要消灭，它早已消灭了。但是，马克思在后来也指出，在发展水平不同的国家，其阶级结构及所有制的变化规律是不同的。在比较落后的农民占人口绝大多数的国家，农民、小资产阶级的私有制并没有完全被资产阶级消灭，而无产阶级只有与广大农民、小资产阶级联合起来才能取得胜利，因而取得政权的无产阶级只能对资产阶级的私有制进行剥夺，而对于广大农民、小资产阶级的私有制不能进行剥夺，只能通过合作化的形式进行改造、利用。因此，历史地去看《宣言》关于消灭私有制的思想，是准确地理解马克思主义实质的

关键。

同时，《宣言》还大力批判了资产阶级攻击共产党人的种种谬论。通过论战，《宣言》阐述了唯物史观很重要的关于社会存在决定社会意识的观点。它指出："人们的观念、观点和概念，一句话，人们的意识，随着人们的生活条件、人们的社会关系、人们的社会存在的改变而改变，这难道需要经过深思才能了解吗？"① 这一句话，说透了唯物史观和唯心史观的界限。

（七）　无产阶级专政思想

共产主义革命的任务，就是要实现"两个彻底决裂"，即"同传统的所有制关系实行最彻底的决裂；毫不奇怪，而在自己的发展进程中要同传统的观念实行最彻底的决裂"②。而要完成这个任务，只有在无产阶级专政条件下才能实现。《宣言》强调指出，无产阶级革命的第一步，是"使无产阶级上升为统治阶级，争得民主"③。无产阶级取得政治统治权，就可以利用它来一步一步地剥夺资产阶级的全部生产资料，把它集中在国家即组织成为统治阶级的无产阶级手里，尽可能迅速地发展生产力，增加社会物质财富，为消灭阶级、实现共产主义创造物质条件。这里虽然没有用"无产阶级专政"这个名词，但是，非常明确地讲了建立无产阶级专政和它的任务。正如列宁指出的，在这里，我们看到马克思主义在国家问题上的一个最卓越最重要的无产阶级专政思想。

完成无产阶级专政的任务需要很长的历史过程。《宣言》提出了十条措施，作为逐步剥夺资产阶级和其他剥削阶级的私有财产权、发展工农业生产和改造社会的办法。这些措施变革旧社会的全

---

① 《马克思恩格斯文集》第 2 卷，人民出版社 2009 年版，第 50—51 页。

② 同上书，第 52 页。

③ 同上。

部生产方式，是不可缺少的手段，但只是社会主义革命的初步措施，随后还要向更高的目标前进，即消灭阶级对立和阶级差别，消灭阶级本身存在的条件，使公共权力失去阶级性，使国家消亡，等等。当无产阶级专政的历史任务完成之后，代替它的组织形式，将是共产主义的联合体。"在那里，每个人的自由发展是一切人的自由发展的条件"①，即每个人的才能、智慧都得到充分和自由的发展，而这种发展不仅不会妨碍他人和社会的发展，反而能起到彼此鼓励和互相促进的作用。只有这样，人类才能在一定意义上最终脱离动物界，才能成为自然界和社会的真正主人。

四　学习《宣言》的理论意义和实践意义

（一）理论意义

关于《宣言》的理论意义，再也没有比列宁如此恰当的评价了。他说："这部著作以天才的透彻而鲜明的语言描述了新的世界观，即把社会生活领域也包括在内的彻底的唯物主义、作为最全面最深刻的发展学说的辩证法，以及关于阶级斗争和共产主义新社会创造者无产阶级肩负的世界历史性的革命使命的理论。"②

恩格斯在 1883 年德文版《序言》中也指出："贯穿《宣言》的基本思想：每一历史时代的经济生产以及必然由此产生的社会结构，是该时代政治和精神的历史的基础；因此（从原始社会土地公有制解体以来）全部历史都是阶级斗争的历史，即社会发展各个阶段上被剥削阶级和剥削阶级之间、被统治阶级和统治阶级之间斗争的历史；而这个斗争现在已经达到这样一个阶段，即被剥削被压迫

---

① 《马克思恩格斯文集》第 2 卷，人民出版社 2009 年版，第 53 页。

② 《列宁全集》第 26 卷，人民出版社 1990 年版，第 50 页。

的阶级（无产阶级），如果不同时使整个社会永远摆脱剥削、压迫和阶级斗争，就不再能使自己从剥削它压迫它的那个阶级（资产阶级）下解放出来。"① 恩格斯对《宣言》一书的基本思想可以总结如下：第一，生产方式是社会发展的决定力量，生产力决定生产关系，经济基础决定上层建筑；第二，阶级斗争是阶级社会发展的直接动力；第三，在资本主义社会，无产阶级要最终解放自己，必须首先通过本阶级发动的社会革命去推翻资产阶级的私有统治，把全人类从阶级压迫和阶级剥削下解放出来，才能完成自己所肩负的重大历史使命。因此，《宣言》就是马克思主义的一部百科全书。

（二）实践意义

列宁曾指出，《宣言》这本书篇幅不大，价值却相当于多部巨著，它的精神至今还鼓舞着、推动着文明世界全体有组织和正在进行斗争的无产阶级。因此，在《共产党宣言》发表 167 周年之际，重新学习和探讨《宣言》一书的现实意义，对于我们坚持马列主义、实现中华民族的伟大复兴具有极其重要的现实意义。具体表现在：第一，必须加强党的建设，充分发挥共产党员的先锋模范作用，这在建设有中国特色的社会主义过程中显得尤为重要，中国共产党是领导社会主义建设事业的核心，这是因为共产党人是各国工人政党中最坚决的始终推动运动前进的部分；第二，必须以经济建设为中心，大力发展社会生产力，这是因为每一历史时代的经济生产以及必然由此产生的社会结构是现时代政治和精神的历史基础，无产阶级及其政党在夺取政权、确立自己政治统治之后，必须"尽可能地增加生产力的总量"，以便最终消灭阶级差别，实现共产主义社会制度，这是《宣言》的又一深刻思想；第三，学习《宣言》

---

① 《马克思恩格斯文集》第 2 卷，人民出版社 2009 年版，第 9 页。

对资产阶级和资本主义历史作用的论述,在社会主义建设中积极吸取和借鉴资本主义的一切文明成果;第四,《宣言》最后一段是全书的总结,马克思、恩格斯以无产阶级革命家的伟大胸怀,铿锵有力地向全世界庄严宣告:"共产党人不屑于隐瞒自己的观点和意图。"①——最终要在全世界实现共产主义!接着激情地欢呼:"让统治阶级在共产主义革命面前发抖吧。无产者在这个革命中失去的只是锁链。他们获得的将是整个世界。"② 最后还发出无产阶级国际主义的伟大号召:"全世界无产者,联合起来!"③ 我们今天也需要这样的自信,即党的十八大提出的道路自信、理论自信、制度自信。全党全国各族人民必须坚定"三个自信"。让我们高举中国特色社会主义的伟大旗帜,更加紧密地团结在党中央周围,为全面建成小康社会而奋斗,不断夺取中国特色社会主义新胜利,共同创造中国人民和中华民族更加幸福美好的未来!

---

① 《马克思恩格斯文集》第 2 卷,人民出版社 2009 年版,第 66 页。

② 同上。

③ 同上。

路德维希·费尔巴哈和德国古典哲学的终结[*]

  《路德维希·费尔巴哈和德国古典哲学的终结》（以下简称《费尔巴哈论》），是恩格斯阐述马克思主义哲学同德国古典哲学的关系、系统地论述马克思主义哲学基本原理的伟大著作。德国古典哲学是指 18 世纪末 19 世纪初的德国新兴资产阶级哲学。德国古典哲学的创始人是康德，经过费希特和谢林，到黑格尔那里，德国古典唯心主义哲学和辩证法发展到顶峰，形成了一个完备的客观唯心主义的理论体系。机械唯物主义者费尔巴哈，是德国古典哲学的最后一个代表。费尔巴哈终结了德国古典哲学发展的历史阶段。这就是这本书题目的意思。

  德国古典哲学的形成和发展，从意识形态上反映了 1848 年德国资产阶级革命以前的近代德国资产阶级的成长过程。"终结"意味着德国古典哲学发展阶段的结束，从而导致了马克思主义哲学的诞生。

---

[*] 《马克思恩格斯文集》第 4 卷，人民出版社 2009 年版，第 261—313 页。

一　《费尔巴哈论》的历史背景、历史地位和逻辑结构

（一）历史背景

1. 为了全面系统地阐明马克思主义哲学和德国古典哲学的关系。马克思和恩格斯批判地继承了德国古典哲学，特别是黑格尔和费尔巴哈哲学的优秀成果。他们早就希望系统地阐明他们与德国古典哲学的关系，清算以前的哲学信仰，即他们是怎样从德国古典哲学出发，又怎样同它分离的。马克思和恩格斯在1845—1846年合著《德意志意识形态》一书，就是这个目的。但是，这本书当时未能出版。从那时到恩格斯《费尔巴哈论》的发表，已经过了40多年的时间。在此期间，他们虽然在一些著作中论述过马克思主义哲学与黑格尔哲学的关系，但还不够全面和系统。至于费尔巴哈哲学，则从来没有被回顾过。因此，他们的这个夙愿一直没有能够实现。恩格斯写《费尔巴哈论》，就是为了实现这个愿望。

2. 为了适应思想战线斗争的需要。从马克思主义哲学诞生到恩格斯写《费尔巴哈论》，思想战线的情况发生了很大的变化。一方面，"马克思的世界观远在德国和欧洲境界以外，在世界一切的文明语言中都找到了拥护者"①。19世纪40年代，马克思主义刚刚诞生时，还是被当作在欧洲上空徘徊的共产主义"幽灵"。经过40多年的战斗，它战胜了工人运动中的一切机会主义的思想体系，马克思学说获得了完全的胜利，并且广泛传播开来。马克思、恩格斯的著作被翻译成多种文字大量出版，并且涌现出了一批拥护和宣传马

---

① 《马克思恩格斯文集》第4卷，人民出版社2009年版，第265页。

克思主义的代表人物。面对国际工人运动发展的趋势，迫切需要以系统的世界观武装工人阶级。

"另一方面，德国的古典哲学在国外，特别是在英国和斯堪的纳维亚各国，有某种复活。"① 正当马克思主义哲学向前发展的时候，英国、挪威、瑞典、丹麦等国的资产阶级哲学家，在"新"哲学的幌子下，复活已经终结了的德国古典哲学的"糟粕"。在德国，流行的是各种各样的所谓折中主义流派。

综合上述两个方面的情况，恩格斯说："在这种情况下，我感到越来越有必要把我们同黑格尔哲学的关系，我们怎样从这一哲学出发又怎样同它脱离，作一个简要而又系统的阐述。"② 借评施达克《路德维希·费尔巴哈》一书的机会，实现了这个愿望。

（二）历史地位

这本书在马克思主义哲学中的历史地位，可以用三句话来概括：第一，它同《共产党宣言》《资本论》《帝国主义》一样，是马克思主义的基本著作；第二，它同《反杜林论》《自然辩证法》《矛盾论》《实践论》一样，是马克思主义哲学的经典著作；第三，它是恩格斯晚年的一部成熟著作，它囊括了马克思和恩格斯一生在哲学方面的伟大成果。普列汉诺夫指出：它集了这两位思想家哲学观点之大成。列宁曾指出："在恩格斯的著作《路德维希·费尔巴哈》和《反杜林论》里最明确最详尽地阐述了他们的观点，这两部著作同《共产党宣言》一样，都是每个觉悟工人必读的书籍。"③

---

① 《马克思恩格斯文集》第 4 卷，人民出版社 2009 年版，第 265 页。
② 同上书，第 266 页。
③ 《列宁全集》第 23 卷，人民出版社 1990 年版，第 42 页。

（三） 逻辑结构

这本书的结构体现了逻辑和历史的统一。马克思是离开黑格尔走向费尔巴哈，又进一步从费尔巴哈走向辩证唯物主义和历史唯物主义的。这本书除"序言"的结束语之外，共有四章。第一章的中心内容是分析黑格尔哲学，第二章的中心内容是分析费尔巴哈的唯物主义，第三章的中心内容是评述费尔巴哈的唯心史观，第四章的中心内容是系统地阐述了马克思主义哲学的产生和它所实现的革命变革，论述了辩证唯物主义，特别是历史唯物主义的基本原理。

（四） 学习《费尔巴哈论》的现实意义

《费尔巴哈论》是恩格斯给我们留下的一部马克思主义哲学教程，是青年学生特别是大学社会学科专业的学生必读的哲学经典著作。学生们可以从中学习马克思主义的立场、观点和方法，夯实专业基础，确立正确的世界观、人生观和价值观，坚持实事求是的思想路线，探索建设有中国特色社会主义的客观规律。马克思创立的辩证唯物主义和历史唯物主义，在批判地继承人类文化遗产方面，也为我们树立了光辉的典范。

二　阐述黑格尔辩证法的"合理内核"

（一） 黑格尔哲学的阶级实质和历史作用

德国哲学革命和法国哲学革命一样，都是"政治变革的前导"。德国革命和法国资产阶级革命的历史背景不同，两种哲学革命的表现形式和遭遇的命运也有明显的不同。为法国资产阶级革命做舆论准备的是一批革命的批判的战斗的唯物主义者，他们遭到了封建专制政府和教会的残酷的迫害；而为德国资产阶级革命制造舆论的哲学家则"是一些教授，一些由国家任命的青年导师，他们的著作是公认的教科书"①。"黑格尔体系，甚至在某种程度上已经被推崇为普鲁士王国的国家哲学"。②

究竟黑格尔哲学是代表哪个阶级的意识形态呢？应当从黑格尔哲学产生的历史背景和阶级实质中去寻找答案。黑格尔哲学体系的形成和他的理论活动是在 1807—1831 年。当时的德国，资产阶级已经形成，但仍然是封建贵族掌权。德国资产阶级和英法资产阶级相比，不如英法资产阶级富庶和集中，这造成了它在经济上的软弱性，形成了政治上的妥协性，这个阶级既想变革，又不相信自己的力量和害怕人民群众，表现出一种"跪着造反"的精神，企图走一条同封建贵族谋求妥协的道路。德国资产阶级革命和保守的两重性，曲折地反映在黑格尔的哲学中，使其成为由革命的辩证法和唯心主义体系所组成的一个哲学体系。

（二）黑格尔辩证法的"合理内核"

黑格尔辩证法的"合理内核"，是指在黑格尔唯心主义体系的神秘外壳中包含着的辩证法的学说，即关于永恒发展过程的思想。

恩格斯解剖了黑格尔的一个著名命题："凡是现实的都是合理的，凡是合理的都是现实的。"③ 恩格斯指出："不论哪一个哲学命题都没有像黑格尔的一个著名命题那样引起近视的政府的感激和同样近视的自由派的愤怒。"④

恩格斯从三个层次解剖了这一命题，揭示了黑格尔辩证法的发

---

① 《马克思恩格斯文集》第 4 卷，人民出版社 2009 年版，第 267 页。
② 同上。
③ ［德］黑格尔：《法哲学原理》，商务印书馆 1961 年版，第 11 页。
④ 《马克思恩格斯文集》第 4 卷，人民出版社 2009 年版，第 268 页。

展观。

1. 现实的属性仅仅属于必然的东西。黑格尔说："现实性在它的开展中表明它自己是必然性。"① 根据黑格尔关于现实的属性的观点，一切现存的东西，如果丧失了自己的必然性，就会丧失自己存在的权利，就应当让位给新的事物；反之，凡是符合历史必然性的，即使现在还没有成为现实，它也一定会变为现实。

2. 现实性绝不是事物永远固定不变的属性。黑格尔所讲的"现实"，不是一成不变的，现存的一切东西，都在发展变化着。随着时间的推移和条件的变化，现实的东西就会失去必然性，变成不现实的东西。而一种富有生命力的现实的东西，就会代替正在衰亡着的现实的东西。

3. 凡是现存的，都是应当灭亡的。"现实合理"这个命题，由于黑格尔辩证法本身，就转化为自己的反面。"凡是现实的都是合理的"这个命题，就变为另一个命题："凡是现存的，都是应当灭亡的。"② 这样一来，黑格尔命题中的辩证法思想和它的革命性，就被深刻地揭示出来了。

恩格斯分析了黑格尔的这一哲学命题之后，进一步揭示了黑格尔哲学的真实意义和革命性质。恩格斯把辩证法的发展观应用于认识领域和历史领域。在认识领域，真理是包含在认识过程本身中的；在社会历史领域，人类社会处于由低级到高级的无穷发展进程中。恩格斯还对唯物辩证法的发展观做了概述：一切事物都是不断发展变化的，发展变化的总趋势是前进的上升运动，主观辩证法是客观辩证法的反映；在事物发展过程中，运动是绝对的，静止是相对的。

① 黑格尔：《小逻辑》，商务印书馆1980年版，第300页。
② 这里套用了歌德《浮士德》第1部第3场《书斋》中糜菲斯特斐勒司的话。——编者注

（三）黑格尔哲学的体系和方法的矛盾

黑格尔把某种神秘的宇宙精神，即所谓的"绝对精神"，看作是现实事物的本原，因而他的哲学是客观唯心主义。黑格尔把"绝对精神"看作是自我发展、自我认识的过程。这种发展分为逻辑阶段、自然阶段、精神阶段，与此相适应的是黑格尔的逻辑学、自然哲学、精神哲学，由此组成了黑格尔庞大的哲学体系。很自然，这种保守的客观唯心主义体系和他的辩证法是矛盾的。在黑格尔的哲学中，唯心主义体系占主导地位，辩证的方法从属于体系，这样一来，革命的方面就被过分茂密的保守方面闷死了。

（四）黑格尔学派的解体和费尔巴哈唯物主义出现的意义

黑格尔学派是一次胜利进军。它的影响一直延续了几十年，它影响的范围很广，大量浸入各种学科，包括通俗读物和日报；它影响了一代知识分子，也影响了马克思和恩格斯青年时代的思想发展。但是，随着资产阶级和封建贵族阶级斗争的发展，黑格尔哲学体系中的体系和方法的矛盾，不可避免地导致了黑格尔学派的解体。19 世纪 30 年代末，黑格尔学派一分为二：老年黑格尔派和青年黑格尔派。青年黑格尔派是资产阶级激进派，老年黑格尔派是资产阶级保守派。青年黑格尔派在反宗教斗争中，大批坚决的青年黑格尔分子返回到英、法唯物主义，费尔巴哈是其中的杰出代表。费尔巴哈的最大功绩，就是在思辨唯心主义哲学长期统治的德国恢复了唯物主义的权威。

三　分析费尔巴哈唯物主义，
重点阐述哲学基本问题

（一）论述哲学基本问题，批判唯心主义和不可知论

哲学是以理论形式确立的世界观，是理论化、系统化的世界观，但是，哲学的这种理论形式并不意味着各种哲学都具有科学性。要建立科学的世界观，主要取决于对哲学基本问题的正确解决。

1. 恩格斯对哲学基本问题的论述。恩格斯考察了人类的认识史，总结了人类的哲学思维，在哲学史上第一次对哲学基本问题做了完整的科学的论证。他指出："全部哲学，特别是近代哲学的重大的基本问题，是思维和存在的关系问题。"[①] 哲学基本问题包含两个方面的意思：第一个方面是思维和存在或精神和自然界的问题，"什么是本原的，是精神，还是自然界？"[②] 对这个问题的不同回答，是区别唯物主义和唯心主义的唯一标准：凡承认存在第一性，思维第二性，思维是存在的反映，就是唯物主义；与之相反，就是唯心主义；由此形成哲学上唯物主义和唯心主义两大阵营、两个基本派别。第二个方面是思维能否认识存在，即世界可知性的问题。对这个问题的不同回答，区分为可知论和不可知论。在可知论中又有唯物主义的反映论和彻底唯心主义的可知论。在主张可知论中的唯物主义反映论，又区分为消极的直观的反映论和积极的能动的革命反映论。主张世界可知论的哲学家，例如黑格尔和费尔巴哈，对不可知论进行了批判，但从理论上进行批判，单靠论证，是不可能彻底

---

① 《马克思恩格斯文集》第 4 卷，人民出版社 2009 年版，第 277 页。
② 同上书，第 278 页。

驳倒不可知论的。恩格斯用辩证唯物主义的实践观点，对不可知论进行了彻底的批判，并且阐发了能动的革命的反映论观点。

2. 哲学基本路线和党的思想路线。马克思主义对哲学基本问题的科学解决，为党的思想路线奠定了理论基础。思想路线是把哲学上的认识路线转化为指导思想和原则，并用以指导人们行动的工作路线。党的思想路线包括一切从实际出发，理论联系实际，实事求是，在实践中检验真理和发展真理。其中，实事求是是党的思想路线的核心。

一切从实际出发，是存在第一性、思维第二性的唯物主义原则的具体体现。一切从实际出发，必须理论联系实际，也就是必须以马克思主义的科学世界观和方法论作指导，去观察、分析和解决实际问题。坚持一切从实际出发，理论联系实际，就是为了实事求是，即从客观存在着的事物出发，探索其内在的必然的本质的联系，发现其客观规律，作为我们行动的指导。我们"求"出的"是"，还必须通过群众的实践去检验，通过实践去发展真理。

（二）分析费尔巴哈的唯物主义和 18 世纪法国唯物主义的局限性

恩格斯分析了费尔巴哈的唯物主义的实质，指出费尔巴哈对哲学基本问题做了唯物主义的回答。费尔巴哈认为，物质的可感知的世界是唯一现实的世界；我们的意识和思维是物质的即人脑的产物，物质不是精神的产物，而精神是物质的最高产物。但是费尔巴哈的唯物主义是不彻底的，主要表现为两点：一是费尔巴哈由于不赞成庸俗唯物主义的观点，对"唯物主义"这一名称有偏见，不愿意把自己的哲学叫唯物主义，他的错误在于把唯物主义的一般世界观同这种世界观所表现的特殊形式混为一谈；二是费尔巴哈是半截唯物主义者，即上半截自然观是唯物主义的，下半截社会历史观是唯心主义的。

恩格斯指出，18 世纪的唯物主义，由于当时受历史条件的限制，有三个缺陷：第一，机械性，即把一切运动都归结为机械运动，企图用力学原理来解释一切自然现象；第二，形而上学性，即不能把世界理解为一种过程，理解为一种处在不断的历史发展中的物质运动过程；第三，历史领域中的非历史主义观点，即唯心史观。费尔巴哈由于受反动当局的迫害，长期生活在穷乡僻壤中，脱离了社会实践和阶级斗争，所以，他也没有能够克服 18 世纪唯物主义的局限性。

（三）批判施达克混淆唯物主义和唯心主义界限的错误

施达克是丹麦资产阶级哲学家，当他评论费尔巴哈时，由于他分不清唯物主义和唯心主义而造成了理论上的混乱。施达克认为，由于费尔巴哈相信人类进步，追求理想的意图，承认理想的力量，所以他是唯心主义者。恩格斯从道德理想同唯心主义的关系、人类从事活动的特点、哲学史的事实三个方面批判了施达克离开哲学基本问题去区分唯物主义和唯心主义的错误。

四　批判费尔巴哈的宗教哲学和伦理学唯心主义

费尔巴哈是一个杰出的唯物主义哲学家，是一个无神论战士。他把批判旧宗教作为自己哲学的主题。他对传统宗教——基督教的批判是有历史功绩的，主要表现为两点：一是把上帝的本质还原为人的本质，上帝是人的本质的异化；二是揭露了宗教的心理根源，认为人的依赖感是宗教的基础，即人们对自然力的恐惧和崇拜产生宗教。因为费尔巴哈是人本主义唯物主义者，他的自然观的唯物主义并没有发展到社会历史观的唯物主义层面。当他把上帝还原到人，探讨人的本质是什么的时候，他就看不清人的社会性和阶级性，而把人的本质归结为理性、意志和心，从而他不得不陷入了历史唯心主义中。

（一）费尔巴哈宗教哲学的唯心主义，两种宗教观的对立

1. 费尔巴哈把宗教和人的感情关系混为一谈。费尔巴哈的宗教观的唯心史观的重要表现之一，是把宗教看成人与人的感情关系、心灵关系。他说的"心"，是指人的感情，包括性爱、友谊、同情、舍己精神等。他认为心是宗教的本质，即人与人之间的感情就是宗教。

马克思主义的宗教观认为，人们的感情关系是由经济关系和阶级关系决定的，不需要把这种感情关系盖上宗教的图章，把它抽象化、神圣化，掩盖这种关系的本来面目。

2. 费尔巴哈把宗教的变迁看成社会历史发展的决定力量。费尔巴哈把宗教的变迁看作历史分期的标志，人类的各个时期仅仅由于宗教的变迁而彼此区别开来。恩格斯指出，这种观点把人类历史归结为宗教变迁的历史，实际上是归结为社会意识、某种精神力量推动历史的发展。在漫长的历史发展中，只有少数历史上的伟大转折点有宗教变迁相伴随，这也完全是由当时的社会历史条件决定的。

马克思主义用社会存在说明社会意识，宗教是一种社会意识形态，是颠倒了的世界观，归根结底，应当以一定历史时期的物质经济生活条件来说明。

3. 费尔巴哈把宗教看成人类社会永恒的现象。费尔巴哈虽然批判了基督教，但他要建立一个永恒的无神的新宗教。马克思主义认为，宗教是一个历史范畴，它有产生、发展和消亡的过程。社会发展到一定的历史阶段，必将最终抛弃一切宗教，宗教将随着产生它的根源的消灭而消亡。

(二) 费尔巴哈伦理学的唯心主义，两种道德论的对立

费尔巴哈不仅在人本主义哲学的基础上建立了他的宗教哲学，而且也建立了他的伦理学。

1. 费尔巴哈伦理学的出发点——抽象的人。费尔巴哈是形而上学的唯物主义者，他只看到人的自然本质，看不见人的社会本质。在人与人的关系中，除了两性的关系之外，只看见一种关系，即道德关系，看不见在道德关系背后的经济关系。费尔巴哈作为从伦理学出发的人，不是现实社会和历史发展的人，这个人不是从娘胎里生出来的，而是从神羽化而来的。

马克思主义的道德观，是从分析人们的物质生产活动和人们之间的社会关系出发来考察道德规范的。道德关系是人与人之间的一种社会关系，属于思想上层建筑的组成部分。在社会中占统治地位的道德，只能是占统治地位的经济关系在观念上的表现。同时，被统治阶级在同统治阶级的斗争中，也形成了自己的道德观念。

2. 费尔巴哈道德观的核心是抽象的人类的"爱"。在费尔巴哈的伦理观乃至他的整个哲学观里，"爱"都是一个创造奇迹的神。他说爱是存在的标准——真理和现实的标准，"爱"非常幽默地把我们高贵的贵族同布衣小民统一起来，这种抽象的全人类的博爱，是费尔巴哈道德论全部乐章的主旋律。

马克思主义认为，"爱"是一种思想感情，是社会存在的反映。在阶级对抗的社会里，不会有统一的爱，"爱"作为阶级社会相互关系的一种原则，实际上只有在极其狭窄的范围内才是可能存在的。

3. 费尔巴哈主张超历史、超阶级、永恒不变的道德。费尔巴哈宣扬超历史、超阶级的道德，实际上，他的道德是不可能超越历

史、超越阶级的，他的道德是完全适合于资本主义社会的。根据费尔巴哈的道德论，证券交易所就是最高的道德殿堂。

马克思主义认为，任何道德都具有历史性和时代性，在阶级社会则具有阶级性。每一阶级，甚至每一个行业，都各有各的道德。"一切以往的道德论归根到底都是当时的社会经济状况的产物"①。

五　马克思哲学的产生及其所实现的哲学革命,论述辩证唯物主义特别是历史唯物主义的基本原理

（一）　马克思哲学产生的阶级基础、理论来源和自然科学的前提

1. 阶级基础。马克思主义哲学诞生在 19 世纪 40 年代，这是一个伟大的时代。在这个年代里，马克思主义哲学诞生的阶级基础已经具备。当时资本主义的发展，已经进入了以蒸汽机的使用为标志的大工业生产阶段。工业的发展，不仅产生了一个资本家阶级，而且也造成了一个工业无产阶级。19 世纪三四十年代，法国、英国、德国先后爆发了震撼欧洲的三次工人起义，无产阶级已经作为独立的政治力量登上了历史的舞台，这是马克思主义哲学产生的阶级基础。

2. 直接思想理论来源。马克思、恩格斯批判地继承了人类历史上的优秀思想成果。德国古典哲学中，黑格尔的辩证法和费尔巴哈的唯物主义是马克思主义哲学的直接理论来源。

首先，对费尔巴哈唯物主义进行彻底的改造。"同黑格尔哲学的分离在这里也是由于返回到唯物主义观点而发生的。"② 返回到唯

---

① 《马克思恩格斯文集》第 9 卷，人民出版社 2009 年版，第 99 页。
② 《马克思恩格斯文集》第 4 卷，人民出版社 2009 年版，第 297 页。

物主义，不是简单地复归到旧唯物主义，而是把唯物辩证法的世界观彻底地运用到一切知识领域中，用辩证法改造了费尔巴哈的形而上学的唯物主义，从而达到按照世界本来面目认识世界，不附加任何主观的幻想；从事实本身的联系而不是从幻想的联系来把握事实；把唯物主义世界观运用到一切领域的目的。

其次，对黑格尔唯心主义辩证法进行了唯物主义的改造。马克思、恩格斯把被黑格尔歪曲了的辩证法倒转过来，使它"不是用头立地而重新用脚立地了"，[①] 从而创造了唯物辩证法。"一个伟大的基本思想""认为世界不是一成不变的事物的集合体，而是过程的集合体，其中各个似乎稳定的事物同它们在我们头脑中的思想映象即概念一样都处在生成和灭亡的不断变化中，在这种变化中，尽管有种种暂时的倒退，前进的发展终究会实现。"[②]

3. 自然科学的前提。18 世纪末，德国古典哲学家康德，提出太阳系起源的学说，即天体演化的"星云假说"，从而给统治长达 400 多年之久的僵化的形而上学的自然观打开了第一个缺口。19 世纪以来，化学的惊人发展，地质学的出现，不断地在形而上学世界观上打开了一个又一个缺口，特别是具有划时代意义的三大发现：细胞学说；能量守恒和转化的定律；进化论。三大发现说明了自然界是一个相互联系的整体和不断运动和发展变化的过程，它以近乎系统的形式描绘出一幅自然界相互联系的清晰的图画。

（二）历史唯物主义的创立及其基本原理

1. 人类社会的发展是受内在规律支配的自然的历史过程。社会历史与自然发展史有着明显的不同。在自然界中，撇开人对自然界的反作用，自然过程是完全盲目的、不自觉的力量。相反，在社会

---

① 《马克思恩格斯文集》第 4 卷，人民出版社 2009 年版，第 298 页。
② 同上。

历史活动中，一切事件都是由有目的和动机的人来实践的。但它和自然界一样，也是有其客观规律的。然而，要发现社会历史发展的客观规律，不能停留在研究人的动机上，而必须研究在这些动机背后隐藏着的又是什么样的动力。寻求动机背后的动因，也就是构成历史发展的动力，即推动历史人物特别是广大群众行动起来的客观物质原因，乃是发现历史发展规律的正确途径。

2. 阶级斗争是阶级社会发展的直接动力。恩格斯首先论证了阶级斗争是阶级社会发展的直接动力，这是历史唯物主义的一个重要原理。发现阶级斗争在历史发展中的联系，在资本主义社会以前几乎是不可能的，因为在奴隶社会和封建社会中，等级关系掩盖了阶级关系。随着资本主义大工业的出现，阶级关系明朗化、简单化了，人们有可能揭开这个历史之谜了。法国复辟时期，历史学家曾指出阶级斗争这一事实是理解中世纪以来法国历史的钥匙。恩格斯深刻地分析了阶级的起源和阶级斗争发展的根源，阐明了阶级的产生和发展是由经济关系决定的，阶级斗争首先是为了经济利益而进行的，"政治权力不过是用来实现经济利益的手段"。

3. 生产方式的内在矛盾是社会发展的决定力量。恩格斯分析了阶级斗争是社会发展的直接动力之后，进一步探究了阶级是怎样产生的，阶级斗争又是由什么东西引起的。他从分析资本主义的产生和发展的历史中，揭示了阶级斗争是由生产力和生产关系的矛盾引起的，即由生产方式决定的。在生产方式中，生产力又是起着最终的决定作用的，这就科学地揭示了社会发展的动因，找到了社会发展的决定力量，在劳动发展史中找到了理解全部社会史的钥匙，从而彻底揭开了人类社会发展之奥秘，恢复了历史的本来面目。

4. 经济基础决定上层建筑。恩格斯进而以生产关系为社会经济基础，对社会现象进行了更加深入的分析，系统地阐明了上层建筑是由经济基础决定的原理。同时，恩格斯在分析经济基础决定意识形态等上层建筑时，阐述了意识形态的相对独立性。

（三）德国古典哲学的终结和马克思主义哲学的产生

马克思主义哲学的创立，是哲学史上的巨大的革命变革，把人类哲学思想的发展推到了一个崭新的阶段，使哲学在对象、内容和使命上都发生了革命性的变革。在哲学的对象上，结束了那种企图包括一切科学并凌驾于科学之上的"科学的科学"的体系，变成了科学的哲学。在内容上，实现了两个结合：辩证法和唯物论的有机结合，唯物辩证的自然观和唯物辩证的历史观的有机结合，从而形成了完备的彻底的唯物主义。在哲学使命上，马克思主义以前的"哲学家只是用不同的方式解释世界，而问题在于改变世界"。[①] 马克思主义哲学体现了科学性和革命性的统一，理论和实践的统一，无产阶级立场、观点和方法的统一。马克思主义哲学的本质特征是科学性、阶级性和实践性的统一。

恩格斯在这本书的结束语中明确指出："德国的工人运动是德国古典哲学的继承者。"[②]

---

① 《马克思恩格斯文集》第 1 卷，人民出版社 2009 年版，第 502 页。
② 《马克思恩格斯文集》第 4 卷，人民出版社 2009 年版，第 339 页。

反杜林论[*]

《反杜林论》是恩格斯在同小资产阶级社会主义者杜林的论战中写成的一部马克思主义的理论著作。

一 历史背景

1871—1875 年，柏林大学私人讲师、小资产阶级的思想家杜林（1833—1921），先后抛出《国民经济学和社会主义批判史》《国民经济学和社会经济学教程》和《哲学教程》三本大部头的书，系统地宣扬机会主义的谬论，向马克思主义发起了全面的进攻。在哲学上，他用形而上学的机械论和唯心主义的历史观反对辩证唯物主义和历史唯物主义；在经济上，他用庸俗经济学观点否定马克思的剩余价值学说；在社会主义理论方面，他用小资产阶级社会主义对抗科学社会主义。他打着社会主义的旗号，自诩为社会主义的"行家"和"改革家"；扬言要来一次"全面改革"，妄图以他的谬论取代马克思主义。由于杜林以激进的言辞猛烈抨击社会现状并表示拥护社会主义，由于他的假社会主义以某种所谓新哲学体系的最终

* 《马克思恩格斯文集》第 9 卷，人民出版社 2009 年版，第 3—398 页。

实际成果的形式出现，所以在当时蒙骗了许多人，包括德国社会民主工党的领导人倍倍尔在内。1874 年，倍倍尔写过一篇题为《一个新的"共产党人"》的文章，文中说，杜林"同广大的社会主义者在目标上完全取得了一致"，① 他"站到社会主义者左翼一边来了"。② 当时，在社会主义工党内也有给杜林捧场的，并且借杜林贬低马克思。伯恩施坦就是其中的一个。他在一本书中说，杜林"用比马克思的著作易懂得多的语言与形式来叙述社会主义"。③ 总之，杜林虽然没有在组织上加入德国社会民主工党，但他在一段时间里对这个党产生了很坏的影响。党内不但有个杜林集团，而且这个集团的成员卖力地为杜林做宣传；他们不只是在一般的宣传杜林的思想，还企图以杜林的思想取代马克思主义；杜林的思想不但影响了德国党的一般党员，而且一度影响了这个党的领导人。

在这种情况下，彻底批判杜林的错误理论，揭露他的假社会主义的面目，肃清他的影响，捍卫马克思主义世界观，为了德国党的思想统一和组织巩固，为了使国际工人运动健康发展，也就成为当时的迫切任务。恩格斯在取得了马克思的积极赞同后，中断了已进行多年的《自然辩证法》一书的写作，着手对杜林进行批判。他从1876 年 5 月至 1878 年 7 月，撰写了一系列批判杜林的论文，这些论文汇集成书就是《反杜林论》这一巨著。

如何评价《反杜林论》？列宁曾经指出，《费尔巴哈和德国古典的终结》《反杜林论》"这两部著作也同《共产党宣言》一样，都是每个觉悟工人必读的书籍"④。我们知道，《共产党宣言》是无产阶级的第一个纲领性文献，它标志着马克思主义的形成。《费尔巴

---

① 《马列著作编译资料》第一辑，人民出版社 1978 年版，第 148 页。

② 同上书，第 148 页。

③ 同上书，第 60 页。

④ 《列宁全集》第 23 卷，人民出版社 1990 年版，第 42 页。

哈和德国古典哲学的终结》一书主要是讲马克思主义哲学的产生、内容以及它所实现的革命变革。《反杜林论》则第一次系统地阐述了马克思主义的三个组成部分及其内在联系，是一部马克思主义的百科全书，它具有独特的理论价值，在马克思主义著作中占有重要地位。

《反杜林论》的发表，不仅帮助德国社会主义工人党肃清了杜林假社会主义的影响，而且对各国无产阶级及其政党了解马克思主义的基本理论起了重要作用。这本书早在 1930 年就由吴亮平译成中文，介绍到中国来。据译者回忆，毛泽东在中央苏区看到《反杜林论》的中译本，他在书上圈圈点点，读得很细。毛泽东还对吴亮平说，恩格斯在这本书里把马克思主义论述得很好。长征时，毛泽东丢下的东西很多，《反杜林论》却始终带在身边。他后来说，看了这本书，比较全面地了解了马克思主义，对《实践论》《矛盾论》的写作帮助很大。

恩格斯在《反杜林论》中，通过同杜林的论战，全面系统地阐述了马克思主义的三个组成部分的基本观点及其内在联系。它不仅在当时及时地粉碎了杜林对马克思主义的进攻，而且成为一部马克思主义的"百科全书"。

二　基本内容

全书的结构分为三个部分。第一部分是"序言"，说明了写作的历史背景和再版的情况；第二部分是"引论"，对杜林的观点从总的方面予以揭露和批判，对马克思主义的基本观点从总体上做了阐述；第三部分是"分编"，分别从哲学、政治经济学、社会主义理论三个方面批判了杜林的谬论，系统地阐述了马克思主义的基本原理。

（一）《反杜林论》"概论"的基本思想

《反杜林论》"引论"中的"概论"论述了科学社会主义的产生及其世界观基础，阐明了马克思主义的三个组成部分的内在联系，是全书的总纲，由于这部分内容十分重要，所以首先介绍一下"概论"的基本思想。

1. 空想社会主义及其局限性。当杜林标榜他发现了真正的社会主义并且说这种新的社会主义理论是以某种新哲学体系的最终实际成果的形式出现时，马克思、恩格斯早已完成了哲学上的革命变革，科学社会主义已经问世近 30 年了。恩格斯在"概论"中详细说明了这个社会主义学说是怎样产生的，它的理论来源和现实基础，社会主义是怎样从空想变为科学的，他首先分析了空想社会主义及其局限性。

恩格斯指出，任何一种新学说的产生都要具备两个条件：一是现实的经济根源，二是已有的思想材料。现代社会主义就其内容来说，是对资本主义社会资产阶级和无产阶级之间的阶级对立及生产无政府状态进行考察的结果；就其理论形式来说，它的初期形态——空想社会主义，表现为 18 世纪法国资产阶级革命启蒙学者的理性原则的近乎更彻底的发展。

这里所说的启蒙学者是 18 世纪法国资产阶级革命时期的思想家，代表人物有伏尔泰、卢梭、狄德罗等。他们认为，愚昧无知是社会罪恶的根源，是封建贵族赖以统治的基础，故著书立说，从事宣传，启发民智，所以称为启蒙学者。18 世纪，法国启蒙学者及其学说有两个特点：一是革命性，批判性；二是崇尚理性。恩格斯说："在法国为行将到来的革命启发过人们头脑的那些伟大人物，本身都是非常革命的。他们不承认任何外界的权威，不管这种权威是什么样的。宗教、自然观、社会、国家制度，一切都受到了最无情的批判；一切都必须在理性的法庭面前为自己的存在作辩护或者放弃存在的权力。思维着的知性成了衡量一切的唯一尺度。"① 启蒙学者提出的所谓符合理性的思想原则，就是自由、平等、博爱、人权等。他们把这些思想原则说成是天才人物头脑发现的永恒真理，是理性和正义的表现。他们用这些思想原则对当时的两大权威——封建国家制度和宗教进行无情的批判，并且要求以这些思想原则为基础建立新的社会政治制度。按照黑格尔的说法，就是用思想立地并按照思想去构造现实。很明显，启蒙学者所说的符合理性的思想原则只不过是资产阶级的社会政治学说，他们所要建立的理性王国是资产阶级理想化的国家。"18 世纪伟大的思想家们，也同他们的一切先驱者一样，没有能够超出他们自己的时代使他们受到的限制。"②

在资产阶级开始反对封建贵族的时候，广大无产阶级群众和资产阶级之间的矛盾就存在了。伴随着尚未成熟的无产阶级各个时期的革命斗争，产生了相应的理论表现——空想社会主义。早在十六七世纪，也就是在"羊吃人"的资本原始积累时代，就有英国莫尔的《乌托邦》、意大利康帕内拉的《太阳城》，描写了理想的社会制度。到了 18 世纪，有法国摩莱里和马布利的表现为平均主义和禁欲主义的共产主义理论。19 世纪初，出现了三大空想社会主义者——法国的圣西门、傅立叶和英国的欧文，他们提出了自己的社会主义学说。

对于空想社会主义的历史功绩，马克思和恩格斯做了充分的肯定。圣西门、傅立叶、欧文三大空想社会主义者对资本主义制度进行的无情批判，为启发工人觉悟提供了宝贵的思想材料；他们在对

---

① 《马克思恩格斯文集》第 9 卷，人民出版社 2009 年版，第 19—20 页。

② 同上书，第 20 页。

未来社会的描述中提出的一些积极主张（如消灭城乡对立、消灭雇佣劳动等），成为科学社会主义的思想萌芽。总之，三大空想社会主义者的学说有其合理部分，因而成了马克思主义的理论来源之一。

"概论"着重分析了空想社会主义者的局限性，主要有以下几点。

第一，三大空想社会主义者在客观上是尚未成熟的无产阶级的代表，但他们自己不承认这一点。他们和启蒙学者一样，标榜自己不是某一特殊阶级的代表，而是整个人类的代表；他们不是想首先解放某一个阶级，而是想立即解放全人类。所以，恩格斯说："他们都不是作为当时已经历史地产生的无产阶级的利益的代表出现的。"①

第二，从理性原则出发，尽管空想社会主义者抨击按照启蒙学者的原则建立起来的资本主义世界不合乎理性，尽管空想社会主义者所要建立的王国与启蒙学者的王国有天壤之别，但他们有一点是相同的，即都是从抽象不变的原则出发的。在空想社会主义者看来，资本主义是不符合理性的，所以应当完全否定，并把它抛到垃圾堆里去；社会主义是绝对真理、理性和正义的表现，因此应当绝对肯定，并要为这样的理性和正义的王国而斗争。

第三，寄希望于天才人物，这一点也是和启蒙学者相同的。空想社会主义者看不到无产阶级的伟大历史作用，在他们的心中，无产阶级只是一个受苦最深的阶级。空想社会主义者不是依靠无产阶级，而是依靠偶然出现的天才人物，他们求助于社会的上层；他们不是靠无产阶级的革命斗争，而是按照天才人物设计出的方案，通过宣传、试验、示范的力量来为新的社会开辟道路的。

———————

① 《马克思恩格斯文集》第9卷，人民出版社2009年版，第21页。

　　总之，空想社会主义者的历史观是唯心主义的，思维方法是形而上学的。因此，他们在历史进程中既不能科学地论证社会主义代替资本主义的历史必然性，又不能找到作为创造新社会的阶级力量，也不能指出实现社会主义的正确道路，他们的社会主义只能是空想而不能变为现实。空想社会主义的局限性是由当时的社会历史条件决定的。"不成熟的理论，是同不成熟的资本主义生产状况、不成熟的阶级状况相适应的。解决社会问题的办法还隐藏在不发达的经济关系中，所以只有从头脑中产生出来。社会所表现出来的只是弊病，消除这些弊病是思维着的理性的任务。"①

　　恩格斯在分析了空想社会主义的局限性之后，得出一个重要结论："为了使社会主义变为科学，就必须首先把它置于现实的基础之上。"② 要做到这一点，需要有科学的世界观和方法论。

　　2. 辩证法和形而上学两种思维方式的对立。从篇幅看，讲辩证法的部分占整个"概论"的一半多一点。恩格斯为什么在论述社会主义从空想变为科学的时候，花这样大的篇幅讲辩证法呢？换句话说，唯物辩证法对科学社会主义的产生有什么重要意义呢？

　　关于这个问题，恩格斯曾作过明确的回答。他在《社会主义从空想到科学的发展》德文第一版序言中说："为什么在社会主义发展史的简述中提到康德—拉普拉斯的天体演化学，提到现代自然科学和达尔文，提到德国的古典哲学和黑格尔。但是，科学社会主义本质上就是德国的产物，而且也只能产生在古典哲学还生气勃勃地保存着自觉的辩证法传统的国家，即德国。唯物主义历史观及其在现代的无产阶级和资产阶级之间的阶级斗争上的特别应用，只有借助于辩证法才有可能。"③ 在《德国农民战争》一书的序言中，恩

_____

① 《马克思恩格斯文集》第 9 卷，人民出版社 2009 年版，第 274 页。
② 同上书，第 22 页。
③ 同上书，第 495—496 页。

格斯也说过："如果不是先有德国哲学，特别是黑格尔哲学，那么德国科学社会主义，即过去从来没有过的唯一科学的社会主义，就决不可能创立。"①

在"概论"中，恩格斯回顾了西方认识史，阐明了唯物辩证法是怎样产生的以及辩证法和形而上学对立的实质。

在古代，科学还没有分化，世界被当作一个整体并从总的方面来考察。那时的辩证法家在直观的基础上，把世界描绘成由种种联系和相互作用交织起来的画面，其中的一切都在运动、变化、产生和消失。这种原始的、朴素的世界观正确地把握了画面的一般性质，但是，还不足以说明构成这幅总画面的各个细节，而不知道这些细节，就看不清总画面。为了认识细节，不得不把它们从自然的或历史的联系中抽出来，从它们的特性、特殊的原因和结果方面逐个地加以考察。到了近代，自然界被分解为各个部分，科学地分化为许多门类。分门别类的研究是当时在认识自然界方面取得巨大进展的基本条件，同时也给人们留下了一种习惯，即孤立、静止、片面地看事物。这种考察事物的方法从自然科学移到哲学之后，就成为形而上学的思维方式。当经验自然科学积累了大量实证材料，需要将这些材料加以系统化，找出各个领域的内在联系的时候，形而上学的思维方式堵塞了从了解部分到了解整体再到洞察普遍联系的道路。这时，只有从联系和发展方面考察事物的辩证法才能够帮助自然科学战胜理论困难。近代德国哲学的最大功绩就是恢复了辩证法这一最高的思维形式，康德打开了第一个缺口，在黑格尔这里达到了顶峰。然而，黑格尔唯心主义的、包罗万象的、最终完成的体系，是同辩证思维的基本规律相矛盾的。了解德国唯心主义的荒谬，就必然导致唯物主义，但不是回到 18 世纪的形而上学的唯物主

① 《马克思恩格斯文集》第 2 卷，人民出版社 2009 年版，第 217 页。

义，而是导致辩证的唯物主义，也就是唯物辩证法。

恩格斯对这一段认识史的考察说明了什么问题呢？

在西方认识史的几个主要阶段上，占统治地位的世界观方法论是依次更替的，这就是说，古代朴素辩证法—形而上学唯物论—德国唯心主义辩证法—马克思的唯物辩证法，这种依次更替绝不是偶然的，每一种思维方式对于它自己的时代来说，都是其存在的理由。随着时间的推移、社会实践的发展以及人们对客观世界认识的深化，原有的世界观、方法论就会暴露出自身的缺陷，而为另一种世界观、方法论所代替。这说明，人类的哲理思想，辩证的思维方式，也有其自身发展的规律。

唯物辩证法的产生是必然的，是社会实践、自然科学为其准备好了条件的。辩证法的三个形态相比，前两个形态虽然各有其可取之处，但都有不可克服的缺陷。古代朴素辩证法缺乏科学的证明，总体正确，细节说不清。黑格尔第一个全面地有意识地叙述了辩证法的一般运动形式，但他的辩证法是唯心主义的、不彻底的。马克思的唯物辩证法综合了人类认识史的积极成果，克服了辩证法前两个形态的缺陷，是辩证法的科学形态，是唯一科学的世界观、方法论。

辩证法和形而上学是两种根本对立的思维方式。恩格斯指出："在形而上学者看来，事物及其在思想上的反映即概念，是孤立的、应当逐个地和分别地加以考察的、固定的、僵硬的、一成不变的研究对象。他们在绝对不相容的对立中思维；他们的说法是：'是就是，不是就不是；除此以外，都是鬼话'。"[1] "辩证法在考察事物及其在观念上的反映时，本质上是从它们的联系、它们的联结、它们的运动、它们的产生和消失方面去考察的。"[2] 在辩证法看来，对

---

[1] 《马克思恩格斯文集》第 9 卷，人民出版社 2009 年版，第 24 页。

[2] 同上书，第 25 页。

立的两极是彼此不可分离的，是互相渗透的。总之，形而上学者孤立、静止、片面地看事物，辩证法联系、发展、全面地看事物。形而上学者否认事物的矛盾性，即对立面的统一，他们在绝对不相容的对立中思维；辩证法肯定事物的内部矛盾性，承认事物是对立面的统一，因而在对立统一中思维。这就是恩格斯所揭示的辩证法和形而上学这两种世界观和方法论对立的表现及其实质。

这里应当指出，形而上学的错误不在于把某一对象从普遍联系中抽出来，从它们的特性、特殊因果关系等方面进行研究，也不在于承认事物的存在和静止，其错误在于只看到一个一个的事物，忘记了它们互相间的联系；只看到它们的存在，忘记了它们的产生和消失；只看到它们的静止，忘记了它们的运动。一句话，只见树木，不见森林。恩格斯对形而上学进行了具体的分析，着重指出这种思维方式的历史局限性。他说："形而上学的思维方式，虽然在相当广泛的、各依对象的性质而大小不同的领域中是考察合理的，甚至必要的，可是它每一次都迟早要达到一个界限，一超过这个界限，它就要变成片面的、狭隘的、抽象的，并且陷入无法解决的矛盾"。[1] 他还说："认为事物是既成的东西的旧形而上学，是从那种把非生物和生物当做既成事物来研究的自然科学中产生的。而当这种研究已经进展到可以向前迈出决定性的一步，即可以过渡到系统地研究这些事物在自然界本身中所发生的变化的时候，在哲学领域内也就响起了旧形而上学的丧钟。"[2] 唯物辩证法的产生在人类认识史上有深远的影响，它为科学社会主义奠定了世界观基础。

3. 辩证法和唯物主义历史观。唯物史观和剩余价值学说使社会主义从空想变成了科学。唯物史观的创立，是科学思想中的最大成果，是马克思主义哲学形成的标志。这一科学历史观的产生，必须

---

[1] 《马克思恩格斯文集》第 4 卷，人民出版社 2009 年版，第 24 页。
[2] 同上书，第 299 页。

借助辩证法。

　　只有按照辩证法，把社会历史看成有规律的发展过程而不是偶然事件的堆积，才有可能去探索社会发展的一般规律。基于此点，恩格斯曾高度评价黑格尔。他说："黑格尔的思维方式不同于所有其他哲学家的地方，就是他的思维方式有巨大的历史感作基础。形式尽管是那么的抽象和唯心，他的思想发展却总是与世界历史的发展紧紧地平行着，而后者按他的本意只是前者的验证。真正的关系因此颠倒了，头脚倒置了，可是实在内容却到处渗透到哲学中。"① "他是第一个想证明历史中有一种发展、有一种内在联系的人……他的基本观点的宏伟，就是在今天也还值得钦佩。"② "这个划时代的历史观是新的唯物主义世界观的直接的理论前提。"③ 恩格斯在《反杜林论》"概述"中也讲到，黑格尔划时代的功绩在于他把人类的历史看作一个发展的过程，同时指出，思维的任务是通过一切迂回曲折的道路去探索这一过程依次发展的阶段，并且透过一切表面的偶然性揭示这一过程内在的规律性。当然，黑格尔是唯心主义者，他所提出的任务不可能由他本人完成，重要的是他提出了任务。

　　只有应用辩证法，才能克服旧唯物主义的局限性，找到探索社会发展规律的途径。社会历史是在人们自觉的有目的的物质活动中发展的，这是不同于自然发展史的地方。马克思说："社会生活在本质上是实践的。"正确的观点和做法，不是否认意识的能动作用，而是承认这种能动作用，并进而探索社会意识怎样被社会存在所决定；不是否认精神的动力，而是承认这种能动作用，并进而追溯动机后面的动因。马克思以前的唯物主义者（包括费尔巴哈在内），

---

① 《马克思恩格斯文集》第 2 卷，人民出版社 2009 年版，第 602 页。

② 同上。

③ 同上。

不能辩证地解决主体与客体的关系，结果，能动的方面反被唯心主义抽象地发展了，而他们却在历史领域内自己背叛了自己，把精神的动力看作最终的原因。马克思以实践为基础，唯物地辩证地观察社会现象，解决主体与客体的关系，发现了人类历史的第一个前提，即物质生活资料的生产，从而克服了旧唯物主义的局限性，找到了探索社会发展规律的途径。

辩证法是唯物主义历史观形成的一个重要的思想理论条件，但只有这一点是不够的，唯物主义历史观的形成还依赖一定的社会物质条件。随着大工业的发展和资产阶级政治统治的确立，无产阶级和资产阶级之间的矛盾和斗争，在欧洲最发达国家的历史中升到了首要地位。19 世纪三四十年代，无产阶级作为一支独立的力量登上了政治舞台，马克思根据无产阶级和资产阶级斗争的事实，对以往的社会历史做了研究，结果发现：除原始状态以外的全部历史，都是阶级斗争的历史；这些相互斗争的社会阶级在任何时候都是自己时代经济关系的产物；每一时代的社会经济结构形成了现实基础，每一个历史时期由法律设施和政治设施以及宗教的、哲学的和其他的观点所构成的全部上层建筑，归根结底都是应由这个基础来说明的。这样，唯心主义从它的最后的避难所中，从历史观中被驱逐出去了，唯物主义历史观被提出来了，用人们的存在说明他们的意识道路找到了。

马克思的政治经济学"本质上是建立在唯物主义历史观的基础上的"①。历史唯物主义认为，经济制度是政治的、思想的上层建筑借以树立起来的基础，生产方式是社会变革的决定力量，所以，一切社会变革的终极原因，不应当从人们的头脑中去寻找，而应当从生产方式的变革中去寻找，不应当在有关时代的哲学中去寻找，而

---

① 《马克思恩格斯文集》第 2 卷，人民出版社 2009 年版，第 597 页。

应当在有关时代的经济学中去寻找。马克思经济理论的基石——剩余价值学说，是他在唯物主义历史观的基础上，运用辩证法分析资本主义经济关系的成果。而剩余价值的发现，无论在经济领域还是在社会主义从空想变为科学方面，都起了极为重要的作用。正如恩格斯所指出的："这个问题的解决是马克思著作的划时代的功绩。它使明亮的阳光照进了经济学领域，而在这个领域中，从前社会主义者像资产阶级经济学家一样曾在深沉的黑暗中摸索。科学社会主义就是以这个问题的解决为起点，并以此为中心的。"①

如上所述，空想社会主义从抽象的理性原则出发，寄希望于天才人物。他们斥责资本主义不公平，往往建立在道德观念之上，而不是建立在经济学的科学论断的基础上，他们不是从生产领域而是从交换领域寻找资本主义剥削的根源和解决办法。因此，空想社会主义者虽然义愤填膺地反对资本主义生产方式对工人的剥削，却不能明白地指出这种剥削在哪里和怎样发生。他们既然说明不了这个生产方式，因而也就不能对付它。马克思的剩余价值理论，揭露了资本主义剥削的秘密，揭示了资本主义生产方式的历史联系及其性质。马克思正是从分析资本主义生产方式的矛盾运动中，发现了社会主义代替资本主义的必然性、无产阶级革命和无产阶级专政的必要性以及无产阶级的伟大历史作用，从而使社会主义从空想变为科学。

总的来说，社会主义从空想变为科学是社会主义学说史上质的飞跃，完成这一质的飞跃是马克思、恩格斯的巨大理论功绩，也是他们在哲学和政治经济学领域实现的革命变革的结果。马克思主义是严密的科学体系，它的三个组成部分是有机联系的整体。

① 《马克思恩格斯文集》第9卷，人民出版社2009年版，第212页。

（二）《反杜林论》哲学编"分类"

这一章围绕哲学基本问题，即思维和存在的关系问题，批判杜林从原则出发构造现实世界的唯心主义先验论，阐述了辩证唯物主义反映论的基本原理。

1. 批判杜林从原则出发的唯心主义先验论，论述辩证唯物主义反映论。杜林的《哲学教程》有个"导言"，主要讲什么是哲学、哲学的意义、哲学的分类和哲学体系的构成。在杜林看来，哲学是研究存在的一般原则的，其中既包括一切存在的基本形式的原则，也包括只适用于自然界的自然原则以及只适用于社会的社会原则。哲学原则是构成各种知识的简单成分，如同化学元素组成化合物一样，这些原则一旦被发现，就可以通晓一切，填补科学的空白。杜林把他的哲学做了分类，包括三部分：一般的世界模式论，即一切存在的基本形式的原则；关于自然原则的学说，也就是自然哲学；关于人的学说。他认为，这三部分包含某种内在的逻辑次序，"适用于一切存在的那些形式的原则走在前面，而应当运用这些原则的对象的领域则按其从属次序跟在后面"。①

很明显，在哲学分类问题上，杜林主张原则在先，原则是出发点，由原则构造现实世界。这是一种唯心主义先验论的观点，所以《反杜林论》哲学编第三章的标题叫作"分类。先验主义"。

恩格斯首先对杜林的观点做了概括："他所谓的原则，就是从思维而不是从外部世界得来的那些形式的原则，这些原则应当被运用于自然界和人类，因而自然界和人类都应当适应这些原则。"紧接着，恩格斯提出了一个十分尖锐的问题：思维从什么地方获得这些原则呢，从自身吗？这样的问题在杜林的著作中只有含糊

① 《马克思恩格斯文集》第 9 卷，人民出版社 2009 年版，第 37 页。

其词的回答，因为杜林还想当一个唯物主义者。他说："纯粹观念的领域只限于逻辑模式和数学的形式。"① 把逻辑模式和数学形式看成纯粹观念的领域也是错误的，但恩格斯在这里除在括号中点了一句外，并没有批判他，只是指出，不能把逻辑模式即思维形式和存在形式混为一谈，"这里所谈的只是存在的形式，外部世界的形式，而思维永远不能从自身，而只能从外部世界汲取和引出这些形式"②。

　　附带说一下，即使逻辑模式和数学形式也不是纯主观的。作为思维形式的逻辑模式，看来好似纯主观的东西，其实不然，它也来自外部世界，来自实践经验。例如，判断的逻辑模式"S—P"，即"个别是一般"，就是从一般寓于个别之中的客观关系中抽取出来的。列宁说，人的实践经过反复的重复，它在人的意识中以逻辑的形式固定下来。这些形式正是（而且只是）由于亿万次的重复才有着先入之见的巩固性和公理的性质。至于数学形式，本来就是外部世界数和形的关系的形式，把数学形式看成纯主观的东西是"更加错误的"。

　　为了揭露杜林在哲学分类问题上的唯心主义先验论的实质，恩格斯深刻地阐述了哲学原则和外部世界的关系，论述了唯物主义反映论的原理。他说："原则不是研究的出发点，而是它的最终结果；这些原则不是被应用于自然界和人类历史，而是从它们中抽象出来的；不是自然界和人类去适应原则，而是原则只有适合于自然界和历史的情况下才是正确的。这是对事物的唯一唯物主义的观点，而杜林先生的相反的观点是唯心主义的，它把事情完全头足倒置了，在思想中，在世界形成之前就永恒地存在于某个地方的模式、方案

---

① ［德］恩格斯：《反杜林论》，人民出版社 1999 年版，第 33 页。
② 同上。

或范畴中，来构造现实世界，这完全像一个叫做黑格尔的人。"①

黑格尔是客观唯心主义者。在他看来，"绝对精神"是现实世界存在的基础和灵魂，现实世界是"绝对精神"的逻辑运用和体现。黑格尔在《哲学全书》中，全面地阐述了自己的客观唯心主义体系，系统地描述了"绝对精神"自我发展的过程。他把"绝对精神"的发展分成逻辑、自然、精神三个基本阶段，与之相对应，《哲学全书》依次分成《逻辑学》《自然哲学》《精神哲学》三个部分。杜林的哲学体系正是对黑格尔《哲学全书》的抄袭。他的世界模式论相当于黑格尔的逻辑学。把世界模式论应用于自然界和人类，炮制了他的自然哲学和人的学说。杜林构造哲学体系的"内在的逻辑次序"和黑格尔的《哲学全书》是完全相同的，而且，他们都宣称自己的哲学体系是"最后的、终极的真理"。不同的是，黑格尔的《哲学全书》包含了丰富的辩证法思想，而杜林却抛弃了黑格尔哲学中这一有价值的东西，这就使得忠实地抄袭而又肤浅地理解黑格尔的米希勒教授感激涕零。

2. 分析杜林陷入唯心主义的认识论上的原因。第一个原因，杜林没有历史地、辩证地考察意识、思维的发生和发展。如果自然地把"意识""思维"当作某种现成的东西，当作一开始就和存在、自然界相对立的东西看待，那么其结果必然是使意识和它的真实存在——自然界和人相脱离；不能解释意识和自然、思维和存在、思维规律和自然规律何以如此密切地相结合；不可避免地陷入从原则出发的唯心主义先验论。杜林正是这样。与此相反，恩格斯历史地、辩证地考察意识的起源、发生和发展，从而阐明了意识的本质以及物质对于意识的根源性。他指出："如果进一步问：究竟什么是思维和意识，它们是从哪里来的，那么就会发现，它们都是人脑

---

① ［德］恩格斯：《反杜林论》，人民出版社 1999 年版，第 18 页。

的产物，而人本身是自然界的产物，是在自己所处的环境中并且和这个环境一起发展起来的；这里不言而喻，归根结底也是自然界产物的人脑产物，并不同自然界的其他联系相矛盾，而是相适应的。"① 关于意识的本质，马克思主义哲学用这样三句话来概括：意识是物质世界长期发展的结果，是社会的产物；意识是人脑的机能和属性；意识是物质（客观存在）的反映。第一句话是从意识的起源上说明了什么是意识。意识不是从来就有的，也不是凭空产生的，而是自然界发展到一定阶段才出现的现象。恩格斯说，物质从自身中发展出了能思维的人脑，这是"物质的本性"。意识不仅是自然界长期发展的结果，而且是社会即生产劳动的产物，这是马克思主义关于意识起源的一个极其重要的观点。第二句话是从意识的物质器官和生理基础、从意识的物质承担者上说明了什么是意识。人脑是复杂的物质系统，凭着简单机械不能解剖。19 世纪，巴甫洛夫提出的"反射"理论为研究心理活动的生理机制奠定了基础，20 世纪发展起来的脑科学和脑电科学更进一步揭示了心理活动的生理过程。第三句话是从意识的客观内容上说明了意识的本质。应当承认，意识的形式是主观的，无论是感性认识还是理性认识，不管是感情、意志等哪一种心理活动，都是人的主观世界特有的，但是，意识的内容是客观的，是客观世界的主观映像，马克思说："观念的东西不外是移入人的头脑并在人的头脑中改造过的物质的东西而已。"② 这就抓住了意识的本质。

　　总之，只要历史地、辩证地考察意识的发生和发展，就可以清楚地看到物质先于意识、意识依赖于物质，物质第一性、意识第二性。列宁在《唯物主义和经验批判主义》一书中提出在人类出现以前自然界是否存在？人是否用头脑思想？他说，这两个问题对唯心

---

① 《马克思恩格斯文集》第 9 卷，人民出版社 2009 年版，第 39 页。
② 《马克思恩格斯文集》第 5 卷，人民出版社 2009 年版，第 22 页。

主义来说是辛辣的，因为自然科学对这些问题早已做了肯定的回答。

杜林把意识和思维当作某种现成的东西，当作一开始就和存在、自然界相对立的东西，甚至公然提出不给意识以"人间"的称呼，不把思维称作"人的思维"，"使思维脱离唯一的真实的基础，即脱离人和自然界"，这就必然使他陷入黑格尔的图式之中，无形中把上帝赋予了自然界。

杜林陷入唯心主义的第二个原因是他妄图建立一个以世界模式论为基础的、凌驾于具体科学之上的终极真理体系。"我们的现实哲学家把全部现实的基础从现实世界搬到思想世界，还有另一种动机。"[①] 这"另一种动机"指的就是杜林想建立一个终极真理体系。所谓终极真理体系能够建立起来吗？不能。为说明其道理，恩格斯论述了认识的辩证法，即认识的无限性和有限性的矛盾。他说："关于自然界的所有过程都处于一种系统联系中这一认识，推动科学到处从个别部分和整体去证明这种系统联系。但是，对这种联系做恰当的、毫无遗漏的、科学的陈述，对我们所处的世界体系形成精确的思想影像，这无论对我们还是对所有时代来说，是不可能的。如果在人类发展的某一时期，这种包括世界各种联系——无论是物质的联系还是精神的和历史的联系——最终完成的体系建立起来了，那么，人的认识领域就从此完结，而且从社会按照那个体系来安排的时候起，未来的历史的进一步发展就中断了，这是荒唐的想法，是纯粹的胡说。这样人们就碰到一个矛盾：一方面，要毫无遗漏地从所有的联系中去认识世界体系；另一方面，无论是从人们的本性还是世界体系的本性来说，这个任务是永远不能完全解决的。但是，这种矛盾不仅存在于世界和人这两个因素的本性中，而

---

① 《马克思恩格斯文集》第 9 卷，人民出版社 2009 年版，第 39 页。

且还是所有智力进步的主要杠杆，它在人类的无限的前进发展中一天天不断地得到解决。"① 事实上，世界体系的每一个思想影像，总是客观上被历史状况所限制，在主观上被得出该思想影像的人的肉体状况和精神状况所限制。恩格斯在《反杜林论》的准备材料中也讲到这个问题，他说："世界表现为一个统一的体系，即一个有联系的整体，这是显而易见的，但是要认识这个体系，必须先认识整个自然界和历史，这种认识人们永远不会达到。因此，谁要建立体系，他就只好用自己的臆造来填补那无数的空白，也就是说，只好不合理地幻想，玄想，陷入意识形态。"② 杜林正是这样一个玄想家。他自吹"无所不在""无所不知"，他要建立一个终极真理体系。这样，他就把世界模式论当作他哲学的基础和出发点，他的世界模式论又是从头脑中而不是通过头脑从现实世界中得来的。

马克思主义哲学也有一系列的原理原则，但是，这些原理原则不是出发点，而是研究的结果，我们之所以要遵循这些原理原则不是因为别的，只是因为它们是从自然界和人类历史中抽象出来的，是适合自然界和人类历史情况的。马克思主义哲学也讲体系，这是指它的各个原理原则有内在的联系，然而，马克思主义哲学绝不把对世界的认识看作已经完成了的绝对真理，绝不把自己的哲学看成凌驾于具体科学之上的"科学之科学"。它沿着实证科学和利用辩证思维对这些科学成果进行概括的途径去追求可以达到的相对真理。马克思主义哲学的体系不是封闭的，它的内容随实践的发展而发展。

总的来说，唯心主义先验论和唯物主义反映论，这是两条根本对立的哲学路线。为了批判杜林的唯心主义先验论，恩格斯着重阐明了物质第一性、意识第二性，意识是人脑的产物，思维是存在的

---

① 《马克思恩格斯文集》第 9 卷，人民出版社 2009 年版，第 40 页。
② 同上书，第 346 页。

反映等唯物主义原理；为了指出杜林陷入唯心主义的认识论根源，恩格斯批判了他的形而上学世界观，正确地说明了意识的历史发展，认识的辩证过程。恩格斯唯物而又辩证地解决了物质和意识的关系，科学地回答了哲学的基本问题，为我们坚持哲学党性原则坚持唯物主义路线指明了方向。

（三）《反杜林论》哲学编"世界模式论"的基本思想

"世界模式论"是杜林哲学体系的三个组成部分的第一部分，是他全部哲学的基础。恩格斯在这一章批判了杜林在世界统一性问题上的错误，阐明了辩证唯物主义关于世界统一性的基本观点。

1. 批判杜林从思维引出世界统一性的唯心主义方法。杜林关于世界统一性的论证方法是唯心主义的。他的论证大致是这样的：包罗万象的存在是唯一的；这个存在必须全部进入思想统一体，或者说，我们仿佛框子一样的统一思想扩展开来，就把包罗万象的存在全部框进去了；一切思维的本质就在于把意识的要素联合为一个统一体，这样，唯一的存在就被综合为统一的存在，就产生了不可分割的世界概念；思维和存在必须互相协调、互相适合，因此，现实的存在、现实的世界也是统一的、不可分割的，彼岸世界再没有什么地盘了。我们看，杜林是怎样把存在的唯一性变为它的统一性呢？借助我们的统一思想，全靠我们对它的想象。恩格斯指出："企图以思维和存在的同一性去证明任何思维产物的现实性，这正是一个叫做黑格尔的人所说的最荒唐的热昏的胡话之一。"①

分析和综合是辩证统一的关系。"把每一类认识对象分解成它们的所谓最简单的要素。"② 杜林认为，"一切思维的本质就在于把

---

① 《马克思恩格斯文集》第 9 卷，人民出版社 2009 年版，第 46 页。
② 同上书，第 101 页。

意识的要素联合为一个统一体。"① 他只承认综合，否认分析，这是
对思维的形而上学的歪曲。

更为严重的是，杜林颠倒了思维和存在的真实关系。按照辩证
唯物主义的观点，客观存在的统一性是第一性的，是思维中的统一
性观念的前提和根据；思维中的统一性观念是第二性的，是对客观
存在的统一性的反映。正如恩格斯所说："思维，如果它不做蠢事
的话，只能把这样一些意识的要素综合为一个统一体，在这种意识
的要素中或者它们的现实原型中，这个统一体以前就已经存在了。
如果我把鞋刷子综合在哺乳动物的统一体中，那它决不会因此就长
出乳腺来。"②

杜林本想排除世界"彼岸性"的有神论观点，但是，由于他用
形而上学的、唯心主义的方法论论证世界统一性，所以，同宣扬世
界统一于上帝的唯灵论并无本质区别。更荒唐的是，杜林用存在这
个概念证明上帝不存在的方法，恰好就是中世纪神学家证明上帝存
在的本体论论证法。

2. 批判杜林关于世界统一于存在的错误观点，阐明世界的真正
统一性在于它的物质性。杜林承认世界是统一的，他主张世界统一
于存在。"存在"这个概念有不同的理解。我们讲哲学基本问题时
谈到的"存在"，是和"思维"相对而言的，它同"物质"是一个
含义。那么，杜林所说的"存在"是什么意思呢？是物质还是精神
或二者兼而有之？从杜林作为其哲学体系出发点的公理——"包罗
万象的存在的唯一性"③ 来看，他所说的"存在"就是"实有"，
是现实中的一切，既包括物质现象，也包括精神现象。杜林给"存
在"以"有"的含义，所以，他们所说的世界统一于存在的命题是

① 《马克思恩格斯文集》第 9 卷，人民出版社 2009 年版，第 44 页。
② 同上书，第 45 页。
③ 同上书，第 347 页。

折中主义的，是唯心论者、有神论者也可以接受的。在这里，杜林把世界统一性的前提和世界统一于什么，是物质还是精神，混为一谈了。

恩格斯说："世界的统一性并不在于它的存在，尽管世界的存在是它的统一性的前提，因为世界必须先存在，然后才能是统一的。"① "世界的真正的统一性是在于它的物质性，而这种物质性不是魔术师的三两句话所能证明的，而是由哲学和自然科学的长期的和持续的发展来证明的。"② 在这里，恩格斯既回答了世界统一于什么的问题，也指明了如何证明世界统一性的问题。

世界的统一性问题也就是世界的本原这样一个古老而根本的问题。哲学上的两大派别，即唯物主义和唯心主义，都认为世界是统一的，只有一个本原，都是一元论的观点。至于世界统一于什么、世界的本原是物质的还是精神的，两派的观点则是针锋相对的。唯物主义坚持世界统一于物质，是唯物主义的一元论；唯心主义主张世界统一于精神，是唯心主义的一元论。除此之外，还有一些哲学家否认世界的统一性，他们认为世界有两个本原，一个是物质，另一个是精神，这是二元论的观点。

恩格斯提出的"世界的真正统一性在于它的物质性"的命题，是辩证唯物主义关于世界统一性的经典表述。这里讲的物质，不是某个具体的物质形态，也不是物理学所研究的物质结构，而是一个哲学范畴。所谓哲学的物质范畴，是指各种具体的物质形态、结构的最一般的共同本质——客观实在性的哲学概括。它是从物质和意识相对立的意义上，从物质对于意识的根源性上，阐明了什么是物质。恩格斯说，物质是"简称"，我们"用这种简称把感官可感知和许多不同的事物依照其共同的属性概括起来。因此，只有研究单

---

① 《马克思恩格斯文集》第 9 卷，人民出版社 2009 年版，第 47 页。

② 同上。

个的物和单个的运动形式，才能认识物质和运动"①。列宁在《唯物主义和经验批判主义》一书中，更加明确地指出："物质是标志客观实在的哲学范畴，这种客观实在是人通过感觉感知的，它不依赖于我们的感觉而存在，为我们的感觉所复写、摄影、反映。"② 由此可见，马克思主义哲学的物质概念同各种具体物质形态是一般和个别、抽象和具体的关系。从具体的物质形态中，抽象、概括出一般的普遍的本质，即"客观实在性"。从哲学史上考察，这种抽象并不那么简单。古代的唯物主义者也想从具体的多样性中寻求世界的统一的本质，所谓"多中求一"，但他们找来找去还是找到了一个具体的物上（如水、气、火），而没有把"客观实在性"这个万事万物的普遍本质找出来。近代唯物主义者尽管以科学实验为基础，但仍然没有达到真正科学的抽象，他们也是以偏概全，把古典物理学所认识的原子的特性普遍化了，看作是物质不变的属性。马克思主义哲学克服了旧唯物主义的局限性，揭示了世界的普遍本质，科学地解决了世界统一性问题。

世界的物质统一性原理，要由哲学和自然科学的长期的持续的发展来证明。恩格斯的这个重要论断，体现了唯物论和辩证法的统一。世界有没有统一性，统一于什么，要严格地依靠人类实践和科学发展的成果来证明，不能像杜林那样，从思维的统一性引出现实世界观的统一性。同时，世界统一性问题不是简单地、机械地找共同点，那是形而上学的办法。旧唯物主义认为世界统一于某种具体的物质形态，杜林把世界的统一性归之于存在、实有，恐怕都和直接找共同点有关系。用辩证的观点，从普遍联系和发展看世界统一性，就变成了这样的问题：无机界是什么？有机界是什么？社会生

① 《马克思恩格斯文集》第 9 卷，人民出版社 2009 年版，第 500—501 页。
② 《列宁专题文集 论辩证唯物主义和历史唯物主义》，人民出版社 2009 年版，第 35 页。

活是什么？精神现象又是什么？世界上千差万别的事物和现象是彼此孤立、毫不相干的，还是相互联系的统一的整体，它们统一于什么？这样，不但要由具体科学揭示每个领域的特殊规律，而且要靠哲学的分析综合抽象思维。辩证唯物主义关于世界统一于物质的论断，已经正在为自然科学和哲学的发展所证明。

世界在本质上是物质的，是离开意识而客观存在的，世界统一于物质。这是马克思主义哲学的基本原理，是我们党的"一切从实际出发""实事求是"的思想路线的哲学理论依据。

（四）《反杜林论》哲学编"自然哲学。时间和空间"的基本思想

这一章批判了杜林在时间、空间问题上的唯心主义和形而上学观点，阐述了辩证唯物主义关于时间、空间的基本原理。

1. 批判杜林关于时间有开端、空间有界限的形而上学的谬论，阐明辩证唯物主义关于时间、空间无限性的观点。杜林的时空观是从他所杜撰的一个公理出发的，这就是没有矛盾地加以思考的无限性。在他看来，没有矛盾的无限性的"最明显的形式，是数在数列中的无限积累"，例如，$1+2+3+4+\cdots$从一点开始，只能朝着向前的一个方向延伸，不允许倒过来向后延伸，否则就意味着计算完无限的数列，就出现了矛盾，违背了公理。从没有矛盾的无限性出发，必然得出两个结论：第一个结论是世界上的因果链条应当在某个时候有个开端；第二个结论是充实在整个时间和空间之内的具体事物，是有一定数目的。由此看来，杜林实际上是主张世界在时间上有开端，在空间上有界限的。这正是一种形而上学的有限的时空观。

恩格斯首先指出，真实的时空无限性和杜林的无限序列的无限性是根本不同的。"时间上的永恒性、空间上的无限性，本来就是，而且按照简单的词义也是：没有一个方向是有终点的，不论是向前或向后，向上或向下，向左或向右。"① 而数学的无限序列则不同，它总是从一、从序列的第一项开始，把这种无限序列应用于空间，从一点上按 3 个相反的方向延伸出 6 条线，就会得出现实中根本不存在的六度空间。把向两端无限延长的序列应用于时间，具有某种比喻意义，表示时间的过去和未来，但是，杜林把时间想象为从一数起的序列或从某一点延伸出去的线，实际上肯定了时间是有开端的。这就把要证明的东西当作前提，并赋予时间的无限性以一种片面的、不完全的性质。

　　接着，恩格斯批判了杜林所谓的可以计算的无限数列的矛盾的谬论，阐述了始点和终点的辩证关系。杜林认为，如果无限序列没有开端，那就会陷入可以计算完无限数列的矛盾之中。为了避免这种矛盾，在他看来，时间的无限性只能是有开端而无终点的。恩格斯指出，有终点而无开端的无限序列和有开端而无终点的无限序列一样，都是无法计算完的。杜林所谓的可以计算的无限序列的观念，完全是一种类似"圆形的方""木制的铁"的荒谬矛盾，而且，开端和终点是相对的。只要一点点辩证的洞察力，就一定会使杜林先生知道，开端和终点正像北极和南极一样在必然上是互相联系的，如果略去终点，开端就正好成为终点，即序列所具有的一个终点，反过来也是一样。在数学上，为了达到不确定的、无限的东西，必须从确定的、有限的东西出发，否则就无从计算，但是，由此断言世界在时间上有开端，则是完全错误的。数学家在观念上的需要，绝不是对现实世界的强制法。

　　恩格斯进一步批判了杜林没有矛盾地加以思考的无限性的荒谬观点，深刻地论述了有限和无限的辩证法。他说："杜林先生永远

_____

① 《马克思恩格斯文集》第 9 卷，人民出版社 2009 年版，第 53 页。

做不到没有矛盾地思考现实的无限性，无限性是一个矛盾，而且充满种种矛盾。无限纯粹是由有限组成的，这已经是矛盾……正因为无限性是矛盾，所以它是无限的、在时间和空间上无止境地展开的过程。如果矛盾消除了，那就是无限性的终结。"① 宇宙间的一切具体事物在时间和空间上都是有限的，由无数有限的具体事物构成的整个宇宙在时间和空间上是无限的。无限寓于有限之中，无限通过有限而存在，宇宙之所以是无限的，是在时间上、空间上无止境地展开的过程，其内在根据是矛盾，矛盾消失了，无限性也就终结了。无限性的实质是事物基于内部矛盾不断转化的不可穷尽性。杜林排除矛盾，因而无法真正理解无限性。他所设想的有开端的无限序列，是脱离现实的、空洞的、单纯的一个个数字重复相加的序列，这正是黑格尔所批判的"恶性循环"。

2. 批判杜林把时间、空间同物质的存在相割裂的错误观点，阐明时间、空间是物质存在的基本形式。杜林认为，时间是有开端的。在时间开始之前，世界处在自身等同，即绝对不变的状态。由于没有任何变化发出，所以世界的最初状态只有存在，而没有时间，特殊的时间概念变成了一般的存在概念。很显然，这是一种把时间同物质的存在割裂开来的形而上学的观点。

针对杜林的错误观点，恩格斯论证了时间、空间是物质存在的基本形式。他指出："一切存在的基本形式是空间和时间，时间以外的存在像空间以外的存在一样，是非常荒诞的事情。"② 什么是时间？时间是物质运动的持续性、顺序性。任何物质客体都要持续或长或短的过程，这一过程和另一过程是先后相随、有一定顺序的，即都以时间的形式存在着。现实的时间是一维的，只有过去、现在和将来。什么是空间？空间是物质的广延性、结构性、并存性。任

---

① 《马克思恩格斯文集》第 9 卷，人民出版社 2009 年版，第 55 页。
② 同上书，第 56 页。

何物质客体都有一定的体积、形状或规模，其内部都有一定的结构，都同其他物质客体有一定的并存关系，即都以空间的形式存在着，现实的空间是三维（长、宽、高）的。时间和空间同物质不可分，是物质存在的基本形式，这是辩证唯物主义的一个基本观点。由此可引出几个结论：时间和空间是客观的；时间和空间是相互联系的；时间和空间的特性随物质状态的变化而变化；时间和空间都是有限性和无限性的统一。这些结论均已被现代自然科学所证明。

按照杜林的观点，时间上有开端的现实世界"渊源于某种自身等同状态"。也就是说，有变化有时间的现实世界起源于没有变化没有时间的自身等同状态。现在进一步问：世界怎样从没有变化没有时间的自身等同状态转变到有变化有时间的状态呢？没有别的办法，只能请上帝来帮忙。从这里可以看出，割裂时间、空间同物质的内在联系，必然会滑向唯心主义、神秘主义。只有坚持辩证唯物主义时空观，才能坚持彻底的唯物主义一元论观点。

（五）《反杜林论》哲学编"自然哲学。天体演化学，物理学，化学"① 的基本思想

这一章批判了杜林形而上学机械论的运动观，阐述辩证唯物主义关于物质运动的基本原理。

1. 批判杜林把物质和运动割裂开来的错误观点，阐明运动是物质的存在方式。现实世界是通过什么方式产生的？这是天体演化学研究的问题。杜林认为，世界有一段处于自身等同状态，此时的物质和机械力是统一的，没有运动变化，是绝对静止的状态。后来，统一被破坏了，自身等同状态中止了，世界才有运动变化，才开始自己的历史。

---

① 《马克思恩格斯文集》第9卷，人民出版社2009年版，第67页。

设想没有运动的物质，是形而上学机械论的观点。针对这种错误观点，恩格斯论述了物质和运动的关系。物质是不依赖于意识的客观实在，既不能被创造也不能被消灭；同样，作为物质存在方式的运动，也是既不能被创造也不能被消灭的。运动只能转移，而永远不会消失。割裂物质与运动的统一，坚持形而上学机械论的观点，必然导向神秘主义，杜林就是这样。前面已经提到，物质世界怎样从不动到动呢？这对杜林来说，是个大难题，他不得不求助于神秘的"第一次推动"。

2. 分析杜林陷入神秘主义的原因，论述运动形式的多样性、运动和静止的辩证关系。杜林为什么把物质和运动分开，设想出物质绝对不动的状态，从而又一次陷入神秘主义呢？根据恩格斯的分析，有两方面的原因。其一，杜林不懂得世界的统一是多样性的统一，是多种运动形式的统一。"杜林先生把运动归结为机械力这样一种所谓的运动的基本形式，这就使他不可能理解物质和运动之间的真实联系。"① 其二，他不懂得运动和静止的辩证法。杜林把地球上某一物体所能有的相对的机械平衡想象为绝对的静止，然后再把它转移到整个宇宙中。

为了批判杜林的错误，恩格斯论述了物质运动形式的多样性。根据当时自然科学的成就，他把自然界的运动形式概括为四种，即机械运动、物理运动、化学运动、生命运动。他指出："宇宙空间中的运动，各个天体上较小的物体的机械运动，表现为热或者表现为电流或磁流的分子振动，化学的分解和化合，有机生命——宇宙中的每一个物质原子在每一瞬间都处在一种或另一种上述运动形式中，或者同时处在数种上述运动形式中。"② 高级运动形式往往包括低级运动形式。深入研究低级运动形式对于真正理解高级运动形式

---

① 《马克思恩格斯文集》第 9 卷，人民出版社 2009 年版，第 63 页。
② 同上书，第 64 页。

是有帮助的，但不能把高级运动形式简单地归结为低级运动形式。

为了批判杜林的错误，恩格斯还深刻地论述了运动和静止的辩证关系。他指出："任何静止、任何平衡都只是相对的，只有对这种或那种特定的运动形式来说才是有意义的。例如，某一物体在地球上可以处于机械的平衡，即处于力学意义上的静止；这决不妨碍这一物体参加地球的运动和整个太阳系的运动，同样也不妨碍它的最小的物理粒子去实现由它的温度所造成的振动，也不妨碍它的物质原子去经历化学的过程。"① 这是通常所讲的相对静止的一种情形，即事物在绝对的运动过程中，相对于某处确定的参考系，不具有某种特定的运动形式。相对静止的另一种情形是指事物的相对稳定性，这种稳定性是有条件的、暂时的。人总有死亡的一天，任何社会制度都不会永世长存，而且，即或没有发生质变，也在进行着量变，静者静动，非不动也。静止中包含着运动，静止是运动的特殊状态，运动是绝对的，静止是相对的。杜林在运动和静止之间划了一道不可逾越的鸿沟，他甚至认为"静止的状况并不代表机械功"。恩格斯以重物悬空而挂处于静止状态时所具有的位能为例，说明物体的静止状态是代表机械功的，并且指出，运动应当从它的反面即从静止中找到它的量度，这对于我们的形而上学者来说当然是一道难题和一剂苦药。从辩证的观点来看，运动表现于它的反面，即表现在静止中，这根本不是什么困难。对辩证的观点来说，这一切对立……都只是相对的；绝对的静止、无条件的平衡是不存在的。个别的运动趋向于平衡，总的运动又破坏平衡。因此，出现静止和平衡，这是有限制的运动结果，不言而喻，这种运动可以用自己的结果计量，在自己的结果中表现出来，并且通过某种形式从自己的结果中重新得出来。

---

① 《马克思恩格斯文集》第9卷，人民出版社2009年版，第64页。

　　总的来说，世界是按其自身固有的规律，以时间和空间的基本形式运动着的物质世界。恩格斯在这一章所阐发的关于运动的基本原理同上面讲到的世界物质统一性以及时间和空间的原理结合起来，构成了辩证唯物主义的科学物质观，它是马克思主义哲学世界观的基础。

（六）《反杜林论》哲学编"道德和法。永恒真理"的基本思想

　　杜林的假社会主义是从平等、正义等永恒的道德原则出发的，而他又以真理的永恒性论证了道德原则的永恒性，企图从永恒真理的存在中得出结论：在人类历史的领域内也存在着永恒真理、永恒道德、永恒正义，等等。为了驳斥杜林的假社会主义，恩格斯在"道德和法。永恒真理"这一章，批判了杜林"根本不变"的永恒真理和永恒道德的谬论，阐述了真理发展的辩证法和道德的历史性、阶级性。

　　1. 批判杜林形而上学的真理论，论述真理观的辩证法。马克思主义哲学认为，真理是客观事物及其规律在人脑中的正确反映，真理的内容是客观的，形式是主观的。任何一个真理都具有客观性、绝对性、相对性。承认真理内容的客观性，就是坚持真理的唯物论；承认对真理的认识是一个由相对走向绝对的过程，就是坚持真理的辩证法。在真理观的问题上，有两种错误的观点：一种是否认真理客观性、绝对性的唯心主义和相对主义；另一种是否认真理的条件性、相对性的绝对主义。杜林的错误属于后一种。他认为，人的认识可以不受时间和现实变化的影响，个人思维具有至上的意义，真正的真理是根本不变的，所以，恩格斯着重论述了真理观的辩证法，讲述了以下三个问题。

　　第一个问题，思维的至上性和非至上性的关系。谈到真理，离

不开人的思维。思维的至上性是指思维能力的无条件性、无限性、绝对性。与此相联系，承认思维的至上性，就意味着承认思维产物具有无条件的真理权。那么，人的思维是至上的吗？回答是至上的，又是非至上的。恩格斯说："一方面，人的思维的性质必然被看作是绝对的，另一方面，人的思维又是在完全有限地思维着的个人中实现的。这个矛盾只有在无限的前进过程中，在至少对我们来说实际上是无止境的人类世代更迭中才能得到解决。从这个意义来说，人的思维是至上的，同样又是不至上的，它的认识能力是无限，同样又是有限的。按它的本性、使命、可能和历史的终极目的来说，是至上的和无限的；按它的个别实现和每次的现实来说，又是不至上的和有限的。"① 从认识能力看，世代延续的人类总体的认识能力是无限的，思维是至上的；但就每个个人来说，由于主客体条件的限制，认识能力是有限的，思维是非至上的。从认识产物来看，世代延续的人类认识的产物是无条件的、绝对的、至上的；至于每个个人认识的产物，却是有条件的、相对的、非至上的。人类思维和个人思维不能断然分开。人类思维通过个人思维表现出来，绝对的认识寓于相对的认识之中。所以，思维的至上性和非至上性的矛盾，实质上就是认识的无限性和有限性、真理的绝对性和相对性的矛盾。这一矛盾只有通过人类生活的无限延续才能解决，这一矛盾还是所有智力进步的主要杠杆。

　　这里需要说明一点："至上性"在德文中有"主权"的意思。我们不知道有任何一种权力能够强制那处于健康而清醒的状态中的每一个人接受某种思想。从这个意义说，个人思维具有至上性。恩格斯接着指出："至于说到每一个人的思维所达到的认识的至上意义，那么我们大家都知道，它是根本谈不上的，而且根据到目前为

---

① 《马克思恩格斯文集》第 9 卷，人民出版社 2009 年版，第 92 页。

止的一切经验看来，这些认识包含的需要改善的东西，无例外地总是要比不需要改善的或正确的东西多得多。"①

第二个问题，真理的条件性和相对性。恩格斯并不否认真理的客观性、绝对性。由于杜林的错误是绝对主义独断论，他到处鼓吹根本不变的"永恒真理"，所以恩格斯在《反杜林论》一书中主要阐明了真理的条件性和相对性。他具体考察了三类认识领域。第一类是研究非生物界的科学，包括数学、天文学、力学、物理学、化学等。就是在这个被称为"精密科学"的领域，随着时间的推移，最后的、终极的真理也变得非常罕见了。例如，1637 年，笛卡尔创立的解析几何把变数引进数学领域。17 世纪后半叶，牛顿、莱布尼兹建立微积分的数学体系，把变数的应用推广于无限小和无限大。变数的应用，使以前被人们认为具有"永恒真理"性质的常数数学，第一次暴露了自己的缺陷，就好像基督教神话中的亚当和夏娃因偷吃上帝的"智慧果"而犯了"原罪"一样。当然，对数学来说，又如同亚当、夏娃吃了"智慧果"而变得"聪明"起来一样，从此人们可以用变数数学更加深刻地把握物质运动的本质属性。第二类是研究生物机体的科学。这个领域的特点是发展着错综复杂的相互关系和因果联系，因此，解决一个问题往往需要几百年甚至上千年的时间，已经解决的问题由于新的发现还会引出无数的新问题，甚至把以前的认识全部推翻都是可能的；为了比较系统地了解各种物质相互的联系，人们不得不造起茂密的假说之林，所以，在这个领域要确定永恒真理，除了满足一些陈词滥调外，没有别的办法。第三类是研究社会历史领域的科学，如经济学、政治学、法学、哲学、宗教、艺术。在这个领域，永恒真理的情况更糟。因为社会历史自脱离原始状态以来，情况的重复是例外而不是通例；即

① 《马克思恩格斯文集》第 9 卷，人民出版社 2009 年版，第 91 页。

使在某个地方发生这样的重复，也不是在同样的状况下发生的。谁要是在这里猎取最后的、终极的真理，猎取真正的根本不变的真理，那么他是不会有什么收获的。即使是研究人类思维规律的科学，即逻辑和辩证法，永恒真理的情形也不见得好些。所以，如果不是对极简单的事物使用大字眼，那么，具有终极意义的一成不变的永恒真理，任何个人都是提供不出来的，具体的真理都是有条件的、相对的。在这里顺便说一下，永恒真理是旧哲学的一个概念，它是指具有终极意义的一成不变的真理。马克思主义认为，具有无条件真理权的认识即绝对真理，是通过相对真理实现的，因而，除了在特定的意义上，一般不使用永恒真理的概念。恩格斯在这里没有直接提出这个问题，他只是从思维的至上性和非至上性、认识的绝对性和相对性的角度，批判了杜林的永恒真理观。

　　第三个问题，真理和谬误的关系。恩格斯分析了认识的条件性、相对性之后，得出这样的结论：真理和谬误，正如一切在两极对立中运动的逻辑范畴一样，只是在非常有限的领域内才具有绝对的意义。如果我们企图在这一领域之外把这种对立当作绝对有效的东西来应用，那我们就会完全失败；对立的两极都向自己的对立面转化，真理变成谬误，谬误变成真理。这一道理是不难理解的。我们不妨举一个浅显的例子来说明，比如，水的沸点是100℃，在一个标准大气压条件下，这个认识是真理，如果大气压的条件发生了变化，原有结论就转化为谬误。由此看来，认识真理的界限，或者说，认识真理的具体条件，是十分重要的。可是，人们对真理界限的认识，对具体真理条件性的把握，需要一个过程，也是很不容易的。在认识的过程中，主观只是近似地符合客观，错误总是难免的。恩格斯举了著名的波义耳定律的例子。17世纪中叶，英国物理学家波义耳发现：当温度不变时，定量气体的体积和它所受的压力成反比。19世纪中叶，法国物理学家、化学家雷尼奥的研究证明：

波义耳定律只是在一定的压力和温度的范围内，对一定的气体才有效，对于气体因压力而液化在接近液体那一点时，它就失去效力了。恩格斯说："波义耳定律只在一定的范围内才是正确的。但是在这个范围内，它是不是绝对地最终地正确的呢？没有一个物理学家会断定就是。他会说：这一定律在一定的压力和温度的范围内，对一定的气体是有效的；而且即使在这更加狭窄的范围内，他也不会排除这样的可能性，即通过未来的研究对它作更加严格的限制，或者改变它的表达方式。"[1]

总的来说，恩格斯关于思维的至上性和非至上性、真理的条件性和相对性、真理和谬误的关系等的论述，深刻地揭示了真理观的辩证法，对于我们遵循真理发展的规律、正确地认识世界、防止思想僵化，有极其重要的意义。

2. 批判杜林唯心主义的道德论，阐明道德的历史性和阶级性。杜林宣扬永恒真理，是要人们承认在社会历史领域也存在着永恒道德。杜林认为，道德也有其恒久的原则和单纯的要素，这些道德原则凌驾于历史和现今的民族特性的差别之上，一旦被发现，就具有"绝对的适用性"。他宣称，他的道德论正是这种普遍适用的"永恒真理"。

针对杜林超历史、超阶级的永恒道德论，恩格斯深刻地论述了道德的历史性、阶级性以及道德的社会经济基础。

恩格斯进一步揭示了道德的经济根源，从而回答了不同阶级何以有不同的甚至截然相反的道德观念。他指出：人们自觉地或不自觉地，归根结底总是从他们的阶级地位所依据的实际关系中——从他们进行生产和交换的经济关系中，吸取自己的道德观念。道德是调整人们之间以及个人和社会之间的行为规范的总和。道德作为社

---

[1] 《马克思恩格斯文集》第 9 卷，人民出版社 2009 年版，第 96—97 页。

会意识形态，是上层建筑的一部分，它由一定的经济基础决定，并为一定的经济基础服务。

由于经济基础决定道德观念，所以，对同样的或差不多同样的经济发展阶段来说，道德论必然是或多或少地互相一致的。从动产的私有制发展起来的时候开始，在一切存在着这种私有制的社会里，道德戒律一定是共同的：切勿偷盗。当然，就是这样的道德戒律也不是永恒的，它会随着动产私有制的消灭而逐步消失。

恩格斯所深刻阐述的马克思主义的道德观，对我们进行社会主义道德建设、树立和发扬社会主义道德风尚，具有重要的意义。

（七）《反杜林论》哲学编"辩证法。量和质""辩证法。否定的否定"的基本思想

杜林是地道的形而上学者，形而上学贯穿于杜林思想体系的各个部分。《反杜林论》哲学编"辩证法。量和质"①"辩证法。否定的否定"② 这两章，集中批判了杜林的形而上学的世界观，驳斥了他对马克思主义辩证法的歪曲和攻击，与此同时，恩格斯论述了唯物辩证法的三条基本规律、唯物论和辩证法的有机统一。

1. 批判杜林否认事物内部矛盾的形而上学的观点，论述矛盾规律的客观普遍性。杜林的形而上学集中地表现为否认矛盾。他认为，存在的基本逻辑特性的重要命题是"矛盾的排除"。矛盾范畴只能归属于思想组合，而不能归属于现实，"在事物中没有任何矛盾"。矛盾＝背理。在他看来，世界上一切活动的基本形式是"按相反方向互相抗衡的力的对抗"，但这并不是矛盾。

杜林否认矛盾的一个原因是他把逻辑矛盾和辩证矛盾混淆了。

---

① 《马克思恩格斯文集》第 9 卷，人民出版社 2009 年版，第 125 页。
② 同上书，第 136 页。

逻辑矛盾是形式逻辑所讲的矛盾，是指违反形式逻辑的矛盾律所犯的逻辑错误。形式逻辑的矛盾律要求人们在思考和论证问题的时候，保持首尾一贯，不互相打架，也就是说，不允许在同一关系下对同一事物做出两个完全相反的论断。这个规则反映了事物的相对稳定性，是正确思维必须遵守的。但是，形式逻辑和辩证法相比，毕竟是比较低层次的思维形式，它没有完全反映事物的客观本性。恩格斯指出：矛盾等于"背理"这个命题，对常识来说，也许像直不能是曲、曲不能是直一样，是不言而喻的，但是，常识并不等于科学。按照微分学，直线和曲线在一定条件下可以相等。唯物辩证法所讲的矛盾即辩证矛盾，指的是客观事物既对立又统一的本性及其在人们头脑中的正确反映。事物都有两个矛盾着的方面。这两个方面是对立的，它们互相否定、互相分离，这种性质叫作矛盾的斗争性。对立的两个方面又是统一的，它们在一定条件下互相联结、互相依存、互相渗透、互相贯通，这种性质叫作矛盾的同一性或统一性。矛盾就是对立统一，辩证矛盾的基本属性是同一性和斗争性。

　　杜林否认矛盾的另一个原因是他用孤立、静止的观点观察事物。恩格斯说："当我们把事物看做是静止而没有生命的，各自独立、彼此并列或先后相继的时候，我们在事物中确实碰不到任何矛盾。我们在这里看到某些特性，这些特性，一部分是共同的，一部分是相异的，甚至是相互矛盾的，但是在这种情况下是分布在不同事物之中的，所以它们内部并不包含任何矛盾。如果限于这样的考察范围，我们用通常的形而上学的思维方式也就行了。但是一旦我们从事物的运动、变化、生命和彼此相互作用方面去考察事物时，情形就完全不同了。在这里我们立刻陷入了矛盾中。"① 紧接着，恩

---

① 《马克思恩格斯文集》第9卷，人民出版社2009年版，第126—127页。

格斯提出了一个重要的命题，即"运动本身就是矛盾"。这个命题的含义是，矛盾是事物运动的实在内容，是事物运动的动力和源泉。把矛盾和运动联系在一起进行考察是很有意义的。因为只有用运动变化的观点考察事物，才能看到事物自身的矛盾；反之，只有用矛盾的观点考察运动，才能把运动看成事物自己的运动。杜林孤立静止地看问题，使他不能发现事物的内部矛盾；否认矛盾又使他不能科学地解释运动。正如恩格斯所指出的："形而上学的思维的知性绝对不能从静止的思想转到运动的思想。"① 对杜林来说："运动是完全不可理解的，因为运动是矛盾。"② 而他既断言运动不可理解，他本人就违反自己的意志而承认"有一种客观地存在于事物和过程本身中的矛盾，而且这是一种实际的力量"。③ 提出"运动本身就是矛盾"的科学命题之后，恩格斯具体论述了矛盾的客观性、普遍性，矛盾是事物运动的源泉。

　　简单的运动形式——机械位移是矛盾。机械的位移之所以能够实现，也只是因为物体在同一瞬间既在一个地方又在另一个地方，既在同一个地方又不在同一个地方。这种矛盾的连续产生和同时解决正好就是运动。

　　高级的运动形式——有机生命，也包含着矛盾。生命就是有机体通过摄食和排泄而实现的不断自我更新的过程。生物有机体同化外界供给的养料，同时又排泄体内的废料，产生一些新细胞，同时又死去一些旧细胞，所以，生物在每一瞬间是它自身，同时又是别的东西。生命是存在于物体和过程本身中的不断地自行产生并自行解决的矛盾；矛盾一停止，生命也就停止，死亡就到来了。

---

① 《马克思恩格斯文集》第 9 卷，人民出版社 2009 年版，第 127 页。

② 同上。

③ 同上。

在思维领域中，我们也不能避免矛盾。这就是前面提到的思维的至上性和非至上性的矛盾，人的认识能力的无限性和有限性的矛盾。不仅认识能力包含着矛盾，认识成果也如此。恩格斯以数学为例，说明无论是高等数学还是初等数学，都充满了矛盾。

总之，矛盾存在于一切事物的发展过程中，并贯穿于每一事物发展过程的始终。矛盾着的对立面既统一又斗争，决定一切事物的存在，推动一切事物的发展。

矛盾是普遍存在的，所以，矛盾分析方法是我们认识事物的普遍原则和方法。矛盾又是各个特殊的存在，正因此，列宁把具体地分析具体情况，也就是把具体分析各种事物矛盾的特殊性，称为马克思主义最本质的东西，这是马克思主义的活的灵魂。毛泽东结合中国革命实际，深入探讨了矛盾特殊性的理论，并且指出，矛盾的普遍性和特殊性这一共性和个性，绝对和相对的道理，是关于事物矛盾的问题的精髓，不懂得它，就等于抛弃了辩证法。矛盾问题精髓的道理，是马克思主义普遍原理同我国具体实际相结合这一思想原则的重要哲学基础，也是建设有中国特色社会主义的重要哲学依据。

2. 驳斥杜林对《资本论》所运用的辩证方法的攻击，阐明量变和质变的相互转化是事物的普遍规律。杜林攻击马克思的《资本论》，他说马克思由于引证了黑格尔关于量转化为质的模糊观念，从而得出预付款项达到一定界限时就会单单由于这种量的增加而成为资本。恩格斯指出，这根本不是马克思的方法，马克思所说的"不是任何一个货币额或价值额都可以转化为资本，相反地，这种转化的前提是单个占有者或商品占有者手中有一定的最低限额的货币或交换价值"。[①] 而且，每一发展时期和每一工业部门为实现这一

---

① 《马克思恩格斯文集》第 5 卷，人民出版社 2009 年版，第 356 页。

转化都有自己的一定的最低限额。还有，马克思讲的不是任何一种"预付"，而仅仅是用于原料、劳动资料和工资上面的预付。恩格斯特别加以强调的是，马克思不是根据黑格尔把量转化为质的规律才得出预付款项达到一定界限时就变为资本，恰恰相反，马克思说："只有当价值额达到虽然因条件不同而有所不同但在每一个场合都是一定的最低限量时，它才能转化为资本——这一事实是黑格尔规律的正确性的证明。"① 也就是说，质量互变是客观的规律，不是单纯证明的工具。

为了驳斥杜林的攻击，恩格斯举出了自然界和社会生活中若干事例，进一步论证质量互变规律的客观性和普遍性。例如，温度的量的变化达到一定的转折点，引起水的聚集状态的质变；许多人协作，造成"新的力量"，这种力量和它的一个个力量的总和有本质的差别；碳化物的同系列，由于元素单纯数量的增加——而且总是按同一比例——而形成一系列在质上不同的物体。在化学中，差不多在任何地方，例如在氮的各种氧化物中，在磷或硫的各种含氧酸中，都可以看到量转化为质。最后，拿破仑也是量变转化为质变的一个证人。在他看来，要使存在于密集队形和有计划行动中的纪律的力量显示出来，而且要使这种力量胜过马匹较好、骑术和战法较精、勇敢至少相等而人数较多的非正规骑兵，就必须有最低限度的骑兵数量。

任何事物都是质和量的统一。由内部矛盾引起的事物的运动变化呈现出两种状态：一是量变，二是质变。首先是量变，由量变到质变，又由质变到新的量变，循环往复，以至无穷，这是自然、社会、思维发展的普遍规律。发展是在量变的基础上由旧质向新质的飞跃，是阶段性和连续性的统一。学习质量互变规律，就要自觉地

_____

① 《马克思恩格斯文集》第9卷，人民出版社2009年版，第132页。

按照事物发展的客观进程推动事物前进。

　　3. 驳斥杜林对《资本论》所运用的辩证方法的攻击，论述否定的否定规律。杜林攻击马克思的《资本论》，他说马克思证明社会革命的必然性，证明建立生产资料公有制的必然性，是挂了黑格尔否定之否定的"拐杖"，这又是无聊至极的捏造。事实上，马克思在《资本论》第一卷第二十四章，分析了资本主义积累的历史趋势，指出："从资本主义生产方式产生的资本主义占有方式，从而资本主义的私有制，是对个人的、以自己劳动为基础的私有制的第一个否定。但资本主义生产由于自然过程的必然性，造成了对自身的否定。这是否定的否定。"① 恩格斯说："当马克思把这一过程称为否定的否定时，他并没有想到要以此来证明这一过程是个历史的必然的过程。相反，在他历史地证明了这一过程一部分实际上已经实现，一部分还一定会实现以后，才又指出，这是一个按一定的辩证法规律完成的过程。"② 杜林断定否定之否定在这里执行了助产婆的职务，又一次把辩证法当成单纯证明的工具，这说明他对于作为世界观的辩证法的本性是一窍不通的。

　　为了驳斥杜林的攻击，恩格斯举出许多实例，论证否定之否定规律的客观性和普遍性。比如：大麦粒，麦的植株，新的麦粒；卵，蝴蝶，卵；旧岩层，岩层的毁坏，新岩层的形成；a，$-a$，a^2；x、y，dx、dy，x、y；原始公有制，私有制，社会主义公有制；古代唯物主义，唯心主义，现代唯物主义；平等，不平等，新的平等。恩格斯说："否定之否定究竟是什么呢？它是自然界、历史和思维的一个极其普遍的、因而极其广泛地起作用的、重要的发展规律；这一规律，正如我们已经看到的，在动物界和植物界中，在地

---

① 《马克思恩格斯文集》第 5 卷，人民出版社 2009 年版，第 873—874 页。
② 《马克思恩格斯文集》第 9 卷，人民出版社 2009 年版，第 141 页。

质学、数学、历史和哲学中起着作用。"①

　　为了揭示否定之否定的实质，恩格斯阐明了辩证否定观和形而上学否定观的对立。在形而上学看来，否定就是简单地说不，或宣布某一事物不存在，或用任何一种方法把它消灭。例如，如果我把大麦粒磨碎，我也就否定了大麦粒；如果我把昆虫踩死，我就否定了昆虫；如果我把正数 a 涂掉，我也就否定了正数 a，如此等等。可见，形而上学的否定观是把否定看成是主观任意的，是从外面强加给事物的；所谓否定就是简单抛弃、一笔勾销，其中没有任何保留和继承；这种恶劣的、没有结果的否定，只能是正常联系和发展的中断。与此相反，唯物辩证法认为，否定是事物的自我否定，是事物内部否定方面战胜肯定方面的结果，是一事物向他事物的转化，否定的实质是"扬弃"，既克服又保留，既变革又继承；从在事物前进发展中的作用看，否定是发展的环节，又是联系的环节。

　　由于否定根源于事物的内部矛盾性，辩证否定的实质是"扬弃"，所以，事物经过两次否定、三个阶段，大体完成一个周期。在否定之否定阶段，重复肯定阶段的某些特征、特点、方面，"在既得经验的基础上，重新达到了原来的出发点，但这是在更高阶段上达到的"。② 这表明，发展是一个由低级到高级的前进上升运动，是旧东西的灭亡和新东西的产生；同时，发展又是一个螺旋式的曲线运动。前进性和曲折性的统一，上升性和回复性的统一，是事物发展的趋势和道路，是否定之否定规律揭示的主要内容。否定之否定规律是普遍起作用的，不同事物由于其内部矛盾和外部条件的特殊性，否定的方式、曲折前进的具体情形，是各不相同的。

　　所以，在运用否定之否定规律时，对于每一个个别的特殊过程的特点，要进行具体分析，切不可把否定的否定当作公式到处

① 《马克思恩格斯文集》第 9 卷，人民出版社 2009 年版，第 148 页。
② 同上书，第 357—358 页。

套用。

学习否定之否定规律，要坚信事物前进上升的总趋势，坚信新生事物终究要战胜旧事物；同时又要看到发展道路的曲折性，反对直线式，自觉地遵循螺旋式上升、波浪式前进的规律，把事物推向更高的阶段。

4. 唯物辩证法是科学的世界观、方法论。唯物论和辩证法的有机统一。恩格斯在论证辩证法规律的客观性和普遍性时，提出了唯物辩证法的科学定义，他说："辩证法不过是关于自然、人类社会和思维的运动和发展的普遍规律的科学。"[①] 恩格斯在《自然辩证法》中还说过："辩证法是关于普遍联系的科学。"[②] 按照恩格斯的意见，唯物辩证法是研究联系和发展的，它研究的是联系和发展的一般规律，这些规律普遍存在于自然、人类社会和人们的思维三大领域中。唯物辩证法既然是关于联系和发展的普遍规律的科学，当然也就成为人们认识世界和改造世界的一般的科学的世界观和方法论，这是唯物辩证法的性质和作用。杜林攻击马克思的《资本论》借助于黑格尔辩证法的"拐杖"，论证货币转化为资本以及建立生产资料公有制的必然性，这说明他把辩证法当成了单纯证明的工具，对于辩证法作为科学世界观和方法论的本性根本不了解，也说明他把马克思的辩证法和黑格尔的辩证法混淆了。

马克思继承了黑格尔辩证法的合理内核。当资产阶级庸人把黑格尔当作一条"死狗"抛在一边的时候，马克思甚至说他要公开承认他是这位伟大思想家的学生。但是，马克思郑重地指出："我的辩证方法，从根本上来说，不仅和黑格尔的辩证方法不同，而且和它截然相反。在黑格尔看来，思维过程……是现实事物的创造主，而现实事物只是思维过程的外部表现。我的看法则相反，观念的东

---

① 《马克思恩格斯文集》第 9 卷，人民出版社 2009 年版，第 149 页。

② 同上。

西不外是移入人的头脑并在人的头脑中改造过的物质的东西而已。"① 恩格斯也说过，剥去黑格尔辩证法的神秘形式，阐明辩证法的单纯性和普遍性，这就是他的目的。《反杜林论》讲到辩证法的三条基本规律时，着力论述的正是这些规律的客观性和普遍性。

列宁说："恩格斯同杜林的全部斗争始终是在彻底贯彻唯物主义这个口号下进行的……在《反杜林论》的每一节中都是这样提出问题的：不是彻底的唯物主义，就是哲学唯心主义的谎言和糊涂观点。"② 他还说，为了向前推进唯物主义而不是重复旧的东西，恩格斯强调的是杜林特别缺少的辩证法。在讲辩证法的时候，恩格斯十分注意阐明它的唯物主义基础，划清马克思的唯物主义辩证法和黑格尔唯心主义辩证法的界限，正确处理主观辩证法和客观辩证法的关系。唯物论和辩证法的统一渗透在《反杜林论》的每一个哲学原理之中。

马克思主义哲学中唯物论和辩证法的有机统一。马克思主义的唯物论是辩证的唯物论，它的辩证法是唯物的辩证法。唯物论和辩证法的统一是马克思主义哲学科学性的一个重要表现。坚持唯物论和辩证法的统一，才能如实地反映客观世界的本来面目，才有科学的世界观和方法论，才能真正贯彻党的思想路线，做到从实际出发，使主观和客观相符合。形而上学的孤立性、静止性、片面性导致主观主义，在实际工作中是常见的；同样，离开唯物论讲辩证法，就会滑向诡辩，当然就更谈不到主观和客观相符合了。要做到一切从实际出发，既要坚持唯物论，反对唯心论，也要坚持辩证法，反对形而上学。

---

① 《马克思恩格斯文集》第 5 卷，人民出版社 2009 年版，第 22 页。
② 《列宁专题文集 论辩证唯物主义和历史唯物主义》，人民出版社 2009 年版，第 119—120 页。

三　《反杜林论》一书的主题及其给我们的启示

恩格斯在《反杜林论》第 2 版序言中讲到了这本书的主题思想。他说："消极的批判成了积极的批判；论战转变为对马克思和我所主张的辩证方法和共产主义世界观的比较连贯的阐述。"①

《反杜林论》全面阐述了共产主义世界观，系统论述了马克思主义的三个组成部分及其内在联系。《反杜林论》对唯物辩证法的阐述也是详尽而系统的。这本书展开论述了三大领域的辩证法，即自然辩证法、历史辩证法和思维辩证法；深入探讨了辩证法的一系列理论问题，其中包括辩证法几个形态的历史考察，辩证法和形而上学的对立，唯物辩证法的基本规律，唯物辩证法的对象、性质、作用。需要指出的是，恩格斯把辩证方法和共产主义世界观并列地提出，绝不意味着辩证法独立于共产主义世界观之外，恰恰相反，它表明了辩证方法渗透于共产主义世界观之中，辩证方法对形成共产主义世界观起了十分重要的作用。

《反杜林论》问世已经 137 年了。今天，重温恩格斯的这部伟大著作，把握它的主题思想——辩证方法和共产主义世界观，对于正在进行社会主义现代化建设的中国共产党和中国人民来说，有哪些重要启示呢？

《反杜林论》给我们的启示可以归结为一点，这就是科学社会主义的理论和实践，必须以科学的哲学世界观为理论基础。马克思主义的三个组成部分是有机联系的统一整体。马克思、恩格斯运用他们的哲学世界观特别是唯物辩证法，解剖资本主义的经济，发现

---

①　《马克思恩格斯文集》第 9 卷，人民出版社 2009 年版，第 11 页。

了资本主义矛盾运动的规律，得出社会主义代替资本主义的结论。今天，我们应当牢牢掌握马克思主义的哲学世界观，把唯物辩证法作为伟大的认识工具，研究我国社会主义建设和改革中所遇到的矛盾及其运动规律，找出解决矛盾的正确方法，推动我们的社会主义事业向前发展。为此，以下几个问题是应当予以辩证的认识和解决的。

第一，辩证地认识和解决马克思主义基本原理同各国具体实际相结合的问题。科学社会主义创始人的最大功绩是发现人类社会发展的一般规律，论证社会主义代替资本主义的必然性。至于未来社会是怎样的，他们不愿意也从没有做更多的描绘，像过去的许多空想社会主义者所做过的那样。马克思、恩格斯曾多次表示，他们的学说阐明的是一般规律，提供的是基本原理。恩格斯说："马克思的整个世界观不是教义，而是方法。它提供的不是现成的教条，而是进一步研究的出发点和供这种研究使用的方法。"① 所以，辩证地认识和解决马克思主义基本原理同每一个国家的具体实际相结合的问题，始终是坚持和发展科学社会主义理论的关键，是摆在各国无产阶级政党面前的最大课题。列宁领导俄国十月社会主义革命遇到的是这个问题；中国共产党无论在新民主主义革命时期，还是在社会主义革命和社会主义建设时期，面临的也是这个问题。各国共产党人给马克思主义理论宝库添加了多少新东西，在实践中做出了多少业绩，都同这个问题的成功解决紧密相关。我们党总结了正反两方面的历史经验，将其概括为这样一个基本结论：把马克思主义的基本原理同我国的具体实际相结合，走中国特色的社会主义建设道路。

第二，辩证地认识和解决实现共产主义的最高理想同一定历史

---

① 《马克思恩格斯文集》第 10 卷，人民出版社 2009 年版，第 691 页。

阶段的具体任务的关系。共产主义作为完整的社会形态，是一个历史的发展的过程。由于成熟程度的不同，共产主义分为高级阶段和低级阶段。社会主义社会是共产主义的第一个阶段或低级阶段。同样，作为共产主义第一个阶段的社会主义社会，也是一个历史的发展的过程。由于社会主义革命首先在经济文化不甚发达的国家取得了胜利，所以，这些国家的社会主义制度由不完善到完善，必然要经历很长的时间。辩证地认识和解决实现共产主义的最高理想同一定历史阶段的具体任务的关系，也是摆在各国共产党人面前的一个重要问题，必须在共产主义思想体系的指导下，根据一定的现实条件，确定每个具体历史阶段的任务和政策。既不可以把明天的事情硬搬到今天来做，又要自觉地在今天为明天做准备。我国已经建立了社会主义制度，进入了社会主义社会，这是毫无疑问的，但是，我们的社会主义制度还处在初级阶段。否认历史的必然性，无视我国的社会主义现实，企图把它引向资本主义，那是完全错误的。同样，看不到我们的社会主义尚处在初级阶段，生产力发展水平还不高的现实，企图把社会主义成熟阶段才可能办的事情勉强拿到现在来做，同样是非常错误的，在这方面我们有过痛苦的教训。

第三，辩证地认识和解决马克思主义理论中坚持与发展的关系问题。杜林把他杜撰的假社会主义模式说成永恒不变的终极真理。恩格斯在批判他的这个观点时，精辟地论述了真理观的辩证法，指明真理是无穷无尽的发展过程。

马克思主义学说是经过实践检验的颠扑不破放之四海而皆准的真理，我们一定要坚持马克思主义的基本理论，但是，马克思主义绝不是已经完成了的终极真理体系，它随着实践的发展而发展，在实践中不断开辟认识真理的道路。对于马克思主义，一要坚持，二要发展。有坚持，才有发展；有发展，才是真正的坚持。坚持和发展的统一是由马克思主义学说的内在本性决定的。把二者绝对对立起来，各执一端，或者否定马克思主义的基本原则，或者把马克思主义教条化，都是错误的。

21世纪的中国，马克思主义中国化已经成为我们当今时代的共识。正如党的十八大报告中指出的，实践发展永无止境，认识真理永无止境，理论创新永无止境。全党一定要勇于实践、勇于变革、勇于创新，把握时代发展的要求，顺应人民共同的愿望，不懈探索和把握中国特色社会主义的规律，永葆党的生机和活力，永葆国家发展的动力，在党和人民的创造性实践中奋力开拓中国特色社会主义更为广阔的发展前景。

自然辩证法[*]

  恩格斯的《自然辩证法》，是总结自然科学发展，特别是 19 世纪自然科学的新成就，阐述辩证唯物主义和历史唯物主义基本原理的一部哲学著作。这本书没有写完，在恩格斯生前也没有发表，但留下来的论文和札记，已显示出这本书的轮廓，其中所阐述的哲学和自然辩证法原理都非常深刻和丰富，有重大的理论意义和现实意义。

  《自然辩证法》的写作，与当时的社会政治背景、流行的哲学思潮和自然科学发展形势有密切联系。这个时期正是巴黎公社失败后欧洲无产阶级革命进入和平发展的时期，各国无产阶级正在积蓄力量，并从思想理论上武装自己；资产阶级则在从政治上、经济上加强对无产阶级的压迫和剥削的同时，在思想理论上也向无产阶级加紧发起了进攻。这时还出现了各种鼓吹唯心主义和形而上学思想的哲学流派，他们则歪曲自然科学材料论证自己的理论以欺骗群众并在社会上流行。当时的自然科学理论研究领域也比较混乱，一些科学家在新的科学发现面前由于缺乏唯物主义和不懂辩证法，反而接受了唯心论、形而上学和不可知论，有人甚至误入信仰主义歧途，与自然科学的宗旨背道而驰。

---

  * 《马克思恩格斯文集》第 9 卷，人民出版社 2009 年版，第 399—563 页。

为了用马克思主义世界观武装无产阶级，有必要运用新的自然科学材料进一步阐述马克思主义哲学原理，批判各种错误的哲学思想，这迫使恩格斯努力研究自然科学中的辩证法，下决心写《自然辩证法》。从 1873 年到 1876 年，恩格斯搜集了大量自然科学材料，写了两篇论文和一些札记。1876 年 9 月，恩格斯写《反杜林论》，利用了写《自然辩证法》时所准备的材料。1878 年 6 月以后，他继续写《自然辩证法》，直到 1883 年 3 月马克思逝世而中断。1925 年，苏联根据《自然辩证法》手稿的照片加以编辑，第一次在莫斯科以德俄对照本出版，《自然辩证法》由此流行于世界，传到中国。

在 1873 年 5 月 30 日恩格斯给马克思的信中，已经表述了《自然辩证法》全书的线索、体系结构和大致的轮廓。从留下的 2 个计划草案、10 篇论文和 169 个札记片断可以看出，全书大致可以分为六个部分，即导言、自然科学和哲学的关系、辩证法、物质的运动形式、各门自然科学中的辩证法、自然界和人类社会的联系等。现代自然科学的进步和社会发展要求哲学实现变革，建立新观念和新理论。这本书的材料虽然比较古老，但恩格斯在上述方面提出的许多一般性的哲学原理，到今天仍然具有普遍意义，值得我们认真研究和汲取，用以推动科学、哲学和社会的发展。

由于前面已经选了恩格斯的《反杜林论》和《路德维希·费尔巴哈和德国古典哲学的终结》等书中的许多章节，为了避免重复，所以这里只选了《自然辩证法》一书中的部分章节。内容包括"《反杜林论》旧序。论辩证法"、"自然科学和哲学"（札记）、"（A）辩证法的一般问题。辩证法的基本规律"、"（B）辩证逻辑和认识论。关于'认识的界限'"。下面就按章节的顺序和其中的理论内容，分为几个问题进行解说。

一　哲学与自然科学的关系

"《反杜林论》旧序。论辩证法"是恩格斯在 1878 年夏天为《反杜林论》一书出版所写的序言。序言的前面是讲《反杜林论》的写作目的和经过,后面的许多段落则论述了哲学与自然科学相互作用的关系。

（一）19 世纪自然科学的发展促进了唯物辩证法的产生

资本主义大工业的发展,为近代自然科学提供了新的事实材料、新的实验仪器设备,这使自然科学的各个部门都有较大发展。力学、天文学,还有研究复杂运动形式的科学,如物理学、化学、生物学、地质学等,都相继建立并取得了研究成果。自然科学从主要搜集材料、分门别类地研究事物转到整理经验材料和做出理论概括方面,成为关于客观事物的发生和发展以及把许多过程结合为一个整体联系的科学。19 世纪,自然科学各个领域取得的重大成就沉重地打击了陈腐的形而上学,把它弄得千疮百孔,同时又为辩证唯物主义和唯物辩证法的确立提供了科学证据。19 世纪,自然科学的重大成就有以下几方面:

天文学中康德的星云假说。这是在 1755 年由德国哲学家康德提出的。他在发表的《自然通史和天体论》中阐述了天体起源的星云假说。康德认为,地球和整个太阳系是在时间进程中逐渐生成的东西。在宇宙早期,太空中充满了极其稀薄和不停变化的物质微粒即星云,在引力作用下逐渐凝聚成团块并形成中心天体（太阳的前身）和行星,最后形成卫星系统。这种理论自动取消了第一推动问题,打击了神学和形而上学的宇宙论,恩格斯高度评价了康德的星云假说的哲学意义和科学方法论意义，认为星云假说在僵化的自然观上打开了第一个缺口；康德的这个天才发现中"包含着一切继续进步的起点"①。如果自然科学家不像牛顿那样厌恶理论思维，而接受康德星云假说中所包含的新的思想方法，并立即沿着这个方向坚决地继续研究下去，就可免走弯路，并节省在错误方向下所浪费的时间和精力，那么自然科学就会进步得多。可是，由于形而上学的顽固统治，康德的著作没有产生直接的结果，没有受到重视，这是科学史上的深刻教训。

在地质学领域，赖尔的地质渐变说批判了居维叶的灾变论。康德的演化思想首先在地质学中得到支持。恩格斯评价赖尔提出的渐变说"第一次把理性带进地质学中"，这种理论更和有机物种不变这个假设不能相容。如果科学家注意运用这一理论去进行科学研究，是有可能得出有机体不断变化和物种可变的结论的。可是赖尔本人没有看到这个矛盾，他的学生更没有看到。其原因是当时自然科学分工很细，许多科学家都局限在自己的专业领域内，被夺去了全面观察问题的能力，只有少数人例外。

物理学发现的能量守恒与转化定律，也打击了形而上学。1842年，迈尔、焦耳、格罗夫等人几乎同时都发现了从热到机械力和从机械力到热的转化，证明了一切形式的能量（所谓的物理力），如机械力、热、光、电、磁以至所谓化学力，在一定条件下都可以互相转化而不发生任何能量的损失。这就用物理方法证明了笛卡尔的哲学原理，世界上存在的运动的量是不变的。更重要的是，这一发现打破了形而上学者所主张的各种运动形式和各种形式的能量是互不相干的观点，指出各种物理力的存在不是偶然的，只是按照一定规律相互转化的物质运动形式。恩格斯认为，能量守恒和转化定律

---

① 《马克思恩格斯文集》第 9 卷，人民出版社 2009 年版，第 414 页。

的发现达到了一种结果，这种结果必然指出运动着的物质的永远循环是最终的结论。

化学惊人迅速的发展，特别是用无机的方法制造出过去一直只能在活的机体中产生的化合物，这填平了康德所提出的无机界和有机界之间存在着永远不可逾越的鸿沟的观点。近代化学证明化学定律对于有机物和无机物是同样适用的，这就从另外向旧自然观进行了攻击。

生物学中细胞学说和达尔文的进化论给形而上学自然观的打击更大，它同能量守恒与转化定律等科学一起发现，确立了辩证唯物主义哲学观。由于资本主义生产的发展，18 世纪中叶到 19 世纪以来，有系统的科学施行和科学实验，还有一些专家在世界各大洲进行的精密考察，收集了大量的生物学材料，这就有条件应用比较的方法，到 1859 年达尔文建立了科学而系统的生物进化论。在此之前，1838 年，德国植物学家施莱登提出了植物的细胞结构理论；1839 年，德国动物学家施旺进一步建立了整个生物界都是由细胞构成的理论。施旺用了大量的材料证明了动物和植物的构造原则相同，它们的一切组织结构都能由细胞产生出来，从而打破了动物界和植物界之间的壁垒。这一切，都证明了整个有机界的内在联系和有机统一。此外，1759 年，德国生物学家卡·弗·沃尔弗就第一次提出了物种可变的思想，用种源说攻击了物种不变的观点，恩格斯称这是"天才的预见"。因为，到奥肯、拉马克、贝尔手里才有科学的确定形式，而在此后整整过去 100 年达尔文才建立了科学的进化论。这两个发现的重要意义在于使有机界和无机界之间的鸿沟缩减到最低限度，"给了自然科学中的'目的论'以致命的打击"①。

上述科学成果都从不同角度证明"在自然科学中，由于它本身

①《马克思恩格斯文集》第 10 卷，人民出版社 2009 年版，第 179 页。

的发展，形而上学的观点已经成为不可能的了"；同时，也从不同方面给辩证唯物主义提供了科学依据。恩格斯认为，到19世纪，新的自然观的基本点完备了：一切僵硬的东西溶化了，一切巩固的东西消散了，一切被当作永久存在的特殊东西变成转瞬即逝的东西了，整个自然界被证明是在永恒的流动和循环中运动着的。其实，早在古希腊时期就出现了辩证的哲学思想。19世纪的辩证自然观只是希腊哲学的复归，其基本观点相同，都承认整个自然界处于永恒的产生和消灭中，处于不断的流动中，处于无休止的运动和变化之中。它们有一个本质的差别，就是希腊的辩证法思想只是"天才的直觉的东西"。而19世纪的辩证唯物主义是以实验为依据的研究成果，具有比较正确和明白的科学形式。尽管在一些细节问题上，实验证明还有缺陷，但这对已经确立的总的观点来说是无足轻重的，随着自然科学的进一步发展就很快弥补起来了。可见，唯物辩证法并不是古代辩证法的简单重复，而是在科学进步基础上的更高发展。

从恩格斯时代到20世纪80年代，已有整整100年，科学技术的高度发展不是抛弃了辩证的哲学观，而是为之提供了众多有力的证据，进一步证实和丰富了它的理论内容。现在，人类对自然界的认识已经从广度和深度上大大向前扩展了，在宏观、微观、渺观（超微观）、宇观、胀观（超宇观）等方面都有新的发展。科学家观测到100亿光年广阔无限的空间领域，追溯到100亿年以前的时间范围，探索人类观测所及的宇宙的物理构成及其演化机制，建立了多种宇宙模型。目前，对具体机制虽然还存在不同的看法，但我们的宇宙是由特殊形态的物质自我演化而成的已成定论。在认识原子核结构之后，又探讨核子的结构，发现了夸克（层次）和证实了胶子的存在。许多事实还预示着夸克以下具有一定结构，这说明物质有无限的微观层次，"基本"粒子并不基本，物质有共同的统一结构。在生物学中，科学家已经从细胞层次进入亚细胞和分子水平，发现了生命的主要物质——核酸及其双螺旋分子结构，发现了遗传密码。这既揭开了生命有机界更深的联系，也从更深的层次填平了无机界和有机界之间的鸿沟。此外，相对论与引力理论的研究，量子力学的进展，化学中量子化学、结构化学的建立，地质学中板块学说的提出，脑科学的发展，还有系统、信息、控制理论的飞跃，更为辩证唯物主义自然观提供了科学的证据。这都说明，世界是由各种各样的运动着的物质组成的相互联系的统一体。它们不断变化发展，相互转化，表现出物质世界的辩证本性。辩证唯物主义的基本观点是经过长期的历史考验的，今天又被 20 世纪的自然科学成果所证实。

（二）辩证法对自然科学研究有重大指导意义

19 世纪，自然科学的成果证实了唯物辩证法，它的发展走进了理论的领域，要求助于理论思维，迫切需要唯物辩证法。理论思维是人的一种特殊的能力，这种能力要加以发展和锻炼，而锻炼的最根本手段就是学习以往的哲学。每个时代的理论思维都是历史的产物，有不同的形式和内容，是关于人的思维的历史发展的科学。辩证法总结了人类思维的成果，它对自然科学的理论研究有十分重要的意义。

1. 辩证法为自然科学提供了新的思维形式。自然科学研究需要理论思维，而它是历史的产物，不会一成不变。随着社会的发展、科学和哲学的进步，不同时代的理论思维有不同的内容和形式。各种思维形式对自然科学的发展有不同的作用和影响。古希腊亚里士多德提出的逻辑学和辩证思维方法，对人类的思维活动和自然科学发展有巨大的影响和作用。近代思想家培根和笛卡尔的思想方法对近代自然科学的兴起起到了积极作用，但是，到 19 世纪，自然科学发展到较高水平，其主要任务是综合整理长期积累下来的材料，建立新的理论，因此，需要有与之相应的新的思维方式。恩格斯认为，自然界是按照辩证法的规律发展的，揭示自然界的发展也要依靠辩证法。恰好辩证法对今天的自然科学来说是最重要的思维形式，因为只有它才能为自然界中所发生的发展过程，为自然界中的普遍联系，为从一个研究领域到另一个研究领域的过渡提供类比，并从而提供说明方法。

2. 辩证法能为自然科学建立理论提供一个准则。辩证法是历史发展的产物。学习辩证法思想的形成历史，熟悉各个不同时代出现的关于外在世界的普遍联系的见解，对自然科学理论的研究十分有用。因为，它能够为理论自然科学本身所建立起来的理论提供一个准则，好好地总结历史经验，避免理论上的错误。在自然科学史上常常表现出一些科学家对哲学史不熟悉，把哲学中好几百年以前的而且被哲学所废弃了的命题又加以应用，把它当作全新的智慧，一个时期内还成为时髦的东西。例如，思想家弗·培根在《新工具》（1620 年版）中就提出了热是运动的观点，可是没有被科学家们重视，而是直到 18 世纪热素说在法国出现，并在欧洲大陆被接受。直到 19 世纪中期人们才抛弃热素说，接受了热运动说。运动在量上的不变性早就由哲学家笛卡尔指出了，他所使用的词句和 19 世纪的科学家克劳胥斯或迈尔的话差不多相同。而能量守恒和转化定律却直到 1842 年才被发现，其中新的东西只是运动形式的转化思想，而量方面不变却是过去笛卡尔早就提出的。如果科学家了解哲学史，熟悉辩证唯物主义哲学思想的发展，就可以从中得到启发，开拓思路，克服理论研究中的困难。可是，在 19 世纪的欧洲却有许多科学家不理解这一点。正当自然过程的辩证性质充分暴露出来，以不可抗拒的力量迫使人们承认它，只有辩证法能够帮助自然科学战胜理论困难的时候，人们却把辩证法和黑格尔派一起抛到大海中去了，又无可奈何地沉溺于旧的形而上学中，这是多么可叹啊！

二　自然科学家总会受哲学的支配

恩格斯所写的《自然科学和哲学》中的两条札记，连同《〈反杜林论〉旧序。论辩证法》的论文，还阐述了一个重要的道理：任何自然科学家都离不开哲学，不管自然科学家采取什么态度，他们总会受到哲学的支配，问题只在于受到什么样的哲学支配而已。

（一）自然科学研究需要理论思维

自然科学是人类研究自然界认识活动科学的一种。这需要运用思维，掌握一定的认识论和方法论，所以自然科学从来就与哲学联系，相互作用，相互影响，共同向前发展。

恩格斯总结自然科学发展的历史经验，批评了从十七八世纪开始的忽视哲学和侮辱哲学的经验主义思潮，论述了自然科学研究离不开哲学的道理。早在十七八世纪，许多自然科学家就接受了牛顿所讲的话：物理学，当心形而上学啊！这里的形而上学，牛顿不是指与辩证法相对立的那种形而上学，而是泛指一般的哲学。科学家们相信经验主义，忽视理论思维，所以厌恶和拒绝一切哲学。这一思潮直到19世纪还盛行不衰。这有其历史原因，以往受思辨哲学的影响，不利于实验研究，这使一些科学家在科学研究中却从摆脱这种哲学走向了抛弃一切哲学。其实，摆脱一切哲学是不可能的。恩格斯认为，自然科学家相信，他们只有忽视哲学或侮辱哲学，才能从旧哲学的束缚中解放出来，可是却没有做到，这个教训是应该吸取的。

科学家进行研究工作，离开了思维便不能前进一步。要思维就必须运用逻辑范畴，而这些范畴，如物质、运动、时间、空间、因果性等都是最一般的概念，属于哲学的范围。自然哲学本身，某个具体的科学部门都不能创造它，还必须求助于哲学。自然科学家要使用这些范畴必须进行选择，而这也要依靠一定的哲学观。恩格斯认为，19世纪的许多科学家在研究过程中已经使用了许多哲学范畴，可惜这不是在正确哲学观指导下取得的，而是盲目地从那些被早已过时的哲学的残余所统治着的所谓有教养者的一般意识中取得的，或者是从大学必修课中所听到的一点儿哲学中取来的，或者是从无批判地和杂乱地读到的各种各样的哲学著作中取来的。这些哲学不仅是片断的东西，很不系统，而且是各种不同学派的观点的混合物，是一些坏的学派的观点的混合物，所以，许多自然科学家并没有离开哲学，却完全做了哲学的奴隶。遗憾的是大多数人都做了最坏哲学的奴隶，那些侮辱哲学最厉害的人恰好是最坏哲学的最坏、最庸俗的残余的奴隶。

问题不在于自然科学会不会接受哲学的支配，科学受哲学支配，这是不可抗拒的客观规律。不管科学家采取什么样的态度，他们还是得受哲学的支配。重要的是必须研究科学家究竟应该要受什么样的哲学支配。好的哲学推动科学前进，坏的哲学则会阻碍科学发展。科学家们是愿意接受某种坏的时髦哲学的支配呢，还是愿意受一种建立在通晓思维的历史和成就的基础上的理论思维，即辩证唯物主义哲学的支配呢？在这里，必须做出果断的抉择，它关系着科学研究的成败。

通晓人类理论思维规律的哲学，就是辩证法，也就是辩证唯物主义哲学。同时，恩格斯也论证了辩证法对于促进自然科学发展的作用。他认为，从15世纪后半期开始到十七八世纪，各门自然科学都得到了巨大发展，积累了丰富的经验材料，科学已经从以搜集材料为主转变为以整理材料为主。为了整理这些材料，建立各个知识领域间的正确联系，研究工作便进入了理论的领域，于是经验主义的方法就不行了，这就一定要求助于理论思维，采取辩证的方法。事实上，19 世纪以来，一些有创建的自然科学家，如迈尔、赖尔、达尔文等人，就是因为他们注意运用思维，总结科学史上的思想资料和实验材料，才提出了一系列符合辩证法的划时代的自然科学理论的，这突出地体现了理论思维的威力。可是，对于大多数科学家来说，却仍然受经验主义和形而上学的思想方法的统治，在研究工作中艰苦摸索，缓慢前行。虽然他们为了解决理论困难也被迫研究哲学，但在社会的影响下，他们仍然被旧的哲学残渣，即当时流行的庸俗唯物主义、新康德主义、实证主义等哲学思潮所困扰。也正因为许多科学家满足于旧的形而上学的哲学残渣，这些旧的哲学才得以苟延残喘，仍然占据学校的讲坛，统治着科学研究的领域。恩格斯认为，只有辩证法才能帮助自然科学家战胜理论上的困难，也只有自然科学和社会科学在接受了辩证法的时候，一切哲学残渣才能被清除，才能在科学领域中消失。

（二）自然科学家应该自愿地研究辩证哲学

19 世纪的自然科学家自己已经感受到了各种混乱思潮的统治，当时流行的哲学是绝对不能给他们出路的。但是到底怎么办呢？如何摆脱困境呢？

一条出路是通过对自然科学自身的研究、自发地达到辩证法。恩格斯肯定了这条道路是存在的。因为，自然界本身是按照辩证法规律发展的。一个科学家只要刻苦地进行科学研究，不带任何主观偏见如实地反映客观自然界，忠实于实验材料，是能够揭示出客观规律和建立科学理论，自然地达到辩证法和摆脱形而上学的束缚的。不少杰出的自然科学家都做到了这一点，但这是不自觉的。恩格斯认为，这是一条自发的道路，曲折而漫长，要克服许多困难，得到的辩证法思想也是不坚定、不彻底的。

另一条出路是通过对辩证法哲学的学习，自觉地达到辩证法。恩格斯认为，理论思维仅仅是一种天赋的能力，这种能力必须加以发展和锻炼。为了进行这种锻炼，除了学习以往的哲学外，现在还没有别的手段。同时，如果自然科学家愿意自觉地从历史存在的形态中仔细研究辩证哲学，就可以使达到辩证法的这一过程大大缩短。当然，我们的科学工作者应该选择后一条道路。

在辩证法的历史形态中，哪些形态对近代自然科学特别有效呢？恩格斯认为有两种形态：第一种形态是希腊哲学；第二种形态是从康德到黑格尔的德国古典哲学。

古希腊哲学把自然界当作一个整体，从总的方面加以考察，首先看到的是自然现象的相互联系和相互作用，整个自然界的运动变化，它的整体轮廓和面貌。由于当时生产水平和科学水平很低，缺乏实验根据，所以这种哲学观点只能是直接的、直观的和朴素的，存在着严重缺陷，还带有臆测的性质，后来不得不屈服于另外一种观点，但是，它在本质上仍然是一种正确的世界观，存在着胜过它之后的一切形而上学世界观的优点。在细节上，形而上学比希腊人要正确些；总的方面，希腊人却比形而上学要正确。它给以后的自然科学留下的是朴素的辩证法，是从整体上考察自然的正确的思想方法。在希腊哲学的多种多样的形式中，差不多可以找到以后各种观点的胚胎、萌芽。理论自然科学家想要追溯自己今天的一般原理发生发展的历史，就得追溯到希腊哲学那里去，因此，熟悉希腊哲学对理论自然科学研究有重要的借鉴和启发作用。

以康德和黑格尔为代表的德国古典哲学包含着光辉的辩证法思想。早期，康德的自然哲学中有辩证法思想，他得出了太阳系产生的理论和地球自转由于潮汐而受阻碍的理论，对 19 世纪的自然科学有巨大影响。恩格斯认为，这是两个天才假说。没有这两个假说，今天的理论自然科学便不能前进一步。但是，到后来，康德的思想，特别是康德的整个哲学体系却是唯心主义、不可知论和形而上学的，所以，恩格斯说要从康德那里学习辩证法是白费力气和不值得做的工作。

黑格尔却对辩证法做了十分详细的考察。尽管黑格尔哲学是从完全错误的出发点发展起来的，但在黑格尔的哲学著作中却有一个广博的辩证法纲要，所以对它进行研究是有重要意义的。恩格斯认为，在研究黑格尔哲学的时候首先应该明确不能保卫黑格尔哲学的出发点，它的出发点是完全错误的。把精神、思想、观念当作本原的东西，认为现实世界只是观念的摹写，这是唯心主义的观点，已经被唯物主义哲学家费尔巴哈摈弃了。另外，不要保存黑格尔封闭体系内的独断内容。其实，随着唯心主义出发点的没落，在这个出发点上构成的体系，特别是黑格尔的自然哲学也没落了。可是，自然科学受流行的折中主义和形而上学的影响，这些哲学又满足不了自然科学发展所产生的理论需要，在这种自然科学理论需要得不到满足又无依无靠的情况下，对于自然科学家来说应该是不会拒绝黑格尔的辩证法的。但是刚好相反，许多自然科学家却拒绝接受黑格尔的辩证法，有许多人甚至把它当"死狗"看待。这有其客观原因，也有黑格尔哲学本身的思辨性质和封闭体系的原因，所以，就这方面看，自然科学家反对黑格尔的论战是对的，因为许多科学家反对黑格尔的目标只有两点：一是它的唯心主义的出发点；二是它不顾事实的任意构造体系。从本质上来说，并不是在反对他的辩证法。

马克思的功绩是剥去了黑格尔哲学的神秘外衣，显示出了它的辩证法思想，并改造了黑格尔的辩证法，将被遗忘的辩证法提到了显著地位。马克思将辩证法与唯物主义结合起来，奠定在现实基础上，创立了唯物辩证法。马克思认为，辩证法在黑格尔手中被神秘化了，在他那里"辩证法是倒立"着的，必须把它再倒立起来，以便发现其神秘外壳中的合理内核。尽管黑格尔的辩证法有许多致命的弱点，但我们仍然不能贬低它，因为黑格尔是在哲学史上第一个有意识地全面叙述了辩证法一般运动形态的人。

恩格斯用科学史上发生的燃素说和热素说的事例作类比，说明对黑格尔的辩证法也不应该持简单抛弃的态度。科学史上也常常遇到这样一些理论，在这些理论中真实的关系被颠倒了，映像被当作原形，也必须把这些理论倒过来。在有些科学研究过程中，通过观察和实验取得的材料是可靠的，但对它的解释是错误的，有时这两者还交织在一起。只有随着科学实践的进一步发展，最终才能复原事物的本来面目。例如，17世纪末18世纪初，德国化学家施塔尔提出燃素说。这种理论认为，一切可燃物中都含有一种特殊的物质，这种物质就是燃素，燃烧过程就是可燃物放出燃素的过程。后来，给燃烧现象进行量的精确分析，发现金属煅烧后，重量不是减少，而是增加了，暴露了燃素说的缺陷。随后的化学实验发现了氧气，拉瓦锡才创立了科学的燃烧理论——氧化学说。氧化学说抛弃了燃素说，却保留了其中的实验材料的研究结果，实际上是把燃素说的理论顺过来了。热素说也是如此。在17世纪到18世纪，一些科学家根据热实验的材料对热现象提出热素说，认为有一种没有质量、没有体积的特殊物质，即热素存在。物体含这种物质越多，温度就越高；热的传递就是热素从高温物体到低温物体的流动，但在此期间，弗·培根、波义耳、牛顿等人就提出了热是运动的思想。后来，人们发现热素说无法解释摩擦生热等现象，便开始进行新的实验，到19世纪上半叶，经过实验证明，才承认热是一种特殊运动，承认热现象和分子运动相联系，才用热运动说代替了热素说。这里不是简单的抛弃，而是吸收了热素说研究中的全部成果，把热素说也顺过来了。对于自然科学研究来说，从中应该吸取的教训是不论在自然科学领域还是历史科学领域，都必须从既有的事实出发，因而在自然科学中必须从物质的各种实在形式和运动形式出发；因此，在理论自然科学中也不能虚构一些联系放到事实中去，而是要从事实中发现这些联系，并且在发现了之后，还要尽可能地用经验去证明它。

除注意以上辩证法的两种历史形态外，更重要的当然是学习马克思主义的辩证法了。因为，马克思改造了黑格尔的辩证法，将唯物论与辩证法结合起来，用科学论证了唯物辩证法。这是"合理的辩证法"，对自然科学是行之有效的，应该自觉地掌握和应用它。

三 辩证法的一般问题

《自然辩证法》（札记）、《（A）辩证法的一般问题。辩证法的基本规律》，主要论述了唯物辩证法的基本规律和几对重要范畴。

（一）同一和差异，评抽象的同一性

恩格斯很注意运用对立统一观点分析同一和差异的辩证关系，同时他还批判了形而上学的抽象的同一性。因为，旧形而上学意义上的抽象的同一性是旧世界观的基本原则，形而上学所理解的同一性是抽象的同一性。他们认为 a = a，每一个事物和它自身同一，一切都是永久不变的，太阳系、星球、有机物都是如此。在抽象的同一性看来，同一是不包含差异的，同一事物内部没有矛盾，所以也不包含变化和发展。提倡这种观点的人还有一个原因，就是他们歪曲了形式逻辑的同一律。

其实，形式逻辑的同一律与形而上学的抽象的同一性在形式上虽然相同，但实质是不相同的。形式逻辑的同一律其公式也是 a = a，它是要求人们在推理过程中保持概念的同一性，即要求概念的含义前后一致，不发生偷换概念或混淆概念的错误，这是初级的思维规律，是思维活动必须遵守的基本规律。形而上学却把它绝对化，把它当成了客观事物本身的规律，这就走上了错误的道路。

恩格斯指出，抽象的同一性在自然界是不存在的，这个命题在每个场合都被自然科学一点一点地驳倒了。例如，无机界就是不断变化的，地质是这种不断变化的历史。在地面上是机械变化、化学变化，在地球内部是压力（机械的变化）、热、化学变化以及大规模的变动（地面凸起、地震等）。在有机界抽象的同一性更不适用。生物生存的每一个瞬间既和自己同一，又和自己相区别。生物从诞生到死亡始终是生物，这是同一性的表现；但是从胚胎、幼年、成年、老年直到死亡经历了不同的生命阶段，都有部分质的变化，这说明同一性中是包含差别和变异的。生物进化论提出物种是可变的，更证明有机界不存在抽象的同一性。

辩证法也讲同一性，但这是具体的同一性，主张同一性中是包含差异的。一切事物在一定条件下其性质保持相对稳定，事物与它自身是同一的。同时，事物又存在着内在矛盾，有转化为自己的对立面的可能性。同一中包含差异，差异中存在同一，这就是辩证的同一性。

抽象的同一性实际上是不存在的，但它作为一种分析方法是不是一点用处也没有呢？当然不是。恩格斯认为，抽象的同一性像形而上学的一切范畴一样，对日常生活是足够用的，只是在很小的范围或很短的时间内。这也就是说，当我们考察的问题范围很小、时间很短、事物的变化很小而且极不显著的情况下，是可以将变化忽略不计用抽象的同一性来处理这类问题的。抽象的同一性所能适用的范围，差不多在每一个场合都不相同，并且由研究对象的性质来决定。如果超出这个界限，抽象的同一性就不能适用，而必须用辩证的具体的同一性了。

（二）偶然性和必然性

恩格斯在这里比较完整地论述了偶然性和必然性这对哲学范畴的辩证关系。

恩格斯依据对立统一的观点，认为必然性和偶然性这两个范畴既是相互对立、相互排斥的，又是相互联系、相互统一的。必然性只有同偶然性相联系，才成其为必然性。同时，偶然性也只有与必然性相联系，才成其为偶然性。因此，绝对不能将本来就相互联系的这两个范畴任意地分割开。

可是，形而上学却陷入了偶然性和必然性的尖锐矛盾中。很难想象偶然的东西是必然的，而必然的东西又是偶然的。在19世纪，大多数自然哲学家也都把必然性和偶然性看作是永远互相排斥的两个范畴。

为了澄清混乱，阐明必然性和偶然性的关系，恩格斯批判了形而上学在这个问题上的两种错误观点。

第一种观点是把必然性和偶然性绝对地分割开来。持这种观点的人认为，一个事物、一种关系、一个过程，不是偶然的，就是必然的，但不能既是偶然的，又是必然的，二者并列地存在于自然界中。自然界包含着各种各样的对象和过程，其中有些是偶然的，另一些是必然的，不能把这两类过程混淆起来。按照这种观点，一些自然科学家把生物种属的决定性状看成是必然性的，把同一种属类个体间的差异看成是偶然性的。这样的结果认为必然性是唯一在科学上值得注意的东西，而偶然性的东西倒是对科学无足轻重的东西。恩格斯指出，这实际上是把纳入规律的，因而我们知道的东西当作值得注意的；凡是不能纳入规律的，因而我们不知道的东西当作无足轻重的。这样，一切科学就都完结了，因为科学正是要研究我们所不知道的东西。国外有人主张"科学是偶然性的敌人"，实质上就是上面这种观点的反映。

第二种观点是机械决定论，力图用根本否认偶然性的办法来对付偶然性。持这种观点的人认为，在自然界中，占统治地位的只是简单的直接的必然性。一个豌豆荚中有几粒豌豆，某条狗的尾巴多长，一只蜜蜂在什么时间给某朵苜蓿花授粉，等等，这一切都是由一种不可更改的因果连锁，由必然性所决定的。恩格斯指出，承认这种必然性，我们还不能从神学的自然观中走出来，这种必然性仍旧是一句空话。科学如果沿这种方向去探索，那就不再是什么科学，而只是纯粹的游戏了。这种观点看起来是强调和提高必然性，而实际上却是把必然性降低为纯粹的偶然性。

在批判这两种观点的同时，恩格斯揭示了偶然性和必然性的辩证关系。他指出："被断定为必然的东西，是由纯粹的偶然性构成的，而所谓偶然的东西，是一种有必然性隐藏在里面的形式。"① 偶然性和必然性是相互依存的两极，一极已经作为胚胎存在于另一极之中，所以在一定条件下二者相互转化。恩格斯认为，达尔文的生物进化论就不自觉地体现了这种观点。生物界各个物种内部的各个个体间出现有无数偶然的差异，这些差异发展到一定程度，差异增大，可能突破物种的特性。达尔文正是看到了这样一些偶然的差异，才不得不怀疑原有的形而上学的固定不变的物种的概念。的确，由于外界条件的变化引起的偶然差异，经过积累可以变成必然性状，形成新的物种，这可以说成是偶然性转化为必然性；相反，某一生物物种的必然性状，经过退化，可能变成该物种内各个个体可有可无的性状，成为偶然的东西，这实际上是必然性转化为偶然性。可见，达尔文学说是必然性和偶然性内在联系的观点在实际中

---

① 《马克思恩格斯文集》第4卷，人民出版社2009年版，第299页。

的证明。

（三） 因果性与相互作用

世界上的一切事物都相互联系、相互制约，相互构成一定的因果关系。原因和结果是反映事物、现象之间引起和被引起的相互关联的一对重要范畴。对原因和结果的不同认识还形成了不同的因果观。

唯物辩证法的因果观和形而上学的机械论的因果观有本质的区别。

形而上学机械论的因果观把引起结果的原因分成两种：一种是作用原因，是一个物体引起另一个物体的运动变化，前者是主动引起者，是原因，后者是被动者，是结果；另一种是终极原因，一个结果是由一个原因引起，而这一个原因又是由另一个原因产生，如此连环，不断向前追索，可以追到最初的原因、原始的推动者。这样的划分是有其弊病的，它们把原因和结果绝对地对立起来了，容易歪曲原因和结果的内在联系；把原因划分为作用原因和终极原因，最后还会得出承认"第一推动力"的结论，甚至还会导致承认上帝的存在。

辩证唯物主义因果观运用唯物辩证法观察原因和结果的相互关系，认为原因和结果不是死板地彼此截然对立的关系。在一定条件下，一个事物可以是引起另一个事物产生的原因，而在另外的条件下，前一个事物又可能是后一个事物的结果，原因和结果既要相互作用，又能相互转化。恩格斯用相互作用这一范畴考察原因和结果，并且用自然科学材料去论证二者的辩证关系。他认为机械运动、热、光、电、磁、化学的化合和分解、聚集状态的转变、有机生命等，这一切都是相互转化、相互制约的。在这里是原因，在那里就是结果。运动着的物质尽管有各种不断变换的形式，但总和始终不变。机械运动转化为热、电、磁、光等，反过来，热、电、磁、光等也可能转化为机械运动。这也就是说，原因和结果不是固定不变的，通常说某一事物是引起另一事物的原因，或某一事物的发生是某种原因引起的结果，都是针对特定条件而言的。

恩格斯不同意形而上学和机械论关于终极原因的说法，而主张从相互作用的范畴分析事物发生的最后原因。他认为，如果我们认识到物质的运动形式，我们也就认识了物质本身，因而我们的认识就完备了。同样的，相互作用是事物的真正的终极原因，人们不能追溯到比对这个相互作用的认识更远的地方，因为正是在它背后没有什么要认识的了。相互作用是最普遍的现象，只有从相互作用出发，我们才能了解现实的因果关系。

人的活动是建立和发展因果观念的现实基础。我们在实践活动中不仅能发现某一种运动后面跟随着另一种运动，而且也能发现造成某种运动发生的条件。只要创造出这种条件，就能够引起这种运动的产生，并且给某些运动预先规定方向和规模。于是同时建立了一定的因果观念，某一个运动是另一个运动的原因。当然，并不是所有先后连续的现象都构成因果关系。因果关系是事物、现象有规则的依次更替，不是表面的现象的表现，它是事物相互作用出现的一种内在的本质联系。因果关系要受到人类活动的验证，科学实验活动就是为了揭示各种现象发生的真正原因，验证人类对因果关系的认识。这是因为，因果关系具有客观性和普遍性，它是人类实践经验的理论总结。唯心主义把因果联系归结为人的主观意志；目的论把因果关系神秘化，归结为神的自由意志；非决定论者否认因果关系的存在，把事物的变化归结为纯粹的偶然性。它们都忽视了因果关系的客观性，从而走上了错误的道路。

认识事物的因果联系，研究因果观，有较强的实际意义。它能够指引我们正确地总结经验，科学地预测未来，沿着正确的方向和运用科学的方法处理问题，求得实效。在工作中，既要找出取得成绩和产生失误的原因，又要预计出现成绩和错误可能引起的后果，努力消除产生不良后果的原因。只有这样，才能发扬优点，克服缺点，避免重复出现过去同样性质的失误，有利于我们事业的继续发展。

四　辩证逻辑关于判断分类的原则

《自然辩证法》（札记）、《（B）辩证逻辑和认识论。关于"认识的界限"》主要是阐明辩证逻辑和认识过程的辩证法。其中，《关于判断的分类》写于 1882 年。恩格斯在这条札记里，首先指出了旧的形式逻辑对判断分类的局限性，然后在改造黑格尔的判断分类原则的基础上，提出了辩证逻辑关于判断分类的原则。

判断的分类是逻辑学中一个重要的理论问题，不同的逻辑学有不同的分类原则。在恩格斯看来，形式逻辑对判断分类的局限性在于它满足于把各种思维运动的形式即各种判断和推理的形式列举出来，毫无联系地排列起来。这种分类方法只是描述了问题，而没有说明问题，因此难以了解各种判断形式之间的内在联系，也难以看出判断由浅入深、由低级向高级发展运动的思维规律，这种局限性是应该被克服的。

黑格尔运用辩证法研究了判断的分类问题。他认为，形而上学对形式逻辑的判断分类是十分偶然的，显得肤浅，而且杂乱无章。正确的方法是要看到判断之间的联系，构成有阶段性的顺序，一个判断是从另一个判断必然进展而来的。按照这种原则，他将判断分为实在的判断、反省的判断、必然的判断、概念的判断四类。

实在的判断是判断的最简单的形式，它是肯定地或否定地表明某一单个事物的某种一般性质；反省的判断所表明的是关于主语的某种关系、某种关联；必然的判断所表明的是主语的实在的规定性；概念的判断表明的是主语对自己的一般本性，或者是说对自己的概念符合到什么程度。从认识过程看，第一类是个别的判断，第二类和第三类是特殊的判断，第四类是普遍的判断。这种划分体现了判断由浅入深的发展，反映了思维发展的规律。但黑格尔对判断分类做了唯心主义解释，把判断的发展看成只是"绝对观念"自身发展的结果，不是实践活动决定的；而且，判断的分类带有形式主义的毛病，牵强附会，解释晦涩难懂。

恩格斯在吸收黑格尔的合理思想的基础上，根据人类认识自然规律的历史经验和思维规律来进行判断分类。他按认识的深化和发展的过程将判断分为个别性判断、特殊性判断和普遍性判断，并以热学为例来证明这种分类的正确性。

恩格斯认为，人类积累下世世代代的经验在脑子中才形成这样一个判断：摩擦是热的一个源泉。这是一个个别性的判断，因为它只记录了摩擦生热这类事实。又过了几千年，到1842年，迈尔、焦耳等人才根据特殊过程和其他类似过程的关系做出了这样的特殊性判断：一切机械运动都能借摩擦转化为热。它表明了一个特殊的运动形式借特殊的情况转变为另一个特殊运动形式的关系。在此3年后，即1845年，迈尔又把特殊性判断提高到普遍性的判断：在每一情况的特定条件下，任何一种运动形式都能够而且不得不直接或间接地转变为其他任何运动形式。这是必然的判断，即判断的最高形式。

在这里，恩格斯表述了辩证逻辑的基本思想和原则。辩证逻辑由此及彼推出各种思维运动形式，不把它们互相平列起来，而使它们依据判断的内容，判断的认识深浅程度，把内容和形式统一起来；判断的分类和排列的逻辑顺序，应反映人类认识发展的历史过程，求得逻辑和历史的辩证统一。这些思想对发展逻辑学、指导人们科学地进行思维活动，都有重要意义。

五　《自然辩证法》的现实意义

《自然辩证法》的写作距今有 100 多年。在这 100 多年的时间里，自然科学技术突飞猛进的发展，取得了比恩格斯时代更多的新成果。自然科学的基本理论发生了重大的革命，相应地，哲学也有了较大的发展。相比之下，它所使用的自然科学材料是比较陈旧的，但作为一个历史性的著作，它仍旧体现了 19 世纪的时代精神，而它所阐述的自然辩证法和哲学的一般原理仍放射着真理的光芒，在 20 世纪及 21 世纪仍有重大的现实意义。

（一）恩格斯开创了自然辩证法（科学技术的哲学）研究

自然科学是一种社会历史现象，它作为知识体系和认识活动的统一体，在社会中产生又在社会中发展，与社会相互作用，也提出了许多理论问题。怎样正确回答这些问题，一直是许多哲学家关心的事，以往的许多思想家如弗·培根和后来的空想社会主义者傅立叶、欧文等人虽然在这方面也提出了一些有价值的思想，但由于世界观的局限性，他们的观点既不系统也不全面，不可能得出正确的结论。《自然辩证法》的写作则意味着自然科学技术理论研究的进步和变革。恩格斯总结自然科学发展的历史，总结 19 世纪科学革命和技术革命，运用辩证唯物主义和历史唯物主义分析研究自然科学这种社会现象，开创了自然辩证法研究的新航道。他所开辟的研究道路至今也是我们所必须遵循的原则。

恩格斯从唯物的本体论、认识论、方法论、历史观等角度多方面研究自然科学，在自然观、科学方法论、科学社会观等方面提出了许多重要原理。他提出的科学与哲学相互联系和相互作用的理论，生产决定科学的产生发展，自然科学与社会制度、政治活动相互影响，人类与自然的统一，科学的辩证思维方式等思想，都比较好地回答了当时提出的许多理论问题，在今天看来也是正确的。虽然恩格斯的自然辩证法思想还有待我们进一步总结，有待我们用现代科学技术的实践经验予以充实、丰富和发展，但恩格斯的《自然辩证法》却为今天的研究打下了较好的基础，其方法论的意义和理论意义是十分明显的。

（二）用自然科学论证了唯物论和辩证法

哲学与自然科学是相互联系、相互作用的。哲学的发展从来就不是单纯依靠哲学家的头脑，而主要取决于社会实践的发展和科学的进步。以往的哲学家都应用了自然科学，但应用自然科学的程度和自觉性是很不相同的。马克思和恩格斯却自觉地把自己的哲学理论建立在科学的基础上。恩格斯写的《自然辩证法》，用 19 世纪的自然科学成果论证了唯物论和辩证法，对促进哲学同自然科学的结合起了开路的作用。

21 世纪的今天，在哲学内部、在哲学和科学之间，以及科学内部继续分化的情况下，科学知识的整体化，自然科学与哲学相互联结的趋势也在加强。现代西方的一些哲学派别逐渐向自然科学靠近，注意利用自然科学成果论证哲学观点，修饰自己的哲学理论，从自然科学中寻找自己的根基；有的哲学派别甚至以某一门自然科学或某一个自然科学理论成果为依据，以建立自己的世界观。自从恩格斯注重哲学研究要依靠科学以来，许多哲学家已经认识到自然科学对哲学发展的推动作用，自觉地运用科学的力量推动哲学的进步。现在看来，自然科学的发展和应用，在认识论、方法论、自然观、历史观等方面的理论需要，是刺激哲学研究的一种重要力量。同时，自然科学又给哲学发展提供了必要条件。如给哲学提供思想资料和事实依据，给哲学原理提供科学证据，给哲学研究以科学方法等。自然科学在研究过程中提出的关于自然界的本体论问题，对科学成果的解释、意义分析、价值评议以及在研究活动中的认识论、方法论问题，科学应用于社会提出的唯物史观方面的问题等，都给哲学提供了研究课题。自然科学正是通过这些方面给哲学以作用，而恩格斯正是在这些方面从自然科学中汲取营养，促进马克思主义哲学的发展的。

恩格斯在《自然辩证法》中运用科学史和 19 世纪的自然科学材料论证了马克思主义哲学的许多基本原理。如世界的物质性、物质的永恒性、运动变化的永恒性、世界的永恒发展、辩证法的规律，等等，到今天仍然保持着其真理性，值得我们学习和研究。

（三）自然科学家应该自觉地接受辩证唯物主义哲学

恩格斯写《自然辩证法》，还有一个目的，就是向科学家宣传辩证唯物主义哲学思想，提倡科学家在研究过程中自觉地运用唯物辩证法，以提高研究效率。19 世纪的许多自然科学家，忽视哲学对自然科学的推动作用，又受经验主义和形而上学思想的束缚，使科学研究走了许多弯路。20 世纪的自然科学又处于新的转折关头，它比任何时代都更加需要哲学，需要辩证唯物主义。恩格斯在《自然辩证法》中提出的自然科学家应该自觉地学习和研究辩证唯物主义哲学的观点，在今天仍有现实意义。

20 世纪，科学接近哲学已成为一种必然趋势。这个时代许多有建树的自然科学家，如爱因斯坦、普朗克、劳厄、尼尔斯·波尔、薛定谔、玻恩、维纳、贝塔朗菲等人，都比较注意研究哲学，探讨自然科学中的哲学问题。他们能够打破传统观念的束缚，创立新的科学理论，在科学上能取得符合辩证法的发现，是得益于正确哲学思想的指导的。这种情况与 19 世纪的状况大不相同，但如何自觉地运用哲学思想的力量推动科学的前进，仍然是我们必须注意的问题。

比起恩格斯的时代，哲学对科学的作用更加清楚了。哲学是社会变革的先导，它唤起整个社会的思想解放，为自然科学的发展扫清障碍和创造了良好的社会条件；哲学还给科学家提供了世界观和方法论，帮助他们形成正确的科学思想，选择和创造恰当的研究方法；同时，哲学还给科学研究提供了理论依据，帮助科学家说明和论证科学理论，总结研究成果，建立合理的科学体系；哲学还研究政治、经济、文化教育、军事等多种社会因素对科学的制约关系，分析、探讨科学结构的内在矛盾，揭示科学的性质、作用及发展规律，帮助人们确立发展科学的战略思想，制定正确的科技路线、方针、政策、规划、计划，选择最佳管理方案，使自然科学沿着正确的轨道健康发展。重温恩格斯关于哲学对科学的推动作用的论述，对比当代哲学对科学发展所起的作用和产生的影响，可以坚定我们做一个自觉的辩证唯物主义者的信念。

（四）正确处理科学与哲学的相互关系

科学与哲学是密切联系、相互作用的关系，但它们不能彼此代替。在实践过程中，它们还相互促进、相互补充。恩格斯在处理科学和哲学的关系时，很注意防止两种倾向：一是用哲学代替自然科学；二是用科学排斥哲学。这两种做法都不利于哲学和科学的发展。在写作《自然辩证法》时，恩格斯对上述两种倾向都做了评述，这些思想很值得我们重视。

在当代科学和哲学飞速发展和面临变革的形势下，我们要特别注意正确处理科学和哲学的关系。哲学和科学是密切联系又相互区别的。忽视哲学和科学在职能、内容等方面的区别，就会导致在实践中把哲学当成是万能的，用哲学取代自然科学；以致哲学家外行地干涉科学。其实，恩格斯早就注意到了这一点，在阐述自然观时只应用经过考验的科学成果论述一般哲学原理，而把对自然界的具体细节的科学说明留给自然科学家去解决。哲学原理与科学知识是相互联系的，但并不相互取代。同时，也不能忽视一般哲学原理和科学研究的内在联系。否定了这种联系，不造成哲学家忽视和排斥自然科学，就会导致科学家厌恶和拒绝哲学，对哲学采取虚无主义态度，从而忽视世界观和方法论对科学研究的作用，也为错误的哲学打开方便之门。恩格斯在 19 世纪向自然科学家大声疾呼，就是提醒人们要防止这种现象的发生。

科学和哲学的有机联系和相互作用，是制约科学发展和哲学发展的客观规律。我们应该弄清科学和哲学的真实联系，运用它们相互促进的规律，推动哲学和自然科学的迅速发展。

家庭、私有制和国家的起源[*]

1877 年，美国人类学家摩尔根的《古代社会》一书出版。马克思得到该书后，立即做了详细研究，并做了大量的笔记，他打算写一本专著以阐述摩尔根的研究成果。同时，马克思也向恩格斯推荐了该书。恩格斯结合自己所掌握的史前社会资料，对《古代社会》也做了深刻研究，并高度评价了摩尔根，他说："摩尔根在美国，以他自己的方式，重新发现了 40 年前马克思所发现的唯物主义历史观。"①

1883 年，马克思带着未完成的心愿，与世长辞。恩格斯肩负起更大的责任。

19 世纪 80 年代以来，社会上又出现了各种资产阶级思潮和工人贵族。他们散布有关国家的错误观点，在工人中造成了"国家迷信"。1884 年，恩格斯利用他所掌握的资料和马克思留下的有关史前社会的资料，写出了《家庭、私有制和国家的起源》一书，阐述了人类史前社会的发展，揭示了原始社会的解体、私有制和阶级的出现以及国家的起源和实质，批判了资产阶级的错误思潮，澄清了有关国家问题的错误观点，完成了马克思未能完成的工作，实现了亡友的遗愿。

---

* 《马克思恩格斯文集》第 4 卷，人民出版社 2009 年版，第 13—198 页。
① 同上书，第 15 页。

1884 年 10 月,《家庭、私有制和国家的起源》一书在苏黎世出版,1886 年和 1889 年分别在斯图加特出版了第 2 版和第 3 版。在此之前在 1885 年,还出版了波兰文、罗马尼亚文和意大利文的外文译本,其中,意大利文译本是经恩格斯亲自审定的。1888 年,经恩格斯审定,又出版了丹麦文译本。

《家庭、私有制和国家的起源》有两个序言、九章正文和一个附录。全书以唯物史观为指导,在充分掌握史实材料的基础上,深刻论述了人类家庭、私有制和国家的产生及实质,指明了人类社会的发展是一个有规律的自然历史过程,而这个过程的决定性因素是直接生活的生产和再生产。

一　氏族社会的本质及"两种生产"理论

对于氏族社会和"两种生产"理论,马克思和恩格斯早在《德意志意识形态》一书中就已论述过,他们认为原始时代的私有制形式是"部落所有制",认为人类历史中存在着物质生活资料的生产和人口的增殖这两种生产。在《资本论》中,马克思又一次论述了史前社会的诸多问题,但仅限于父权社会。

在《家庭、私有制和国家的起源》一书中,恩格斯依据摩尔根的材料和研究成果,再次科学地阐述了氏族社会的诸多问题。由于氏族社会的起源与发展同婚姻家庭的起源与发展紧密相连,所以,恩格斯首先考察了家庭形式的演变。

恩格斯采用了摩尔根的观点,认为家庭的演变经历了四个阶段。家庭的第一个阶段是血缘家庭。在这里,婚姻集团按照辈分来划分,即在家庭范围内的所有祖父和祖母都互为夫妻,他们的子女即父亲和母亲也是如此,同样,后者的子女构成了第三个共同的夫妻圈子，兄弟姐妹之间互为夫妻。家庭的第二个阶段是普那路亚家庭。在血缘家庭排除父母与子女互为夫妻的基础上，又排除了兄弟姐妹互为夫妻，实行外婚制，这就必然形成两个集团，促成氏族的建立。"氏族制度，在绝大多数情况下，都是从普那路亚家庭中直接发生的。"① 随着社会、氏族的发展，几个氏族联合组成一个胞族，几个胞族联合形成一个部落。家庭的第三个阶段是对偶制家庭。对偶制家庭表现为在某种或长或短时期内的成对配偶制，表现为血缘亲属结婚越来越受到限制。恩格斯指出："原始历史上家庭的发展，就在于不断缩小最初包括整个部落并在内部盛行两性共同婚姻的那个范围。"② 而推动人们缩小婚姻范围的力量则是自然选择原则，是物种的优胜劣汰原则，因为人们逐渐发现"没有血缘亲属关系的氏族之间的婚姻，生育出在体质上和智力上都更强健的人种"③。家庭的第四个阶段是专偶制家庭。在对偶制家庭中，"自然选择已经通过日益缩小婚姻共同体的范围而完成了自己的使命；在这一方面，它再也没有事可做了。因此，如果没有新的、社会的动力发生作用，那么，从成对配偶制中就没有任何根据产生新的家庭形式了"④。但是，这种动力出现了，即出现了私有财产。私有财产的出现使得财产继承成为必要，这就要求子女既要认识自己的母亲，更要认识自己的父亲，从而使家庭走向了专偶制。

通过对家庭形式演变过程的考察，恩格斯总结出两个重要原理。第一，氏族的本质。恩格斯指出，氏族以血缘关系为纽带，建立在原始公有制基础之上，没有私有制和剥削，没有阶级和压迫，

---

① 《马克思恩格斯文集》第 4 卷，人民出版社 2009 年版，第 52 页。

② 同上书，第 59 页。

③ 路·亨·摩尔根：《古代社会》1877 年伦敦版，第 459 页，并参看马克思《路易斯·亨·摩尔根〈古代社会〉一书摘要》(《马克思恩格斯全集》中文版第 1 版第 45 卷，第 363 页)。——编者注

④ 《马克思恩格斯文集》第 4 卷，人民出版社 2009 年版，第 64—65 页。

没有国家和法；氏族的首脑人物由氏族成员从本氏族内选举产生，并可随时对不称职者进行罢免；氏族成员之间相互援助和保护；氏族始于母系氏族，而后过渡到父系氏族。除这些基本特征外，"氏族的任何成员都不得在氏族内部通婚。这是氏族的根本规则，维系氏族的纽带"①，也是氏族的本质。对氏族、胞族、部落的阐释，揭示了原始公社的结构。第二，"两种生产"理论。恩格斯指出："根据唯物主义观点，历史中的决定性因素，归根结底是直接生活的生产和再生产。但是，生产本身又有两种。一种是生活资料即食物、衣服、住房以及为此所必需的工具的生产；另一种是人自身的生产，即种的繁衍。一定历史时代和一定地区内的人们生活于其下的社会制度，受着两种生产的制约：一种是受劳动的发展阶段的制约，另一种是受家庭的发展阶段的制约。劳动越不发展，劳动产品的数量，从而社会的财富越受限制，社会制度就越在较大程度上受血缘关系的支配。"②"两种生产"理论的提出，不仅不与唯物史观相矛盾，而且解释了史前社会的发展动力问题，丰富和发展了唯物史观。

二　私有制的产生和阶级的起源

在《德意志意识形态》和《反杜林论》中，恩格斯和马克思曾论述过私有制和阶级的形成。在《家庭、私有制和国家的起源》一书中，恩格斯根据摩尔根的发现及古希腊人、罗马人、克尔特人及德意志人的大量史料，再次阐述了私有制的产生和阶级的起源。

恩格斯的阐述紧紧围绕着分工展开。恩格斯指出，在原始社会

① 《马克思恩格斯文集》第 4 卷，人民出版社 2009 年版，第 100 页。
② 同上书，第 15—16 页。

初期，分工是纯粹自然产生的，它只存在于两性之间，但是，人们并不是总停留在这个阶段。后来在长期的游牧生活中，人们学会了驯养、繁殖和看管牲畜。于是，在野蛮时代的中级阶段，游牧部落从野蛮人群中分离出来了。这是第一次社会大分工。这次大分工"第一次使经常的交换成为可能"①。随着牲畜成为个人和家庭的特殊财产，以及劳动生产率的提高，个人交换成为交换的唯一形式，奴隶的使用也成了一种现实。因此，"从第一次社会大分工中，也就产生了第一次社会大分裂，分裂为两个阶级：主人和奴隶、剥削者和被剥削者"②。

恩格斯说，到了野蛮时代的高级阶段，一切文化民族都在这个时期经历了自己的英雄时代：铁剑时代，但同时也是铁犁和铁斧的时代。随着铁器工具的使用，"于是发生了第二次大分工：手工业和农业分离了"③。第二次大分工带来了许多后果。一方面，随着生产的不断扩大和劳动生产率的继续提高，前一阶段刚刚产生并且是个别现象的奴隶制，此时成为普遍现象及成为社会制度的一个根本部分；另一方面，随着生产分为农业和手工业两大部门，便出现了直接以交换为目的的生产，即商品，随之而来的是贸易，并最终引起新的社会分化——出现富人和穷人的差别。"个体家庭开始成为社会的经济单位了。"④"这样，我们就走到文明时代的门槛了。"⑤

恩格斯认为，推动人类跨入文明时代的最后动力是社会的第三次大分工，即社会上出现了不从事生产只从事产品交换的阶级——商人。这是一次具有决定意义的重要分工。因为随着商人的出现，

① 《马克思恩格斯文集》第 4 卷，人民出版社 2009 年版，第 179 页。
② 同上书，第 180 页。
③ 同上书，第 182 页。
④ 同上书，第 183 页。
⑤ 同上书，第 184 页。

不仅贸易日益扩大，金属货币和货币高利贷、土地所有权和抵押也出现了，这样，财富便迅速地积聚和集中到一个人数很少的阶级手中。自由民也按财富的多寡而被划分为各个阶级，"奴隶的强制性劳动构成了整个社会的上层建筑所赖以建立的基础"①。氏族社会就"被分工及其后果即社会之分裂为阶级所炸毁。它被国家代替了"②。

三　国家的起源和本质

在以往的大部分著作中，恩格斯和马克思都对国家的本质做过论述，但真正全面、系统地论述国家的起源和本质，还是在《家庭、私有制和国家的起源》一文中。

恩格斯首先考察了国家的产生。恩格斯指出，随着社会的变革，氏族也发生了根本变化。氏族的前提是氏族成员共同生活在纯粹由他们居住的同一地区中，而现在由于贸易和商业的缘故，氏族成员到处流动，杂居在一起，因而氏族团体的成员再也不能集会以处理自己的共同事务了。更有甚者，社会上出现了新的需要和利益集团。对集团之间的利益斗争，氏族除了舆论之外，没有任何强有力的手段，于是，当利益冲突达到尖锐的地步时，就需要有第三种力量站在相互斗争着的各个阶级之上，压制它们的公开的冲突，至多容许阶级斗争在经济领域内以所谓合法的形式决出结果来。这第三种力量即国家。可见，国家是在氏族的废墟上建立起来的。

恩格斯接着考察了在氏族废墟上兴起的国家的三种主要形式，即雅典的、罗马的和德意志的。通过考察，恩格斯得出的结论是："国家决不是从外部强加于社会的一种力量……确切地说，国家是

① 《马克思恩格斯文集》第 4 卷，人民出版社 2009 年版，第 187 页。
② 同上书，第 188 页。

社会在一定发展阶段上的产物；国家是承认这个社会陷入了不可解决的自我矛盾，分裂为不可调和的对立面而又无力摆脱这些对立面。而为了使这些对立面，这些经济利益互相冲突的阶级，不致在无谓的斗争中把自己和社会消灭，就需要有一种表面上凌驾于社会之上的力量，这种力量应当缓和冲突，把冲突保持在'秩序'的范围以内；这种从社会中产生但又自居于社会之上并且日益同社会相异化的力量，就是国家。"① 这就清楚、系统地阐明了国家的具体产生过程和本质。

恩格斯认为，国家与氏族不同，国家具有自己的独特特征，具体表现为以下几方面。第一，国家按地区来划分国民，而氏族以血缘关系来确定成员。第二，国家设立了公共权力机关，这些公共权力者已经不再直接就是自己组织为武装力量的居民了，构成这种权力的不仅有武装的人，即军队、宪兵等，而且还有物质的附属物，如监狱和各种强制设施等。公共权力机关已不代表全社会，而是为某一阶级所掌握。第三，为了维持公共权力，国家需要公民缴纳费用——捐税，并且随着文明时代的发展，甚至连捐税也入不敷出了，国家就要发行期票、借债，即发行公债。

恩格斯还指出："由于国家是从控制阶级对立的需要中产生的，由于它同时又是在这些阶级的冲突中产生的，所以，它照例是最强大的、在经济上占统治地位的阶级的国家，这个阶级借助于国家而在政治上也成为占统治地位的阶级，因而获得了镇压和剥削被压迫阶级的新手段。"② 因此，国家是为阶级压迫服务的，是阶级压迫的工具，无论是在古希腊的罗马国家、封建国家，还是在现代代议制国家，都是如此。

由此，恩格斯指出了国家消亡的前提和必然性。恩格斯说，国

---

① 《马克思恩格斯文集》第 4 卷，人民出版社 2009 年版，第 189 页。

② 同上书，第 191 页。

家并不是从来就有的，历史上曾经有过不知国家为何物的社会，只是在经济发展到一定阶段而必然使社会分裂为阶级时，国家就由于这种分裂而成为必要了。但随着经济的继续发展，阶级不可避免地要被消灭，正如它从前不可避免地产生一样。而随着阶级的消灭，国家也就不可避免地要走向消亡。"在生产者自由平等的联合体的基础上按新方式来组织生产的社会，将把全部国家机器放到它应该去的地方，即放到古物陈列馆去，同纺车和青铜斧陈列在一起。"①

① 《马克思恩格斯文集》第 4 卷，人民出版社 2009 年版，第 193 页。

唯物主义和经验批判主义*

一 论述了唯物主义认识论

（一）列宁驳斥切尔诺夫对恩格斯观点的歪曲，阐明"自在之物"的客观性和可知性

所谓"自在之物"①，原来是康德的哲学用语，是指人们意识之外存在的客观事物。康德认为"自在之物"的本质是不可知的，它属于人们认识能力达不到的彼岸世界。马克思和恩格斯在批判康德哲学时，曾借用了"自在之物"这个术语，取其客观存在的含义，批判其不可知论的观点，赋予"自在之物"可以认识而尚未被认识的新意。

俄国马赫主义者切尔诺夫故意把恩格斯在《费尔巴哈论》中关于"自在之物"的观点同康德的观点混为一谈，他把恩格斯对康德和休谟的批判歪曲为恩格斯反对自在之物。首先，他攻击恩格斯把康德、休谟称作近代哲学家是对近代哲学的无知；其次，

---

* 《列宁专题文集　论辩证唯物主义和历史唯物主义》，人民出版社 2009 年版，第 1—130 页。

① 同上书，第 18 页。

他把恩格斯关于用工业手段提炼茜素的事实驳倒康德的"不可捉摸"的自在之物的观点，歪曲为恩格斯由此提炼出对"自在之物"的驳斥，即对"自在之物"本身的否定；最后，他用偷换概念的手法，说恩格斯断言未被认识的东西都是自在之物，是康德自在之物不可知的"逆定理"，企图把恩格斯诬蔑为康德式的不可知论者。

对切尔诺夫上述的恶意歪曲和中伤，列宁针锋相对地给予了批驳：第一，真正无知的是切尔诺夫自己，因为他心目中的近代哲学代表人物柯亨、朗格、李普曼等人，恩格斯在《费尔巴哈论》中明确地称他们为理论上的反动分子；第二，切尔诺夫根本不了解恩格斯批判康德和休谟的实质在于批判他们共同主张的不可知论，而不是康德承认"自在之物"的存在；第三，切尔诺夫把"未被认识的"和"不可认识的"混为一谈，是故意制造混乱，歪曲恩格斯的唯物主义观点。总之，恩格斯的全部论述恰恰证明他始终坚持唯物主义观点，承认和坚持"自在之物"的客观实在性和可知性。

（二）列宁作出辩证唯物主义认识论的三个重要结论

切尔诺夫颠倒是非，把恩格斯对不可知论的驳斥歪曲成唯心主义和不可知论，列宁除了揭露他的歪曲观点及手法之外，还根据恩格斯论述的本意，进一步引申和发挥了恩格斯的思想：从煤焦油中提炼出茜素，表明在这之前茜素就已经存在于煤焦油之中了，从煤焦油中能够提炼出茜素，表明了茜素是可以认识的；由不知道、不能够到知道又能够从煤焦油中提炼出茜素的过程，表明对茜素的认识有一个由不知到知的发展过程。据此，列宁概括出辩证唯物主义认识论的三个重要的结论。

第一个结论："物是不依赖于我们的意识、不依赖于我们的感觉而在我们之外存在着的。"① 强调 "自在之物" 的客观性。列宁指出，茜素存在于煤焦油之中，昨天人们对它一无所知，今天人们能把它提炼出来的事实，有力地说明认识对象客观地存在于人的意识之外，人的意识不过是客观对象的反映。这是辩证唯物主义认识论的基础和前提，而否认对象的客观性只能导致唯心主义认识论。

第二个结论："在现象和自在之物之间决没有而且也不可能有任何原则的差别。差别仅仅存在于已经认识的东西和尚未认识的东西之间。"② 强调自在之物的可知性。列宁指出，客观事物的映象（即 "现象"）与自在之物之间有差别，一个是反映，另一个是被反映，但这种差别不是原则性的、不可逾越的。人的认识和外部事物之间可以不断实现相互转化，自在之物可以转化为 "现象"、转化为 "为我之物"，因此，对客观事物的认识，只存在已经认识和尚未认识的区别，而不存在可以认识和不可认识的差别。这个结论是第一个结论的必然延伸。既然承认物质世界是认识的客观对象，是意识的内容，也就必然承认物质是可以认识的，即承认世界的可知性。这就正确地解决了世界是否可以认识的问题，划清了可知论和不可知论的界限。

第三个结论："在认识论上和在科学的其他一切领域中一样，我们应该辩证地思考，也就是说，不要以为我们的认识是一成不变的，而要去分析怎样从不知到知，怎样从不完全的不确切的知到比较完全比较确切的知。"③ 强调了认识发展的辩证过程。列宁指出，人对客观事物的认识不可能一蹴而就、一成不变，而是一个由不认识到认识，由认识的不全面、不确切、不深刻到比较全面、比较确

———————

① 《列宁专题文集　论辩证唯物主义和历史唯物主义》，人民出版社 2009 年版，第 23 页。

② 同上。

③ 同上书，第 24 页。

切和比较深刻的过程。人的认识具有渐进性、可变性、规律性和反复性，这是人类认识世界必经的过程，也是个人认识具体事物的发展过程。这个结论和前两个结论密切联系，因为只有承认世界的客观性和可知性，才能如实地说明认识如何由不知到知、由知之不多到知之较多的发展过程；而正确解决认识的发展过程，又进一步证明了物质世界的客观性和可知性，从而更好地坚持了前两个结论。列宁的第三个结论正确地解决了怎样实现认识的问题，划清了辩证唯物主义反映论与旧唯物主义反映论的界限。

列宁提出的这三个重要的有关认识论的结论，是一个严密的整体。它简要地概括了马克思主义认识的基本内容。如果说实践是马克思主义认识论大厦的基础，那么这三个结论就是马克思主义认识论大厦的三根栋梁。三个结论之间是有机的内在联系着的。第一个结论是基本前提。它是决定认识论性质的根本问题，是决定认识路线的出发点。只有正确地（即唯物主义地）解决了它，承认人的认识是对客观物质世界的认识，才有可能正确地解决第二个问题和第三个问题。第二个结论是第一个结论的逻辑的必然结果。承认物质决定意识，物质是意识的内容，也就必然承认物质可以被意识所反映、所认识，也就承认了世界的可知性。反过来，第二个问题的解决对第一个问题也有制约。承认世界可知，相信意识所反映的是物质世界的本来面貌，就能进一步证明物质世界的客观实在性，坚持唯物主义的基本路线，否则，如果认为世界是不可知的，或者怀疑世界的可知性，那么物质世界的客观性也就无从证明，也就不可能主张和坚持唯物主义的基本路线。第二个结论又是第三个结论的前提。很明显，只有承认了世界的可知性，才能谈到怎样由不知到知、由知之不多到知之较多的发展过程。第三个结论是在前两个结论的基础上解决的，但对它的正确解决对于坚持前两个结论又有着重大的作用。列宁说："只要你们抱着人的认识是由不知发展起来的这一观点，你们就会看到：千百万个类似在煤焦油中发现茜素那样简单的例子，千百万次从科学史和技术史中以及从我们大家和每个人的日常生活中得来的观察，都在向人表明'自在之物'变成'为我之物'；都在表明当我们的感官受到来自外部的某些对象的刺激时，'现象'就产生，当某种障碍物使得我们所明明知道是存在着的对象不可能对我们的感官发生作用时，'现象'就消失。由此可以得出唯一的和不可避免的结论：对象、物、物体是在我们之外、不依赖于我们而存在着的，我们的感觉是外部世界的映象。"①可见，只有正确地解决了第三个问题，承认认识发展的辩证过程，才能够得出关于物质世界的客观性及其可知性的证明。否则，把认识看成是一下子完成的，那就必然陷入了否认彻底认识世界的必要性和可能性，就不能彻底驳倒不可知论，那就必然会给信仰主义留下地盘，不能彻底战胜唯心主义。

　　值得注意的是，列宁在提出认识论的三个重要结论之后，还特别强调了实践在认识论中的基础作用，对上述三个结论做了进一步的概括和总结。他说："由此可以得出唯一的和不可避免的结论：对象、物、物体是在我们之外、不依赖于我们而存在着的，我们的感觉是外部世界的映象。这个结论是由一切人在生动的人类实践中作出来的，唯物主义自觉地把这个结论作为自己认识论的基础。"②列宁在强调实践的基础作用的同时，尤其强调捍卫认识论的唯物主义基础，认为不能离开认识论的唯物论来谈辩证的思考，任何离开认识对象客观性而谈论认识的辩证法，只能陷入诡辩中。

　　列宁上述认识论的三个结论和总的概括，集中地、概括地、系统地阐明了马克思主义认识论最基本的观点和原理，是对马克思主

---

　　① 《列宁专题文集　论辩证唯物主义和历史唯物主义》，人民出版社 2009 年版，第 24 页。

　　② 同上。

义认识论的一个重大发展。这三个结论划清了辩证唯物主义认识论同一切错误理论的界限，为我们批判唯心主义和形而上学的认识论，即各种各样的机会主义路线的思想，提供了锐利的武器。第一个结论划清了唯物主义和唯心主义的界限，第二个结论划清了可知论和不可知论的界限，第三个结论划清了辩证法和形而上学的界限。这三个结论是我们无产阶级和革命人民正确认识世界和改造世界的指针。它告诉我们：要坚决地坚持认识对象的客观性，从实际出发，严格地按照客观世界的本来面貌来反映世界；要坚决地相信物质世界的可知性，断然否认那些宣扬不可知论的神秘主义和悲观论调，把握客观世界的规律性；要坚决地遵循认识发展的辩证过程，反对故步自封和停滞不前的观点，敢于、善于进行新的探索。

二　有没有客观真理

真理问题是认识论中的一个十分重要的问题，它同哲学基本问题的两个方面都紧密地联系着。有没有客观真理？这是真理论中的首要问题，也是唯物主义和唯心主义在真理问题上斗争的焦点。在这一节里，列宁通过对波格丹诺夫主观真理论的批判，深刻地论述了真理的客观性，阐明了坚持还是否认客观真理是两条哲学路线斗争的表现和必然结果。

（一）真理论的两个关键问题和波格丹诺夫的错误回答

波格丹诺夫在读了《反杜林论》关于真理问题的论述之后，对恩格斯的观点进行了歪曲。他说，在他看来，马克思主义否认任何真理的绝对客观性，否定任何永恒真理。他说，永恒真理就是有绝对意义的客观真理，他只承认在某一时代范围内的客观真理。

　　列宁指出，波格丹诺夫在这里把真理论中的两个不同的问题搞混了，即把是否承认客观真理的问题同相对真理和绝对真理的关系问题拉在了一起。为了划清在真理问题上辩证唯物主义同马赫主义及一切错误哲学的界限，列宁明确地概括出真理论中的两个问题："（1）有没有客观真理？就是说，在人的表象中能否有不依赖于主体、不依赖于人、不依赖于人类的内容？（2）如果有客观真理，那么表现客观真理的人的表象能否立即地、完全地、无条件地、绝对地表现它，或者只能近似地、相对地表现它？这第二个问题就是关于绝对真理和相对真理的相互关系问题。"[①]在这两个问题中，前者是说思维中能否有不依赖于人而存在的客观内容，后者是说人们能否立即、完全、无条件地认识客观对象。

　　波格丹诺夫对真理论中的两个问题的回答都是错误的。他不仅公开地、直截了当地否定了绝对真理，而且还责备恩格斯承认绝对真理是犯了"折中主义"错误。同时，他也否定客观真理。列宁指出："否定绝对真理，就不可能不否定客观真理的存在。"[②]因为，一方面，否定绝对真理就意味着不承认真理绝对地是对客观世界的反映，从而否定了真理中所包含的客观内容，这就从唯心主义方面否定了客观真理；另一方面，否定绝对真理，也就是不承认认识能够日益正确、日益完全地无条件地反映客观世界的发展趋势，从而否定彻底认识世界的可能性，这又从不可知论的方面否定了真理的客观性。然而，如果只否定相对真理，就没有否定客观真理。因为否定相对真理，却承认绝对真理，也就承认了真理所包含的客观内容，并不否定真理的客观性。

---

　　① 《列宁专题文集　论辩证唯物主义和历史唯物主义》，人民出版社2009年版，第28页。

　　② 同上。

（二）批判主观真理论，阐明客观真理论

波格丹诺夫否定客观真理，宣扬主观真理论，主要表现在他对于真理和客观性的两个定义上。列宁对其谬论从两个方面进行了批判。

1. 关于真理的定义。波格丹诺夫谈到真理问题时，给真理下了一个明确的定义，认为"真理是思想形式，人类经验的组织形式"①。这个定义充分体现了波格丹诺夫在真理问题上的唯心主义观点。列宁指出：第一，波格丹诺夫的真理定义是对客观真理的否定，因为如果真理仅仅是个思想形式，是个经验的组织形式，那么它就不可能包含有不依赖于人类的客观内容了；第二，波格丹诺夫的定义同自然科学相矛盾，自然科学认为，地球存在于人类出现之前这个论断是真理，这个观点与唯物主义哲学是一致的，因为"被反映者不依赖于反映者而存在（外部世界不依赖于意识而存在）是唯物主义的基本前提"②，而波格丹诺夫的真理定义却同这个论断是相矛盾的，因为如果真理是人类经验的组织形式，那么地球存在于任何人类经验之外的论断就不可能是真理了；第三，波格丹诺夫的真理定义能够容纳天主教的教义，必然导致信仰主义，因为天主教的教义毫无疑问也是人类的思想形式，也是人类经验的组织形式，按波格丹诺夫的定义，它当然也就是真理了，这是何等荒谬啊！

列宁在上述的分析批判中反复重申：唯物主义的真理观认为，外部世界是不依赖于人类意识而独立的客观实在，是知识的唯一来源，真理就是对客观世界及其规律的正确反映，真理的对象是意识之外的客观世界。波格丹诺夫的真理定义否定了知识的客观源泉，

---

① 《列宁专题文集　论辩证唯物主义和历史唯物主义》，人民出版社 2009 年版，第 28 页。

② 同上书，第 29 页。

否定了真理的客观内容。这种对客观真理的否定，就是不可知论和主观主义。

2. 关于"客观性"的定义。波格丹诺夫也感觉了到自己的真理定义在理论上的荒谬性，就千方百计地进行辩解，给"客观性"下了一个似是而非的定义，以便使自己的真理定义能符合这种所谓的"客观性"，从而规避人们对他否定客观真理这一做法的批判。

波格丹诺夫给"客观性"下的定义是客观性的基础应该是在集体经验的范围内；物理系列的客观性就是它的普遍意义；物理世界是社会地一致起来的、社会地协调起来的经验，一句话，是社会地组织起来的经验。由此可见，波格丹诺夫是用集体性、普遍性、社会性、组织性和协调性等来定义"客观性"的。

列宁批判波格丹诺夫时，首先指出："这是根本错误的唯心主义的定义。"[1] 因为"客观性"的本质在于不依赖于人类，而波格丹诺夫的定义不论怎样变换说法，它的意思还是依赖于人类的。物理世界的客观性并不在于它是何样的经验，而在于它是不依赖于人类或不依赖于人类任何形式的经验而独立存在着，在于它早在还不可能有人类的任何经验之前就存在了。其次，列宁指出，波格丹诺夫关于"客观性"的定义还会导致信仰主义。因为宗教的教义也具有社会性，也是集体的、组织起来的经验，也具有普遍性，因而是符合这个定义的。其实波格丹诺夫自己也意识到这一点，为防止导致信仰主义，他又特地郑重声明，不是所有的社会经验都可以算作客观经验，而只有那些带有普遍性的、与别的经验相协调的、组织起来的、具有因果联系的经验才能称为客观经验；他还说如不加以限定，那么农民中某些关于牛鬼蛇神一类的经验也会被看作是客观经验了。列宁嘲笑他，这个声明只是一个伪善的修正，并没有改变

---

[1] 《列宁专题文集　论辩证唯物主义和历史唯物主义》，人民出版社 2009 年版，第 30 页。

问题的实质。即使这样，他的定义仍然排除不了诸如牛鬼蛇神一类的宗教教义，因为这些东西不仅是社会的经验、集体的经验、组织起来的经验，而且至今仍有很大的普遍性，它的存在也不是没有原因的，它也可以列入因果性链条之中，它也编得头头是道，颇具协调性，所以，波格丹诺夫关于"客观性"的定义又一次为僧侣主义打开了方便之门。

（三）客观真理论和主观真理论的对立是唯物主义和唯心主义两条哲学路线的对立

客观真理论和主观真理论的对立，在实质上是唯物主义和唯心主义两条哲学路线的对立，是否承认客观真理，同是否承认客观物质世界直接联系。列宁深入揭露了波格丹诺夫之所以否认客观真理、坚持主观真理论，认为这不是他偶然失误，而是他追随马赫唯心主义哲学路线的必然结果。在揭露过程中，列宁论证了直接与客观真理有关的两个问题：一个是从感觉出发引出两条相反的哲学路线；另一个是相信不相信感官提示的问题。

首先，从感觉出发引出的两条哲学路线。列宁首先指出，波格丹诺夫这种对客观真理的否定，并不是出自他本人，而是出自马赫和阿芬那留斯学说的基本原理。因为阿芬那留斯和马赫都认为世界上只存在感觉、"物是感觉的复合"，所以他们不可避免地会否定客观真理，这是哲学主观主义。

其次，列宁指出，在认识论问题上有两个前提，一个是知识是否来自于感觉，另一个是感觉是否来自于客观世界。对于第一个前提，哲学史上无论是主观主义者还是唯物主义者都是承认的，即都认为感觉是我们知识的源泉，在知识来源于感觉和经验这一点上并无分歧。法国著名的唯物主义哲学家狄德罗和英国的主观唯心主义者贝克莱都源于洛克，他们的观点都是从英国的唯物主义经验论者洛克那里出发的。洛克作为唯物主义经验论者，他在批判笛卡尔的"天赋观念说"时，提出了"白板说"，认为人的心灵像一块"白板"一样，上面什么也没有，人的一切知识都是后天从经验中得来的，但他又把经验分为两类：一类是感觉经验，是外部世界作用于感觉器官产生的；另一类是反省经验，是人们心灵内部活动的产物。他把反省经验说成是没有外部来源的，同感觉经验并列，是一种独立的认识来源。狄德罗和贝克莱都承认并主张知识来自感觉和经验，但深入一步其实质是不同的。狄德罗继承、发挥了洛克关于感觉经验的思想，批判其反省经验的不彻底；而贝克莱则批判抛弃其关于感觉经验的思想，继承和发挥了洛克关于反省经验的观点。在上述考察之后，列宁说："从感觉出发，可以遵循着主观主义的路线走向唯我论（'物体是感觉的复合或组合'），也可以遵循着客观主义的路线走向唯物主义（感觉是物体、外部世界的映象）。"①由此可见，仅从第一个前提即知识来源于感觉、经验，还不能把狄德罗和贝克莱、唯物主义和唯心主义区分开来，所以，还必须进一步提出第二个前提，即感觉的来源问题。在确定和判别哲学路线时，这第二个前提是更为重要的。唯物主义者是彻底的感觉论者，不仅承认知识来自感觉，而且承认感觉来自客观世界；主观唯心主义者和不可知论者只承认知识来自感觉，但还超出感觉，否认感觉的客观内容。

从感觉出发可以引出两条相反的哲学路线。于是对感觉来源问题的不同回答，也就必然产生关于客观真理问题的两种对立的观点。在主观唯心主义者和不可知论者看来，客观真理是不存在的，因为感觉不是对客观存在反映的，认识中不包含不依赖认识主体的客观内容。在唯物主义者看来，对客观真理的承认是最至关紧要

① 《列宁选集》第2卷，人民出版社2012年版，第124页。

的，因为不承认客观真理，就是否认认识中的客观内容。否认了客观物质世界的存在，也就否认了自己哲学的前提。马赫主义就是前一种情况，所以，波格丹诺夫否认客观真理，不是他个人的偶然失误，而是他坚持马赫主观唯心主义哲学路线的必然结果。

2. 是否相信感官提示是由两条哲学路线的对立所决定的。马赫主义者经常喜欢唱一个高调，标榜自己是最相信感官提示的，而攻击唯物主义者不相信感官的提示，因为他们认为世界是由各种感觉构成的，世界显现在人们面前的是有声有色、有模有样、有滋有味的客观存在；而唯物主义则把世界说成是无声无色、不可捉摸、呆板无味的客观存在。列宁对这种论调予以批驳，明确指出马赫主义者才是不充分相信感官提示、不彻底的感觉论者。他们不承认作为感觉源泉的客观实在，不把感觉看成是对这个客观实在的反映，而把认识限制在感觉的范围之内，就必然否定客观真理，就势必同自然科学发生矛盾，为信仰主义打开方便之门。相反，唯物主义以科学的态度对待感官的提示，认为世界比它显现在人们面前的样子更丰富、更生动、更多样化，科学每向前发展一步，就会发现它的新的方面。唯物主义承认感觉是客观实在的反映，也就堵塞了通向信仰主义、经院哲学的大门。

相信不相信感官提示的实质是承认不承认物质的客观存在。马赫主义者把关于研究物质构造的某种物理学理论同知识客观源泉的认识论问题混为一谈，借口物理学旧理论观点被自然科学新发展所推翻来否定物质的客观存在。他们提出唯物主义的物质概念已经"陈腐"了，已经被"最新科学"驳倒了，妄图以此来抹杀认识的客观源泉等一系列谬论。列宁指出，马赫主义者这样制造混乱是不被允许的。马赫主义者说，他们发现了"世界要素"，人们会问，在他们感觉到红和硬的时候，是否感觉到了客观实在呢？如果真的相信感官提示，就应该承认感觉是客观实在的某种特性作用于感官的结果。如果承认客观实在，就需要有一个关于这种客观实在的哲学概念，这个概念就是物质。列宁说："物质是标志客观实在的哲学范畴，这种客观实在是人通过感觉感知的，它不依赖于我们的感觉而存在，为我们的感觉所复写、摄影、反映。"① 列宁的这个定义，彻底划清了唯物主义同唯心主义、可知论同不可知论的界限，也划清了唯物辩证法同形而上学的界限，是辩证唯物主义哲学的理论基石。

承认物质概念同承认客观真理是一回事。列宁说："接受或抛弃物质概念这一问题，是人对他的感官的提示是否相信的问题，是关于我们认识的源泉的问题。"② 马赫主义者和一切唯心主义者一样，否认客观实在，抛弃作为客观实在标志的唯物主义物质概念，也就否认了认识中所包含的不依赖于主体的客观内容，必然要否定客观真理。而唯物主义认识论的基本前提是承认客观实在及其在人们头脑中的反映，坚持这个前提就承认了唯物主义的物质概念，也就承认了认识中所包含的不依赖于主体的客观内容，即客观真理。

三 绝对真理和相对真理，或波格丹诺夫 所发现的恩格斯的折中主义

在这一节里，列宁批判了波格丹诺夫对恩格斯的诬蔑和攻击，揭露了他否定绝对真理、歪曲相对真理从而由相对主义走向唯心主义的事实；在阐明绝对真理和相对真理的辩证关系时，为了批判俄国马赫主义者在这个问题上制造的混乱，他着重强调了真理的绝对性。

---

① 《列宁选集》第 2 卷，人民出版社 2012 年版，第 89 页。
② 同上书，第 91 页。

（一）批判波格丹诺夫对恩格斯的攻击，阐明辩证唯物主义关于绝对真理的观点

波格丹诺夫对恩格斯在《反杜林论》中关于真理问题的观点大大地加以歪曲，说恩格斯关于相对真理的论述同他的相对主义观点一样，是否定真理的绝对性的，但又攻击恩格斯在承认真理的相对性时，又承认真理的绝对性是犯了"折中主义"的错误，他还抓住恩格斯批判杜林时所举的例子，说这只是一些平凡的事，根本不是真理，责难说："难道'陈词滥调'是真理吗？真理是经验的生动的组织形式"①。对此，列宁给予了无情的批判，并揭露了他对唯物主义和辩证法的无知。

首先，列宁指出，波格丹诺夫不是在反驳恩格斯，而是在唱高调。他不谈到底有没有绝对真理、永恒真理这个涉及站在什么哲学立场的重大问题，而只是用真理是经验的、生动的组织形式这类响亮的词句、无聊的空话来回避问题。波格丹诺夫不知道当一个唯物主义者必然要承认绝对真理。列宁说，承认客观真理，也就这样那样地承认了绝对真理，这是一切唯物主义者的共同点。但在承认绝对真理时又有"这样或那样地承认"之分，这就把辩证唯物主义者恩格斯和形而上学唯物主义者杜林区分开来了。辩证唯物主义认为绝对真理之中包含有相对真理，是承认相对的绝对；形而上学唯物主义则认为绝对真理不包含任何相对性，是排斥相对的绝对。

其次，列宁指出，波格丹诺夫不了解恩格斯在讲到永恒真理时为什么要举那些平凡的事例。恩格斯之所以举出一些极端浅显的事实，一方面，是为了嘲笑形而上学者杜林不懂辩证法，不懂绝对真理和相对真理之间的辩证关系，一味地追求不包含任何相对真理的

---

① 《列宁专题文集　论辩证唯物主义和历史唯物主义》，人民出版社 2009 年版，第 38 页。

绝对真理、永恒真理。另一方面，是为了教导人们必须停止对"永恒真理"这样的大字眼的庸俗的玩弄，而要辩证地解决绝对真理和相对真理的关系问题。波格丹诺夫不了解问题的实质，却在那里大发议论，充分暴露了他对唯物主义辩证法的无知。

（二）阐述绝对真理和相对真理的辩证关系

首先，列宁引证了恩格斯、狄德罗关于绝对真理和相对真理辩证关系的论述。

恩格斯在《反杜林论》中批判杜林形而上学的"永恒真理"观时，着重从人的认识能力的无限性和有限性、思维的至上性和非至上性、真理和谬误的辩证统一等方面来说明绝对真理和相对真理的关系问题。恩格斯说，人的思维是至上的又是非至上的；思维的至上性是在思维的非至上性中实现的。也就是说，就无限延续的整个人类的认识来说，思维是至上的、无限的，就某一时代的具体的人的认识来说，思维又是非至上性的、有限的。整个人类思维的至上性是通过一系列个人的非至上性的思维来实现的，是在那些非至上的思维的无限延续中实现的，所以，思维的至上性和非至上性是辩证的统一。绝对真理和相对真理的关系也是这样，正因为人类的思维是至上的，所以能把握绝对真理；又由于思维的个别实现是非至上的，所以具体的认识又都是只具有相对的真理性的，是相对真理；正如至上的思维实现于非至上的思维中一样，绝对真理实现于相对真理之中。

恩格斯还说，真理和谬误的对立有一定的范围，即真理只在一定条件下才是真理，谬误只在一定条件下才是谬误；超出了一定范围，真理可以转化成谬误，谬误也可以转化成真理。恩格斯关于真理和谬误之间的辩证关系的论述，说明真理和谬误的对立不是绝对的，是可以相互转化的，进一步阐明了真理的相对性，批判了杜林把真理绝对化的形而上学错误。

　　约·狄慈根在《一个社会主义者在认识领域中的漫游》一书中讲到绝对真理和相对真理的关系时，虽然使用了"天赋""先于经验"等不确切的说法，但他的基本观点还是符合辩证法的，是正确的。他认为，人的每一认识都是对绝对真理的认识，但又不是绝对真理本身；人们可以无限地认识整个世界，但这个世界又不可能一下子全部被人们认识；人的认识虽然只是认识到自然界的一部分，但这一部分又具有整个自然界的本性。狄慈根的这些看法就说明相对真理之中包含着绝对真理，绝对真理通过相对真理来表现，人们对自然界的真理性的认识既有绝对性又有相对性。这些看法无疑是正确的。

　　其次，列宁在恩格斯和狄慈根论述的基础上，对绝对真理和相对真理的关系做了进一步的分析和发挥，着重强调了以下二点。第一，"绝对真理是由相对真理构成的"①，相对真理的总和构成绝对真理。也就是说，世界是可以被人类完全正确地认识的，绝对真理是存在的；但这个认识是一个无限发展的过程，不是一朝一夕能实现的。在现实中，人们对世界的每一具体的正确认识即相对真理，都是向绝对真理的接近，并为达到绝对真理而增添新的颗粒，这种无限的颗粒总和就是绝对真理。第二，"相对真理和绝对真理之间没有不可逾越的鸿沟"②。相对真理和绝对真理是客观真理的两个不同方面，二者是你中有我、我中有你、紧密联系、不可分割的。相对真理中包含着绝对真理，绝对真理中也包含着相对真理。列宁说："从现代唯物主义即马克思主义的观点来看，我们的知识向客观的、绝对的真理接近的界限是受历史条件制约的，但是这个真理

---

　　① 《列宁专题文集　论辩证唯物主义和历史唯物主义》，人民出版社 2009 年版，第 40 页。

　　② 同上书，第 42 页。

的存在是无条件的，我们向它的接近也是无条件的。图画的轮廓是受历史条件制约的，而这幅图画描绘客观地存在着的模特儿，这是无条件的。在我们认识事物本质的过程中，我们什么时候和在什么条件下发现煤焦油中的茜素或发现原子中的电子，这是受历史条件制约的；然而，每一个这样的发现都意味着'绝对客观的认识'前进一步，这是无条件的。一句话，任何思想体系都是受历史条件制约的，可是，任何科学的思想体系（例如不同于宗教的思想体系）都和客观真理、绝对自然符合，这是无条件的。"① 列宁的这些关于认识过程中有条件的因素和无条件的因素相统一的论述，生动地说明了相对真理和绝对真理在认识过程中的对立统一关系。任何认识都既是有条件的又是无条件的，任何真理都既是相对真理又是绝对真理，是相对和绝对的辩证统一，二者之间没有不可逾越的鸿沟和截然分明的界限，既没有某种只有相对性而无绝对性的真理，也没有某种只有绝对性而无相对性的真理。

最后，相对真理和绝对真理的区分是既确定又不确定的。列宁在这里所说的相对真理和绝对真理的区分是不确定的，就是指二者的区分是相对的，相对真理也具有绝对性，绝对真理是由相对真理构成的。如果不理解这一点，就会把真理当作只有绝对性而没有任何相对性的东西，只承认绝对真理而不承认相对真理，从而把真理变成僵死的、凝固的、不发展的、不变化的东西，像杜林一样陷入形而上学绝对化的泥潭。至于说相对性和绝对真理的区分是确定的，就是指二者之间是有差别的，不是完全等同的。肯定绝对真理是存在的，它不同于相对真理。如果不了解这一点，就会把真理看成只有相对性而没有绝对性的东西，只承认相对真理不承认绝对真理，最终否认客观真理的存在，陷入不可知论和相对主义的泥潭。

---

① 《列宁专题文集　论辩证唯物主义和历史唯物主义》，人民出版社 2009 年版，第 42 页。

所以列宁说："这种区分正是这样'不确定'以便阻止科学变为恶劣的教条，变为某种僵死的凝固不变的东西；但同时它又是这样的'确定'，以便最坚决果断地同信仰主义和不可知论划清界限，同哲学唯心主义以及休谟和康德的信徒们的诡辩划清界限。"① 列宁的这一思想，既反对了真理的绝对和相对辩证统一问题上的形而上学绝对主义，又反对了唯心主义和相对主义。

（三）　阐述唯物辩证法和相对主义的区别

马赫、阿芬那留斯及其弟子们都宣称他们是相对主义者，标榜他们最不教条、最不迷信，从不崇拜什么东西。列宁批判了他们的相对主义错误，并且分析了辩证法和相对主义的关系，阐明了二者的根本区别。

首先，列宁揭露了俄国马赫主义者之所以在真理问题上陷入唯心主义和不可知论，是由于他们把相对主义作为认识论的基础。相对主义者夸大事物的运动变化，否认事物的相对静止和稳定，从而把运动变化说成是不可捉摸的东西。这样一来，人们对事物的认识就成为不可能的了，因为当人们对事物还未形成某种认识时，事物已经变化成另外一种样子了。于是这种相对主义就必然导致不可知论。同时，由于相对主义不承认事物的相对静止和稳定，也就等于否定了事物的存在，从而导致唯心主义。在真理问题上，相对主义片面夸大真理的相对性和条件性，竭力否定真理的绝对性和无条件性，这也就否定了相对真理所反映的对象的客观实在性，所以，列宁说："把相对主义作为认识论的基础，就必然使自己不是陷入绝

---

① 《列宁专题文集　论辩证唯物主义和历史唯物主义》，人民出版社 2009 年版，第 43 页。

对怀疑论、不可知论和诡辩，就是陷入主观主义。"①

其次，列宁科学地分析和阐明了辩证法和相对主义的区别。列宁指出："辩证法，正如黑格尔早已说明的那样，包含着相对主义、否定、怀疑论的因素，可是它并不归结为相对主义。"② 第一，"唯物主义辩证法无疑地包含着相对主义，可是它并不归结为相对主义"③。说唯物辩证法包含着相对主义的因素，是说辩证法和相对主义都承认相对化，都反对绝对化。但是，它们对于相对的理解是不同的。列宁在《谈谈辩证法问题》中指出，"主观主义（怀疑论和诡辩等）和辩证法的区别在于：在（客观的）辩证法中，相对和绝对的差别也是相对的。对客观的辩证法来说，相对中有绝对。对主观主义和诡辩来说，相对只是相对，是排斥绝对的。"这说明，相对主义是把事物的相对的一面同绝对的一面割裂开来，片面地夸大相对的一面，走上只承认相对而否定绝对的极端；而唯物辩证法则完全不同，它是在相对和绝对的对立统一中来把握相对的，是在相对之中有绝对的前提下承认相对的。在真理问题上也是这样，唯物辩证法和相对主义虽然都承认知识的相对性，都承认相对真理，都不同意把真理绝对化为教条，但是，相对主义是在否定绝对真理、否定客观真理的意义上承认相对真理的，而唯物辩证法则是在承认绝对真理的基础上承认相对真理的，并在二者的对立统一中把握相对真理。第二，辩证法包含着否定的因素。辩证法和相对主义都承认否定，但是二者对否定的理解也是不同的。辩证法把否定看作是联系的环节、发展的环节，是保持肯定的否定，没有否定就没有发展。而相对主义则相反，认为否定就是不包含肯定的单纯的否定，

---

① 《列宁专题文集　论辩证唯物主义和历史唯物主义》，人民出版社 2009 年版，第 43 页。

② 同上。

③ 同上。

是使矛盾结果化为无的否定。相对主义通过夸大知识的相对性而否定其可靠性，从而最终否定了人们认识世界的可能性。第三，辩证法和相对主义都包含着怀疑论的因素，但二者对怀疑的理解也是不同的。辩证法包含着怀疑论的因素，是指它对事物或认识在肯定的理解中包含着否定的理解，找出它的内部矛盾，通过解决矛盾从而推动事物或认识的发展。这是一种积极的怀疑，是作为认识深化的一个环节和出发点的怀疑，而相对主义的怀疑则是消极的怀疑，它怀疑真理的客观性和绝对性，进而怀疑世界的客观存在以及人们认识世界的可能性。

总之，列宁强调指出，辩证法中虽然包含着相对主义、否定、怀疑等被相对主义歪曲夸大了某些因素，但辩证法与相对主义是有根本区别的，绝不能把辩证法归结为相对主义。

四　认识论中的实践标准

在这一节里，列宁考察了在实践标准问题上辩证唯物主义和经验批判主义之间的对立，批判了马赫主义否认实践在认识中的地位和作用的错误观点，阐明了辩证唯物主义的实践观。

（一）批判马赫主义否定认识的实践标准的谬论，阐述实践是辩证唯物主义认识论的基础

列宁对比了马克思、恩格斯同马赫关于实践标准的言论，分析了马克思主义和马赫主义在实践标准问题上的两种根本对立的观点。

列宁指出，马克思和恩格斯都把实践标准作为唯物主义认识论的基础。他引证了马克思在《关于费尔巴哈的提纲》和恩格斯在

《费尔巴哈论》《论历史唯物主义》中关于实践标准的基本思想。马克思和恩格斯都强调，实践是检验真理的标准。只有实践才能证明真理、驳斥谬误，离开实践去谈论认识的真理性问题是扯不清楚的。因为实践具有直接现实性，从实践的结果中可以看出人们的认识是否符合客观事物的情况，即是不是真理。

马赫则不同，他极力否认实践在认识中的地位和作用。他从主观唯心主义的哲学前提出发，把实践从科学中排除出去，把实践同认识看作互不相干的两回事，把实践同理论对立起来。列宁从三个方面逐一批判了马赫的谬论。

第一，批判马赫把实践从科学中排除出去的谬论。马赫说，有些事情从实践的观点来看是有意义的，科学的观点来看却是毫无意义的。他以铅笔在水中和空气中的不同形象和做梦为例，说明了实践中以为是真的在科学中则可能是假的，实践中以为是假的在科学中可能是真的，实践中的真假之别，在科学中是不存在的。所以，实践观点与科学观点是不一致的，实践是不科学的，实践中的真假之分在科学中找不到根据，所以科学是很难承认实践标准的。

对此，列宁进行了针锋相对的批判，他指出：首先，马赫把是不是事实同是不是真理混为一谈，是彻头彻尾的诡辩。因为科学上讲的"事实"同认识上讲的"真理"不完全是一回事。马赫哲学无疑是一个事实，但它绝非真理。西尼耳的经济理论（认为资本家的利润是由工人最后一个小时的劳动创造的）和马克思的理论都是事实，然而它们之间却有谬误和真理的区别，所以，不能以"是事实"为根据来否认现实与错觉、真理与谬误之间的区别，也不能以否认这种区别为根据来否定实践在认识中的意义。其次，马赫以科学"无党性"作幌子掩盖自己哲学唯心主义的观点。在马赫看来，科学只管是不是事实而不管是不是真理。这样一来，在唯物主义和唯心主义以及宗教的斗争中，在真理同谬误的斗争中，科学是不偏不倚、没有党性的。这是十分荒谬的，事实并非如此。他这样做的目的，就是为了把本来同唯物主义和真理相一致的科学分割出来，用以掩盖自己的唯心主义哲学和宗教的非科学性和欺骗性。列宁明确指出，实际上，科学在唯物主义同唯心主义的斗争中是有党性的，科学同唯物主义是一致的，许多自然科学家都是自发地站在唯物主义立场上来处理他们的研究对象的。从认识论上讲，科学是追求真理驳斥谬误的，因而，它不仅要管是不是事实，而且还要管是不是真理。正如列宁指出的"狄慈根认为科学的即唯物主义认识论是'反对宗教信仰的万能武器'"[①]。

第二，批判马赫把实践和认识论看成互不相干的两回事的谬论。马赫说："认识是对生物学上有用的心理体验"[②]，只有成功才能把认识和谬误区别开来。俄国的马赫主义者竟天真地相信这些说法同马克思主义关于实践标准的观点是一致的，并以此证明马赫主义"接近"马克思主义，可以用它来补充马克思主义。列宁嘲笑了俄国马赫主义者的无知，从理论上阐明了马克思主义同马赫主义在实践问题上的原则区别。

马克思主义哲学把实践作为认识论的基础，认为离开实践去解决认识论基本问题的尝试是"经院哲学"和"哲学怪论"；而马赫主义则认为，实践是一回事，认识论是另外一回事。

马克思主义哲学认为，认识只有在它正确地反映客观世界及其规律性因而能够有效地指导人们的行动时才是有用的，认识的有用性同它的正确性是分不开的；马赫主义却把"有用"同认识的正确性割裂开来，只求"有用"而不管其是否正确。

---

① 《列宁专题文集　论辩证唯物主义和历史唯物主义》，人民出版社 2009 年版，第 45 页。

② 同上书，第 46 页。

马克思主义哲学认为，实践是检验真理的标准，只有实践的结果才能判定认识是否正确，要想在实践中达到预期的目的，就必须使自己的思想合于外界的规律性，正确地反映客观世界；马赫主义认为，只有"成功"才能把真理与谬误区分开来，他们只追求"成功"而不管其是不是对客观实在的正确反映，只要"成功"就是"真理"，这个"真理"并不以正确反映世界为前提。

马克思主义哲学认为，以实践为认识论的基础，必然导致唯物主义；马赫主义割裂实践和认识的联系，认为在日常生活中可以讲点唯物主义，但在哲学理论上却完全是另外一回事。

由此可见，马赫主义虽然也讲"成功""有用"之类关于实践方面的问题，但与马克思主义哲学所讲的实践标准是根本不沾边的。俄国马赫主义者说马赫主义"接近"马克思主义是完全没有根据的。

第三，批判马赫把实践同理论对立起来的谬论。马赫认为，在实践中经常采用的观点，在理论上却可以不承认。他说，日常生活实践中，人们常说日出日落，可是在理论上却不能这样说，天文学的观察证明地球绕着太阳公转，同时也在自转。因此，不是太阳时出时没，而是地球的某一部分表面时而朝着太阳，时而背着太阳，所以说太阳"出来了"是不科学的，应该说"地球这面又朝太阳了"。可见，实践和理论不是一回事，二者之间没有共同的见解和标准。马赫又说，在日常生活实践中，人们都是追求享受、追求物质利益的，因此都是利己主义者也奉行唯物主义者；可是，在理论上却不能讲利己，不能奉行唯物主义。如果理论上也讲利己主义不奉行唯物主义，就显得理论不够高尚，可是在实践中不实行利己主义和唯物主义又无法生活，可见，实践和理论是两码事，二者之间没有共同之处。

列宁对此给予了坚决的批判，指出：第一，利己主义是一个伦理学范畴，是一种道德观点，马赫把认识论、唯物主义同属于伦理学范畴的利己主义扯在一起是驴唇不对马嘴；第二，虽然人们通常习惯说"太阳出来了"，但这并不等于说实践认为太阳绕地球运转，因此，不能把日常生活中的见解和说法与实践混为一谈，也不能简单地把实践归结为日常生活，更不能把天文学的观察从实践中排除出去，天文学关于地球绕着太阳运转的认识是长期观察实践的结果，实践和科学理论在这个问题上是一致的；第三，在马赫的毫无价值的诡辩中包含着一个有价值的自供，即他不得不承认，人们在自己的实践中完全地唯一地以唯物主义的认识论为指导，这说明了唯物主义的无比正确和巨大威力，而马赫主义者在理论上反对唯物主义，只不过是其唯心主义真面目的必然表现而已；第四，把实践看作一种认识论上不值得研究的东西而加以排除的做法，不是什么新东西，而是一切唯心主义者和不可知论者早已用过的手法，马赫主义者用早已破产了的唯心主义和不可知论反对唯物主义的伎俩来攻击马克思主义哲学，表明他们并不比他们的前辈高明多少。

（二）阐明实践的观点是认识论的首先的和基本的观点

首先，列宁揭露和批判了俄国马赫主义者反对唯物主义但又不敢直接面对马克思、恩格斯甚至费尔巴哈的观点而与普列汉诺夫纠缠不休的卑劣伎俩。列宁引证了唯物主义者费尔巴哈关于实践在认识中的作用的论述。费尔巴哈在批判主观唯心主义者费希特把主体和客体、感觉和现实等同的错误时，指出了他离开实践，把实践和理论分开的错误，他强调了认识必须以实践为基础。费希特说："你所以认为物是现实的，是存在于你之外的，只是因为你看到它们、听到它们、触到它们。但是视、触、听都只是感觉……你感觉的不是对象，而只是你自己的感觉。"① 费尔巴哈反驳说，现实世界是不是自己的感觉的问题，就跟别人是不是自己的感觉的问题一样。唯心主义者在实际生活中也承认别人的现实存在，可是他们却把实际生活中的这种看法同在思辨理论中的看法分割开来，认为适合于生活的观点不适用于思辨。费尔巴哈指出："唯心主义的根本错误就在于：它只是从理论的角度提出并解决世界的客观性或主观性、现实性或非现实性的问题"。② 这是一种僵死的、虚伪的思辨。他认为，在实际生活中承认客观性和现实性同在的理论是承认它是一致的。列宁充分肯定了费尔巴哈的这一思想，明确指出，费尔巴哈把人类实践的总和当作认识论的基础。当然，费尔巴哈对实践的理解和辩证唯物主义的实践观有着很大的不同。列宁在这里肯定的是费尔巴哈反对离开实践考察认识问题，反对把实践同认识论分割开来、从认识论中排除出去的唯心主义做法，主张生活实践和理论研究应当一致，都应坚持唯物主义。

其次，列宁阐发了马克思主义的实践观。列宁在费尔巴哈论述的基础上，站在辩证唯物主义的高度，发展了马克思、恩格斯的思想，阐明了马克思主义实践观的重要思想。第一，明确提出了"生活、实践的观点，应该是认识论的首要的和基本的观点"③ 这一著名论断。这是因为，实践是人们改造客观世界的活动，是主观认识客观的必由之路，通过实践发现真理，通过实践检验和发展真理。只有坚持实践的观点，才能导致彻底的唯物主义，形成正确的认识，也才能够彻底驳斥一切唯心主义和不可知论。第二，着重论述了实践标准问题，分析了实践作为检验真理的标准所具有的确定性

---

① 《列宁专题文集　论辩证唯物主义和历史唯物主义》，人民出版社 2009 年版，第 48 页。

② 同上书，第 49 页。

③ 同上。

和不确定性。坚持实践问题上的唯物论，就要坚定地主张"实践是检验真理的唯一标准"，这是确定无疑的，除此之外没有任何东西可以作为标准，因为实践标准的确定性就是指它的绝对性、唯一性。坚持实践标准的确定性，就是坚持实践是检验真理的唯一标准。如果否定了实践标准的确定性，就必然背离唯物主义而导致相对主义，陷入唯心主义和不可知论。坚持实践标准问题上的辩证法，就是认为实践标准检验真理具有相对性，认为它是不确定的。因为实践本身是一个具体的历史过程，是在一定条件下进行的，一两次实践往往不能驳倒谬误、证明真理。如果把实践标准绝对化，那就很可能单凭一两次实践而否定真理或肯定谬误，或者由于一两次实践检验得不够准确而对实践能否作为检验真理的标准产生怀疑和动摇。

最后，列宁批判了波格丹诺夫在真理标准问题上的相对主义观点。波格丹诺夫夸大实践标准的不确定性，他把马克思的货币流通理论这一为实践所证明的普遍真理，说成只是在"我们的时代"才具有的真理性，而把那种认为这一理论具有普遍意义的观点叫作"独断主义"，又一次体现了他的相对主义。列宁明确指出："遵循着马克思的理论的道路前进，我们愈来愈接近客观真理（但决不会穷尽它）；而遵循着任何其它的道路前进，除了混乱和谬误之外，我们什么也得不到。"

五　学习意义

在马克思主义哲学发展史上，列宁的《唯物主义和经验批判主义》占有非常重要的地位。在这部著作中，列宁坚持了辩证唯物主义和历史唯物主义的基本立场和观点，从世界观的高度总结了俄国革命和国际共产主义运动的经验，概括了从恩格斯逝世到列宁这个历史时期的自然科学发展所取得的最重要的成就，全面而系统地批判了马赫主义哲学思潮，在新的历史条件下捍卫和发展了马克思主义哲学，它是马克思主义哲学发展到列宁主义阶段的重要标志之一。列宁在本书中对马克思主义的唯物论、认识论、真理观、历史观及哲学的党性原则等基本理论的科学阐述和发挥，对新时期中国特色社会主义伟大事业的建设有着重要的指导作用。

第一，列宁关于马克思主义认识论的唯物主义基础的论述和关于三个认识论的重要结论，为我们在改革实践中坚定不移地贯彻实事求是的思想路线提供了科学的理论依据。列宁在批判马赫主义哲学的前提时，明确指出：哲学上两条基本路线的区别是"从物到感觉和思想呢，还是从思想和感觉到物呢?"[1] 在批判不可知论时，提出认识论的三个重要结论，强调和阐明了辩证唯物主义认识论最基本的观点，既承认自在之物的客观实在性、可知性，又承认对自在之物的认识是一个辩证发展的过程。这一完整科学的辩证唯物主义认识路线，要求我们在一切工作中坚持一切从实际出发，实事求是，通过对现实的深入调查研究，努力发现客观事物自身的规律，使主观和客观相统一、认识和实践相统一，自觉克服和防止主观主义、教条主义的倾向。

第二，列宁关于绝对真理和相对真理辩证关系的论述，为我们在新时期的实践中不断地丰富和发展马克思主义提供了科学的理论指导。马克思主义认识论的真理观认为，人的认识是一个以实践为基础，在主客体相互作用的矛盾运动的推动下不断发展的过程，因此，任何一门科学都不可能是一成不变的终极真理体系。用这种观点来看待马克思主义理论，就要求我们把它当作在实践中不断丰富

---

[1] 《列宁专题文集　论辩证唯物主义和历史唯物主义》，人民出版社 2009 年版，第 6 页。

和发展的科学，认清马克思主义发展的趋势，自觉地在社会主义改革实践中，研究新问题，开拓新视野，发展新观念，总结社会主义现代化建设和改革的实践经验，进行创造性地理论概括，把马克思主义不断推向前进。

第三，列宁关于实践标准的论述，告诉我们既要看到实践标准的确定性，防止和反对否认真理标准问题的唯心主义、怀疑主义和相对主义，又要看到实践标准的不确定性，防止和反对教条主义。我们必须把实践对真理的检验放在历史的长河中去检验。实践永无止境，检验也永无止境，这个过程永远不会终结。

辩证法的要素[*]

《辩证法的要素》是列宁《黑格尔〈逻辑学〉一书摘要》的一部分，写于 1914 年。列宁在读到《逻辑学》中"绝对理念"这一章时写道，黑格尔关于辩证法环节的"规定不是明确的!!!"他自己提出了三条，同时指出，"大概这些就是辩证法的要素"。最后在即将结束对《逻辑学》一书的研究时，列宁又把三要素比较详细地具体化和展开了，写下了十六条，这就是辩证法的十六要素。对这十六要素，列宁还没有来得及加以更精确、更系统的整理，并形成一个严整的唯物辩证法体系，但是从总体上我们已经可以见到列宁进一步研究和阐述唯物辩证法体系的基本构想，也可以说这是列宁对唯物辩证法的科学体系勾画的一张蓝图。

《辩证法的要素》共十六条，按内容可以归纳为四个方面的问题：一是辩证法的唯物主义基础；二是唯物辩证法的基本原则；三是辩证法的基本规律和范畴；四是认识过程中的辩证法。贯穿全部要素的一条红线是对立统一，它是唯物辩证法的核心。

---

　　* 《列宁专题文集　论辩证唯物主义和历史唯物主义》，人民出版社 2009 年版，第 139—140 页。

一　辩证法的唯物主义基础

"（1）考察的客观性（不是实例，不是枝节之论，而是自在之物本身）"

这一条说明辩证法必须以唯物主义为基础。列宁把观察的客观性作为辩证法诸要素的第一条提出来，这就表明了唯物辩证法的出发点，把辩证法奠定在唯物主义的基础上，从而同黑尔格的唯心主义辩证法划清了界限。

马克思、恩格斯都十分强调辩证法和唯物论的统一。马克思说："紧接着这段描述之后还直截了当地说，他的方法和黑格尔的方法'截然相反'。在黑格尔看来，观念的发展，按照三段式的辩证规律，决定现实的发展。"① 这说明，马克思主义哲学是在唯物主义的基本前提下来讲辩证法的。

所谓"观察的客观性"，就是要求人们在认识事物时，必须按照事物的本来面貌，客观地、全面地、本质地看问题，竭力避免主观性、片面性和表面性。由于客观事物的复杂性，所以构成它的诸多方面也不尽相同，其中既有本质和现象之分，也有主要和次要之别。这就要求我们在观察事物时，不能只罗列个别"实例"，只抓住枝节和表面现象，而应当从事物的整体上、本质上、主流上去正确地把握它。列宁在这里讲的不是实例，不是枝节之论，实际上是针对第二国际的诡辩论而提出的。考茨基论证第一次世界大战，不仅具有帝国主义性质，而且具有民族战争性质，所使用的就是这种诡辩的方法。列宁在《帝国主义是资本主义的最高阶段》的序言中

---

① 《列宁专题文集　论辩证唯物主义和历史唯物主义》，人民出版社 2009 年版，第 203 页。

曾指出，能够证明战争的真实社会性质的，是对各交战国统治阶级的客观情况的分析。为了说明这种客观情况，不应当引用一些例子和个别的材料，而一定要引用关于各交战国和全世界的经济生活基础的材料的总和。

社会生活极端复杂，随时都可以找到任何数量的例子或个别的材料来证实任何一个论点，如果一个领导者应用这种方法来做决策，不可避免地会出现决策失误，或者政策多变。只有坚持观察客观性的原则，才能正确地反映客观事实，从中引出固有的而不是臆造的规律性作为我们行动的向导。"观察的客观性"表明辩证法与认识论是有机统一的，它是实行科学领导的方法论基础。

二　唯物辩证法的基本原则

（一）普遍联系的原则

"（2）这个事物对其他事物的多种多样的关系的全部总和。"[①]

"（8）每个事物（现象等）的关系不仅是多种多样的，并且是一般的、普遍的。每个事物（现象、过程等）是和其他的每个事物联系着的。"[②]

所谓关系，就是联系。这两条集中地说明了辩证法的一个基本原则，即普遍联系的原则。这一原则表明，世界上的任何事物，都不是彼此孤立存在的，都同周围的其他事物发生这样或那样的关系，形成一个相互制约的统一整体。

列宁提出了关于事物普遍联系的客观性、多样性、整体性的重

[①]　《列宁专题文集　论辩证唯物主义和历史唯物主义》，人民出版社2009年版，第139页。

[②]　同上书，第140页。

要思想。第一，事物的普遍联系是客观的。各个事物之间，都是处于相互联系、相互依赖、相互作用的关系之中的。在现实中，一事物与其他事物之间的关系是客观存在着的，如果离开它们的相互联系，事物就会成为不可理解、毫无意义的东西。第二，事物之间联系形式的多样性。在事物的相互联系中，有外部联系和内部联系，有表面联系和本质联系，有偶然联系和必然联系，等等。不同性质的联系，对事物存在和发展的作用都是不同的，因此，对事物的多种多样的联系，必须进行具体分析，找出其内在的、本质的、必然的联系。第三，事物联系的整体性。世界上的一切事物，都是处于"关系的全部总和"之中，形成一个联系的统一整体，因此，我们在观察问题的时候要从事物联系的整体去把握，去思考。

（二）永恒发展的原则

"（3）这个事物（或）现象的发展、它自身的运动、它自身的生命。"①

这一条集中说明一切事物都是运动、变化、发展的。这是唯物辩证法又的一条基本原则。

列宁在这里讲了三层意思：第一，事物是发展的；第二，事物的发展在于"它自身的运动"，由于事物是互相联系的，也就是它们的相互作用构成了运动，才引起事物的变化、发展；第三，事物发展的原因主要在于事物自身，即"它自身的生命"。"生命"一词，不能从通常的生物学意义上来理解，而是指事物自身的矛盾性。这个思想，是列宁对黑格尔关于"矛盾却是一切运动和生命力的根源"、某物之所以是有生命的，只是因为它本身包含着矛盾。唯物辩证法把事物运动、变化、发展的根源归之为"它自身"，即

———————————

① 《列宁专题文集　论辩证唯物主义和历史唯物主义》，人民出版社 2009 年版，第 140 页。

事物本身的矛盾性。

三　辩证法的基本规律和范畴

列宁抓住事物自身的矛盾，展开论述辩证法的要素，揭示了辩证法的基本规律和范畴。

（一）对立统一规律

"（4）这个事物中的内在矛盾的倾向（和　方面）。"①

"（5）事物（现象等）是对立面的总和与统一。"②

"（6）这些对立面、矛盾的趋向等的斗争或展开。"③

"（9）不仅是对立面的统一，而且是每个规定、质、特征、方面、特性向每个他者（向自己的对立面）的过渡。"④

上述四条，集中地揭示了对立统一规律，其基本思想是一切事物都有"内在矛盾的倾向"，矛盾是普遍的、绝对的，这是列宁批判他继承黑格尔关于"一切事物自身都是矛盾的"思想的一个重要成果。它表明，一切事物都不是绝对同一的，而是包含着差别和对立的统一体，即由矛盾着的双方构成的统一体。是否承认一切事物都存在着矛盾，这是辩证法同形而上学的最根本分歧之点。

矛盾是对立面的统一。这说明了什么是矛盾，以及事物矛盾的同一性。事物即矛盾。矛盾就是由事物内部的对立面构成的，也就

---

①　《列宁专题文集　论辩证唯物主义和历史唯物主义》，人民出版社 2009 年版，第 140 页。

②　同上。

③　同上。

④　同上。

是说，双方各以对方的存在方式为自己存在的前提和条件，任何一方都不能单独地、孤立地存在，所以，列宁说，事物是对立面的统一。同时事物又是复杂的，简单的事物只有一对矛盾，而复杂的事物就有诸多的对立面。这诸多的对立面相互联系、相互依存，各以自己的对立面的存在方式作为自己的前提和条件，共同组成一个复杂的矛盾统一体，所以列宁说，事物又是对立面的"总和"。因此，我们要想对事物有一个比较全面的认识，就必须分析事物内部的一切对立面，研究它们相互依存的关系。

对立面的双方不仅具有同一性，而且还存在斗争性。所谓斗争是指矛盾双方互相排斥、互相对立、互相否定的趋向。有矛盾就有斗争。对立面的斗争并不是一开始就激烈地、尖锐地进行着，而是有一个发展或者"展开"的过程。列宁讲对立面的"斗争或展开"，其意义在于说明没有斗争矛盾就不能发展，不能解决新事物就不能代替旧事物。矛盾的斗争性是普遍的，绝对的。如果对立面只有相互依赖而无斗争，就不会有对立面的相互转化。

辩证法要素第九条主要讲矛盾对立面的相互转化，对立面的斗争必然引起对立面的相互转化。没有转化就没有发展。事物矛盾方面的转化是复杂的。这一转化不仅存在着从旧事物向新事物的转化，而且还包括事物的"每个规定、质、特征、方面、特性"在一定条件下向自己对立面的转化。从对立面转化的类型说，有的属于性质的转化，有的属于状态的转化，有的属于地位的转化。这些方面的转化，有时是分开进行的，有时又可以同时发生，有时是渐进的，有时又会是突变的，因此，在研究事物的发展时，要具体把握对立面转化的具体情形。

（二）内容和形式

"（15）内容和形式以及形式和内容的斗争。抛弃形式、改造内容。"①

这一条是从内容和形式这一对基本范畴来说明对立面的转化。列宁把它作为辩证法要素第九条的一个"实例"。

任何事物都是一定内容和形式的统一体。内容是指一个事物的内部要素的总和；形式则是指内容的各要素结构及其表现形式，在内容和形式的对立统一中，内容决定形式，有什么样的内容就有什么样的形式；同时，形式又对内容起反作用，当形式基本适合内容时，形式对事物的发展起促进作用，反之，就起阻碍的作用。内容和形式的"斗争"，其结果是新内容冲破旧形式，建立适合自己的新形式，而一旦新形式建立之后，它又会对新的内容的发展创造条件。这就是列宁关于"抛弃形式，改造内容"的辩证法。

（三）质量互变规律

"（16）从量到质和从质到量的转化。（第十五条和第十六条是第九条的实例）。"②

这一条主要讲质和量的转化，揭示了质量互变规律。

任何事物都是质和量的具体统一。一定的量，总要受一定质的制约；一定的质，又以一定的量为基础。事物的变化首先从量的变化开始，在一定界限内，量的变化不引起质变，但超出一定界限量变就引进质变。质变是旧有的量变过程的结果，又是在新的质的基础上进行新的量变过程的开始，于是质变又转化为量变。这种从量变到质变又从质变到量变相互转化的过程，便构成了辩证法的质量互变规律。

---

① 《列宁专题文集　论辩证唯物主义和历史唯物主义》，人民出版社 2009 年版，第 140 页。

② 同上书，第 141 页。

（四）否定之否定规律

"（13）在高级阶段上重复低级阶段的某些特征、特性等。"①

"（14）仿佛是向旧东西的回复（否定的否定）。"②

这两条说明事物是按照否定之否定规律发展的。

否定之否定是辩证法的一条基本规律。事物的发展是通过其自身的否定而转化为自己的对立面的，即肯定转化为否定，这个否定再次地进行自我否定，即否定之否定的过程。事物经过这样两次否定，呈现出周期性发展的状态，它在高级阶段上重复低级阶段的某些特征、特性，并且仿佛是向旧东西的回复。这是因为事物的发展是由对立面的统一和斗争推动的，事物通过第一次否定，矛盾的主要方面和次要方面相互易位，这时，否定方面所具有的某些特征、特性占据主导地位；而在第二次否定时，恰恰是与第一次否定的事物相似的某些特征、特性又占据了事物的主导方面，由此而使事物的发展出现了仿佛是向第一阶段的回复，但仅仅是"仿佛"而已，因为经过两次否定之后，事物已经进入了高级阶段，从总体上看它是前进了、上升了。否定之否定规律的实质，在于它揭示了事物的发展过程是前进性和回复性、上升性和曲折性的对立统一。

四　认识过程中的辩证法

由于主观辩证法是客观辩证法的反映，因此，列宁在列举辩证法的要素时，特别注意到辩证法在认识过程中的体现。

---

① 《列宁专题文集　论辩证唯物主义和历史唯物主义》，人民出版社 2009 年版，第 140 页。

② 同上。

"（7）分析和综合的结合——各个部分的分解和所有这些部分的总和、总计。"①

这一条是讲认识过程中分析和综合的辩证法。分析是指对事物的各个矛盾方面、部分、要素的认识。综合是指在分析的基础上，把事物矛盾各个方面、部分、要素的认识总括起来，找出其共同的、本质的东西，达到在总体上对这一事物完整的深刻的认识。为了正确地认识事物，必须采取分析与综合相结合的方法。

分析和综合的过程，从一定意义上来说，就是从具体到抽象再从抽象到具体的过程，而且分析和综合在认识过程的不同阶段，总是各有侧重，但又是密切结合交错进行的。分析和综合是对立的统一。

"（10）揭露新的方面、关系等的无限过程。"②

这一条主要讲人们对事物的认识是一个无限发展的过程。客观世界的发展是无限的，人们对事物的认识也是无限的。认识的任务就是在实践的基础上不断揭露新的方面，发现新的关系，从认识事物的某一方面到认识更多的方面，从认识某种关系到认识多种多样的关系。既然人类认识事物是一个无止境的过程，那么，就不应该把某种认识看成是"终极真理"。

"（11）人对事物、现象、过程等的认识深化的无限过程从现象到本质、从不甚深刻的本质到更深刻的本质。"③

这一条主要讲认识是怎样向事物内部不断深化的过程。列宁在这里不仅指出认识是从现象到本质的过程，而且进一步指

---

① 《列宁专题文集 论辩证唯物主义和历史唯物主义》，人民出版社 2009 年版，第 140 页。

② 同上。

③ 同上。

出，从不甚深刻的本质到更深刻的本质，揭示了认识无限深化的辩证过程。

"（12）从并存到因果性以及从联系和相互依存的一个形式到另一个更深刻更一般的形式。"①

这一条是对第十一条的补充和深化，说明人们对哲学范畴的认识都是一个不断深化、不断发展的过程。

所谓并存，是指事物之间最简单、最表面的联系。事物的因果性则是事物之间的一种本质联系，原因和结果是前后相继的关系。"从并存到因果性"这种本质联系，是人们认识的深化，也是辩证法范畴的深化和发展。而因果关系，作为一种联系和相互依存的形式，又是多种多样的。在事物的诸多原因中，有根本原因和从属原因、内部原因和外部原因、必然原因和偶然原因，等等。为了使认识深化，人们必须从事物的诸多因素中，找出内部的、根本的、必然的原因，使认识从联系和相互依存的一种形式到另一种更深刻更一般的形式，这是人类认识发展的辩证法，也是唯物辩证法范畴的演进、深化的过程。

以上便是列宁的辩证法十六要素的基本思想。在辩证法要素中，除第一条是讲辩证法的唯物论基础之外，其他十五条都是和对立统一规律紧密相关的。从列宁关于辩证法要素的手稿中，我们看到，他在手稿的中央画了一个方框。在这个方框内，列宁写了一段著名的论断，可以把辩证法简要地确定为关于对立面的统一的学说，这样就会抓住辩证法的核心，可是这需要说明和发挥。这一论断，是列宁对辩证法十六要素的概括和总结。

列宁如此明确地指出对立统一规律是辩证法的核心，这在哲学史上还是第一次，是他对马克思主义唯物辩证法思想的一个重大贡

---

① 《列宁专题文集　论辩证唯物主义和历史唯物主义》，人民出版社 2009 年版，第 140 页。

献。列宁的认识，仅仅指出对立统一规律是辩证法的核心这一思想是不够的，还必须加以说明和发挥。之后，列宁自己在《谈谈辩证法问题》中，又着手回答和解决了这一课题。

谈谈辩证法问题[*]

　　《谈谈辩证法问题》写于 1915 年。这篇短文是列宁长期研究辩
证法问题的结晶，也是他批判第二国际机会主义者的诡辩论的一篇
代表作。它以笔记的形式精辟地表述了极其丰富的辩证法内容，其
中心思想是着重阐明对立统一规律是辩证法的实质和核心，以及辩
证法也就是马克思主义的认识论这一重要观点。

一　对立统一规律是辩证法的实质和核心

　　列宁在文章的第一段，开门见山地提出："统一物之分为两个
部分以及对它的矛盾着的部分的认识……是辩证法的实质。"^①这就
表明了全文的主题思想。列宁在总结哲学史上已有的辩证法思想
资料的基础上，对辩证法的实质作出了科学概括。"统一物之分为
两个部分"，这说明任何统一物都包含着矛盾的两个方面，事物就
是矛盾，矛盾就是对立面的统一，但是只说明任何事物都有矛盾
还不够，还要对矛盾双方的相互关系加以认识，才能真正把握辩

---

　　* 《列宁专题文集　论辩证唯物主义和历史唯物主义》，人民出版社 2009 年版，
第 148—152 页。
　　① 同上书，第 148 页。

证法的实质。

二 对立统一规律是客观物质世界和认识的普遍规律

列宁指出，对立统一规律的客观性和普遍性是以科学的发展为依据，由科学史来证实的。科学史，从根本上说是人类研究各种物质运动形式中的矛盾运动规律的历史，是人类社会实践经验总结的历史。为了说明对立统一规律的客观性和普遍性，列宁举了数学、力学、物理学、化学和社会学等各个领域中的矛盾为例子。从这些事实中，我们可以看出，从物质运动的最简单形式到最复杂的形式都普遍存在着矛盾，矛盾普遍存在于客观世界之中，贯穿于各门科学史之中。任何一门科学都是以某种物质运动形式作为自己的研究对象的，对其矛盾运动的规律性进行研究。人类认识的发展，也是认识的矛盾运动过程，因此，列宁特别强调对立统一不仅是客观物质世界的规律，而且也是"认识的规律"。

辩证法的这一内容，往往为人们所忽视，例如普列汉诺夫就把对立统一当作实例的总和，而不是看作客观世界的和认识的规律。普列汉诺夫写过不少辩证法的东西，但是，他的辩证法是不彻底的，缺乏对辩证规律进行理论上的分析和论证。像他的《论一元论历史观的发展》一书的第四章，曾列举了大量自然现象和社会现象的例子来说明对立面的互相转化，从量到质的转化，否定之否定，等等，并着重分析了被俄国民粹派米海洛夫斯基歪曲的恩格斯在《反杜林论》中所举的两个例子，即麦粒—麦秆—麦粒；原始共产主义社会的平等—阶级社会的不平等—无产阶级的共产主义社会的平等。在这里，他维护了恩格斯的辩证法思想，但他却不理解辩证法的实质。在反驳米海洛夫斯基时，也只是就事论事，满足于举出一些实例说明客观世界中一些对立统一的现象，他不把对立统一作为一个普遍规律，更看不到这一规律在辩证法中的决定作用，所以列宁指出，他把对立面的同一当作实例的总和。

列宁认为，不能把辩证法作为实例的总和，因为实例不能代替普遍规律，用实例只能部分地说明辩证法的某个原理，而不能揭示整个辩证法的规律。社会生活现象极其复杂，随时都可以找到任何数量的例子或个别材料来论证任何一个论点。如果把辩证法的规律当作实例的总和，就会把个别的甚至偶然的现象说成是普遍规律，实际上是否定了辩证规律的客观性和普遍性。当然，列宁并不是一般地反对用实例来说明问题。恩格斯在《反杜林论》中就用"麦粒""原始共产主义"等实例来说明辩证法规律，但是他这样做是为了通俗地阐明辩证规律的客观性和普遍性。懂得这个道理，有重要的方法论意义。它告诉我们，对事物的客观矛盾，绝对不能采取主观主义的态度；论证事物发展的规律性，必须由科学史来检验。

据此，列宁得出一个重要结论："对立面的同一……就是承认（发现）自然界的（也包括精神的和社会的）一切现象和过程具有矛盾着的、相互排斥的、对立的倾向。"① 这就揭示了对立统一规律的内容，指明了任何矛盾双方都是互相排斥又互相联系着的，在同一中有对立，在对立中有同一。同时也强调了对立统一规律的普遍性，指出它是自然界、社会和精神的一切现象的普遍规律，是客观世界的规律，也是认识的规律。

（一）对立统一规律是事物发展的源泉和动力

列宁在这里指出，有两种根本对立的发展观，即辩证法的发展

---

① 《列宁专题文集　论辩证唯物主义和历史唯物主义》，人民出版社 2009 年版，第 149 页。

观和形而上学的发展观。这两种发展观根本对立的实质在于对发展的源泉和动力的理解是根本不同的。

唯物辩证法认为，事物的矛盾是事物发展的源泉和动力。列宁说："要认识在'自己运动'中、自生发展中和蓬勃生活中的世界一切过程，就要把这些过程当作对立面的统一来认识。"① 这就是唯物辩证法的发展观。它包括两层基本内容：第一，它把事物发展的源泉，主要归之于自己的运动，归之于事物的内在矛盾性；第二，对立面的统一和斗争，推动事物的发展。列宁在这里讲了"发展是对立面的'斗争'"，又讲了"发展是对立面的统一"。对这两个提法应统一起来理解，那种片面强调斗争性或片面强调统一性的观点都是错误的。与唯物辩证法的发展观相反，形而上学的发展观点包含以下内容：第一，把事物的发展仅仅看作是数量的增加和减少，是重复，否认事物的质变；第二，把事物发展的源泉归结为外部力量。这种形而上学的发展观，实际上否认了事物自己的运动及其发展，因而它是死板的、贫乏的、枯竭的。

（二）对立统一规律是理解辩证法其他规律的钥匙

列宁指出，只有把发展归结为对立统一，才能提供理解一切现存事物的"自己运动"的钥匙，才能提供理解"飞跃""渐进过程的中断""向对立面转化"的旧东西的消灭和新东西的产生的钥匙。这也就是说，只有用对立统一的观点来观察事物的发展变化，才能理解事物发展的过程和趋势。

一切事物都是运动、变化、发展的。事物的变化、发展，总是按照这种不同的状态进行的：不显著的渐进过程，是量变。量变发展到一定程度，超过一定的度，就会发生质变，这就是渐进过程的

① 《列宁专题文集　论辩证唯物主义和历史唯物主义》，人民出版社 2009 年版，第 149 页。

中断，是飞跃。飞跃使事物向对立面转化，这就是事物的自我否定，是旧东西的消灭和新东西的产生。但是，为什么事物会有量变到质变的过渡、由肯定到否定的转化呢？这是由事物内部的矛盾运动引起的。因为事物无论是处于量变阶段、质变阶段，还是处于肯定阶段、否定阶段，其内部都包含着两个或两个以上的矛盾因素的对立统一。依据事物矛盾的性质、状况和其所处环境、条件的不同而使事物处于不同的状态和发展阶段，从这个意义上来说，质量互变规律和否定之否定规律都是对立统一规律的表现、展开和补充。正因为如此，列宁才把对立统一规律当作理解辩证法其他两条规律的钥匙。这就进一步表明，对立统一规律处于辩证法的实质和核心地位。

（三）对立面的统一和斗争的辩证关系

矛盾的统一性和斗争性是矛盾的基本属性。只有把握矛盾的统一性和斗争性的关系，才能理解对立统一规律的实际内容，才能真正抓住辩证法的实质和核心。

列宁明确地指出："对立面的统一（一致、同一、均势）是有条件的、暂时的、易逝的、相对的。相互排斥的对立面的斗争则是绝对的，正如发展、运动是绝对的一样。"① 这也就是说，任何矛盾的双方既统一，又斗争。有条件的相对的统一和无条件的绝对的斗争相结合，构成一切事物的矛盾运动。

在这里，列宁特别阐明了矛盾的统一性和斗争性的辩证关系。在唯物辩证法看来，矛盾的统一性与斗争性是辩证统一的，它们之间存在着相对与绝对的差别，因而不能把二者混为一谈。然而它们又是不可分割地联系在一起的，因此不能把二者绝对对立起来。在

———————

① 《列宁专题文集　论辩证唯物主义和历史唯物主义》，人民出版社 2009 年版，第 149 页。

相对的统一性中，存在着绝对的斗争性，绝对的斗争性又是在统一性中的斗争性，二者相互联结、相互渗透。也就是说，不能离开斗争性来谈同一性，也不能离开同一性来谈斗争性，必须在同一性中把握斗争性，在斗争性中把握同一性。在这个问题上，形而上学总是割裂相对与绝对的关系，把同一性和斗争性绝对地对立起来。诡辩论是一种特殊形态的形而上学和主观主义，主观主义（怀疑论和诡辩等）和辩证法的区别在于：在（客观的）辩证法中，相对和绝对的差别也是相对的。对于客观的辩证法来说，相对中有绝对。对于主观主义的诡辩来说，相对只是相对的，是排斥绝对的。这也就是说，怀疑论和诡辩论的错误，就在于它们割裂和歪曲了相对和绝对之间的关系，夸大了相对性，排斥绝对性，把一切都只看成是相对的。

为了把握对立统一规律的实质，不但要懂得矛盾具有同一性和斗争性，更为重要的是要把握矛盾两重性的相互关系。正确处理矛盾的同一性和斗争性的辩证关系，对于我们认识世界和改造世界，在实际工作中坚持辩证法，反对形而上学，是至关重要的。

三　辩证法也就是马克思主义的认识论

列宁从以下几个方面论述了这一重要思想。

（一）矛盾分析方法是认识事物的基本方法

列宁以马克思的《资本论》作为范例，说明从最简单的东西开始，具体分析事物发展过程中自始至终的矛盾，这种方法就是矛盾分析的方法，也就是辩证的认识方法。在《资本论》中，马克思首先抓住资本主义社会最简单、最普遍、最基本、最常见、最平凡，人们碰到过亿万次的商品交换的关系，科学地揭示了商品的内部矛盾的两个方面，即使用价值和交换价值。接着，从分析商品的矛盾入手，进一步揭示了劳动的两重性，即具体劳动和抽象劳动。具体劳动产生使用价值，抽象劳动产生价值。二者分别表现为私人劳动和社会劳动。这便形成私人劳动和社会劳动之间的矛盾，其中已经孕育着资本主义生产资料占有的私人性和生产的社会性之间的深刻矛盾。紧接着，马克思分析了价值形态的矛盾运动和货币的产生、发展及其向资本的转化过程，揭露了资本家剥削工人的秘密，揭示了资本主义社会的生产社会化和私人占有的基本矛盾。这个矛盾的阶级表现，就是无产阶级和资产阶级的矛盾。马克思就是从分析商品这个"细胞"入手，进而揭示出资本主义社会"一切矛盾"或"一切矛盾的胚芽"。在此基础上，马克思科学地论证了资本主义经济危机的必然性和无产阶级革命的不可避免性，从而深刻揭示了资本主义必然由社会主义替代的规律性。可见，唯物辩证法的矛盾分析方法是认识事物的基本方法。

（二）认识的任何一个简单的命题都包含着辩证法的一切要素的萌芽

列宁指出，矛盾分析方法应当是认识一切事物的基本方法，因为每个命题中都包含着辩证法的要素。"一般辩证法的阐述（以及研究）方法也应当如此（因为资产阶级社会的辩证法在马克思看来只是辩证法的局部情况）。"① 为了通俗起见，列宁列举了"树叶是绿的""伊凡是人""哈巴狗是狗"三个简单命题，并着重分析了这些命题中的个别和一般的对立统一关系。

个别和一般相互联系、相互依存，具有同一性。"个别一定与

---

① 《列宁专题文集　论辩证唯物主义和历史唯物主义》，人民出版社 2009 年版，第 150 页。

一般相连而存在。一般只能在个别中存在，只能通过个别而存在。任何个别（不论怎样）都是一般。"① 这也就是说，共性寓于个性之中，个性之中有共性，二者相依而存在。

个别和一般之间不是完全等同的，它们具有差别。"任何一般都是个别的（一部分，或一方面，或本质）。任何一般只是大致地包括一切个别事物。任何个别都不能完全地包括在一般之中"②。也就是说，个别事物千差万别，各有其特点，而一般则只是个别的一部分，是个别的共同本质。

个别和一般可以相互转化。任何个别经过千万次的转化而与另一类的个别（事物、现象、过程）相联系。一类事物同另一类事物，表面看来似乎没有什么联系，其实它们之间也是有联系的。个别通过一般把同类中的各个个别联系起来，而形成一个系统的整体；个别又通过千万次的转化而与另一类个别联系起来，并组成一个客观的普遍联系之网。整个世界，就是通过种种联系而形成的一个普遍联系的统一的整体。

在客观事物的普遍联系和相互转化中，已经有自然界的必然性、客观联系等的因素、萌芽、概念了。这里已经有偶然和必然、现象和本质的存在。这也就是说，在个别和一般的关系中，包含着这种对立统一的关系，所以从任何个别事物中也都可以发现辩证法的一切要素的萌芽。这里，命题的辩证法，反映了客观世界的辩证法，因此，认识本身包括辩证法的要素。

（三）辩证法和认识论的一致性

列宁在分析了任何一个命题中都可以发现辩证法的一切要素这

---

① 《列宁专题文集　论辩证唯物主义和历史唯物主义》，人民出版社 2009 年版，第 150 页。

② 同上。

一论点之后，得出一个重要的结论：辩证法是人的全部认识所固有的。进一步阐明了辩证法和认识论的一致性。这里所说的"人的全部认识所固有的"①，并不意味着人们认识中的辩证法是天生的，也不是说它是哪个天才头脑臆造出来的东西，而是说人们的主观认识和客观的世界服从于同样的辩证法规律。从这个意义上来说，辩证法和认识论是一致的，也正是从这个意义上来说，辩证法就是黑格尔和马克思主义的认识论。

列宁提到了黑格尔，黑格尔第一个把辩证法和认识论统一起来，但是黑格尔是在唯心主义的基础上解决辩证法和认识论的一致性的。他说，认识是从内容进展到内容。首先这个前进运动的特征就是：它从一些简单的规定性开始，而在这些规定性之后的规定性就愈来愈丰富，愈来愈具体。因为结果包含自己的开端，而开端的运动用某种新的规定性丰富了它。列宁赞赏黑格尔这个思想，并批判地汲取了他的思想，在唯物主义的基础上，把辩证法应用于认识论，揭示了认识论的一般规律，正是在这个问题的本质方面，普列汉诺夫没有注意到。对此，列宁批判了他。

（四）　认识发展史证明了辩证法和认识论的一致性

列宁以哲学史为例说明人类认识史的发展就是按照矛盾运动过程而辩证地发展着的。由于认识辩证法不过是客观辩证法的反映，因此，人类认识发展史，必须呈现出曲折前进的过程，即否定之否定的过程。列宁把这一过程比作一串圆圈或螺旋式的曲线，指出："人的认识不是直线（也就是说，不是沿着直线进行的），而是无限地近似于一串圆圈、近似于螺旋的曲线。"把认识的发展史看作一串圆圈，并非从马克思主义哲学开始的。列宁在文中提到了黑格尔

---

① 《列宁专题文集　论辩证唯物主义和历史唯物主义》，人民出版社 2009 年版，第 151 页。

和福尔克曼，说他们"无限地近似一串圆圈"①。黑格尔在《逻辑学》一书中把整个世界和人的认识发展看成是由若干"正—反—合"的圆圈构成的。这种看法是辩证的，但是，他并没有把这个思想贯彻到底，他认为发展是有终点的，他的哲学就是最终的真理，这样，黑格尔的所谓"圆圈"就不再是发展的了。福尔克曼不懂得辩证法，他反对黑格尔的辩证法思想。但是，他在《自然科学的认识原理》一书中也把科学的发展看成一串圆圈。这说明，他们的观点虽然不同但都不否认认识的发展是曲折前进的过程。

列宁从唯物辩证法的观点来研究哲学史的发展过程，勾画出哲学史发展中的四个圆圈。并指出，这些圆圈不一定以人物的年代先后为顺序。这四个圆圈分别为以下方面。

第一个圆圈，古代哲学。列宁提出的顺序是从德谟克利特（公元前460—前370）的朴素唯物主义，到柏拉图（公元前427—前347）的客观唯心主义，再到赫拉克利特（公元前530—前470）的朴素的辩证唯物主义的辩证发展过程。

第二个圆圈，文艺复兴时代哲学。从笛卡尔（1596—1650）的唯理论到伽桑狄（1592—1655）的经验论，再到斯宾诺莎（1632—1671）的唯理论。斯宾诺莎既承认笛卡尔的唯理论，又抛弃了他的"天赋观念"，并在一定程度上承认了感觉经验的作用。列宁对斯宾诺莎还没有完全肯定下来，所以把他放在括号内并加上问号。

第三个圆圈，近代哲学。从霍尔巴赫（1723—1789）的唯物主义可知论，经过贝克莱的主观唯心主义、休谟的不可知论、康德的二元论，再到黑格尔的客观唯心主义可知论的辩证发展过程。

第四个圆圈，是从黑格尔的唯心辩证法，经过费尔巴哈的形而上学唯物主义，达到马克思的辩证唯物主义和历史唯物主义。马克

----

① 《列宁专题文集　论辩证唯物主义和历史唯物主义》，人民出版社2009年版，第167页。

思主义哲学是人类哲学思想发展合乎规律的结果。

从以上四个圆圈的内在逻辑中我们可以看到，整个哲学发展史不是按直线式进行的，而是按近似于螺旋的曲线进行的。马克思和恩格斯所创立的辩证唯物主义和历史唯物主义是在更高水平上的完整的哲学形态。

（五）　脱离辩证法就没有辩证唯物主义的认识论

马克思把辩证法应用于认识论，把人的认识看作是无限发展的过程。列宁指出："辩证法是活生生的、多方面的数目永远增加的认识。"[①] 这种认识过程包含着各式各样观察现实、接近现实的成分，包含着从每个成分发展成的整个哲学体系。旧唯物主义的形而上学，其根本缺陷就是不能把辩证法应用于反映论和认识的过程。

形而上学唯物主义的根本缺陷决定了它不能揭示唯心主义产生的认识论根源，因而难以战胜唯心主义。如法国唯物主义者狄德罗在批判贝克莱的主观唯心主义哲学时指出，它不过是一种"只有瞎子"才会创造出来的"怪诞体系"。这种说法，未免过于简单。唯心主义当然是荒诞的，但是它也是复杂的、曲折的认识过程的产物，有其认识论根源。因此，不去对唯心主义的根源进行深入的分析，不能揭示它是从哪儿来的和怎样产生出来的，而只是把它简单地宣布为胡说八道，是不可能彻底战胜唯心主义的。

列宁指出，人的认识是一个充满矛盾的、沿着螺旋式曲线发展的复杂的过程，包含着感觉、知觉、表象、概念、判断、推理等观察现实、接近现实的无数因素、成分或方面，其中，任何一个环节都有可能被变成一条完整的直线，把人们引到唯心主义的道路上。唯心主义和宗教就是把认识的某一个特征、方面，部分片面地、夸

---

① 《列宁专题文集　论辩证唯物主义和历史唯物主义》，人民出版社 2009 年版，第 151 页。

大地、无限度地……发展（膨胀、扩大）为脱离了物质、脱离了自然的、神化了的绝对。例如，贝克莱认为世界上的一切事物，全都是由感觉构成和派生的，离开了感觉，世界上就不再存在什么东西了。这种看法显然是片面地夸大了感觉的作用，把它说成是世界上的唯一存在物，这就陷入了主观唯心主义。又如，黑格尔的哲学体系，就是通过把人类的理性认识中的概念、观念加以片面夸大、绝对化而形成的。在黑格尔看来，自然界、社会都不过是他的"绝对观念"的外化的结果，都是由绝对观念派生的。这显然是十分荒唐的。由此列宁作出结论：直线性和片面性、死板和僵化、主观主义和主观盲目性就是唯心主义的认识论根源。

列宁在分析唯心主义认识论根源的同时，也指出了唯心主义的阶级根源，"在那里统治阶级的阶级利益就会把它巩固起来"[①]。所以，为了分析唯心主义能够产生并长期存在的原因，不仅要揭示其认识论的根源，还必须具体地分析唯心主义产生的社会、阶级根源。

总之，脱离辩证法就不会有科学的认识论。用形而上学对待人的认识，搞直线性、片面性、死板和僵化，就必然陷入唯心主义的泥坑，因此，要克服唯心主义，首先要自觉地把辩证法应用于认识论。

《谈谈辩证法问题》系统地阐明了对立面的统一是辩证法的实质和核心，提出了辩证法就是马克思主义认识论这一新论断，它对丰富和发展马克思主义哲学做出了重要贡献。

学习列宁的这篇著作，不仅对坚持唯物辩证法、反对形而上学和批判唯心主义有着重要的理论意义，而且对作为当代的大学生，意义更为重大。当代青年大学生一定要自觉地坚持以对立统一规律

---

① 《列宁专题文集　论辩证唯物主义和历史唯物主义》，人民出版社 2009 年版，第 152 页。

认识问题和解决问题，提高分析问题和解决问题的能力，增强服务社会的本领，努力使自己成为中国特色社会主义的合格建设者和可靠接班人。

关于历史唯物主义的书信

马克思、恩格斯的这些书信，根据当时的实践发展和理论斗争的需要，围绕着社会存在和社会意识的相互关系这个历史观的基本问题，全面地阐明了生产力和生产关系、经济基础和上层建筑、阶级和阶级斗争等方面的基本原理，是历史唯物主义的珍品。学习这些书信，对于完整、准确地掌握历史唯物主义的观点具有重要的意义。

马克思致帕维尔·瓦西里耶维奇·安年科夫[*]
（1846 年 12 月 28 日）

19 世纪 40 年代的法国，小资产阶级还占据优势，蒲鲁东的小资产阶级改良主义思想在工人运动中很有市场。1846 年，蒲鲁东出版《贫困的哲学》一书，提出了他荒谬的经济理论和改良主义方案，充分表达了他的唯心史观。俄国自由派作家安年科夫写信给马克思，谈了他对该书的看法。马克思写了回信。马克思的这封回信，写于《德意志意识形态》之后不久。《德意志意识形态》乃是

---

[*]《马克思恩格斯文集》第 10 卷，人民出版社 2009 年版，第 41—53 页。

马克思、恩格斯第一次系统地阐述唯物史观基本原理的巨著，致安年科夫的信，在很大程度上体现了其中的精华。马克思的这封信，用社会存在决定社会意识的观点，对蒲鲁东的唯心史观做了尖锐的批评，深刻地阐述了生产力决定生产关系、生产力是社会发展的最终决定力量等唯物史观的基本原理。

（一）社会存在决定社会意识

马克思主义和蒲鲁东思想的分歧，是唯物史观和唯心史观的根本分歧。

为什么蒲鲁东要谈上帝，谈普遍理性，谈人类的无人身的理性？为什么他要借黑格尔主义来把自己装扮成坚强的思想家呢？马克思提出这样的问题，就是在揭露蒲鲁东观点的唯心主义实质，指出其理论基础是黑格尔的客观唯心主义。黑格尔认为，在自然界和人类社会出现以前，就存在着宇宙精神，即"绝对观念"。它随后转化为自然界和人类社会。自然界和人类社会的发展，实际上是"绝对观念"的发展和表现。这种"绝对观念"就是所谓的"普遍理性""无人身的理性"，也就是"上帝"的别名。蒲鲁东把历史中的进步说成是"普遍理性"的"自我表现"，表明他在历史观上没有什么创见，不过是拾取黑格尔唯心主义的牙慧而已。

用所谓"普遍理性"来说明历史的发展，就意味着蒲鲁东完全颠倒了社会存在和社会意识的关系，他把社会意识看作是第一性的。从这种唯心史观出发，他必然得出一系列荒唐的见解。在他看来，现代各种问题不是解决于社会行动中，而是解决于他头脑中的辩证的旋转中。由于在他看来范畴是动力，所以要改变范畴是不必改变现实生活的。他用自己头脑中的奇妙运动代替了现实中的伟大历史运动。按照蒲鲁东的观点，历史是由学者，即由有本事从上帝那里窃取隐秘思想的人们创造的。唯心史观乃是蒲鲁东反对群众的革命斗争、敌视政治运动的理论根源。

与蒲鲁东的唯心史观相对立，马克思在书信中自始至终贯穿着的基本精神都是社会存在决定社会意识。马克思指出，观念、范畴不能同人们及其物质活动分离开来，它们是社会关系、经济关系的表现。马克思特别强调从社会的物质力量中寻找社会的基础和历史发展的根源。

（二）生产力是社会发展的最终决定力量

马克思在书信中突出地分析了生产力的问题，阐明了生产力在社会发展中起着最终的决定作用这一历史唯物主义的基本原理。

"社会——不管其形式如何——是什么呢？是人们交互作用的产物。人们能否自由选择某一社会形式呢？决不能。在人们的生产力发展的一定状况下，就会有一定的交换（commerce）和消费形式。在生产、交换和消费发展的一定阶段上，就会有相应的社会制度形式、相应的家庭、等级或阶级组织，一句话，就会有相应的市民社会。有相应的市民社会，就会有不过是市民社会的正式表现的相应的政治国家。"①

人们不能自由选择社会形式，这是历史唯物主义的一个基本观点。社会形式，或者说社会形态，它们的发展遵循着自身固有的规律，是不以人们的意志为转移的。倘若人们可以随意地选择社会形式，那就意味着社会发展没有客观规律可言了；而人们之所以不能自由地选择社会形式，又是由生产力所决定的。

在生产力发展的一定状况下，就会有相应的生产关系，亦即相应的市民社会（经济基础），从而也就会有相应的国家等上层建筑。

---

① 《马克思恩格斯文集》第10卷，人民出版社2009年版，第42—43页。

可见，生产力决定生产关系或经济基础，并且最终决定着上层建筑。社会形式如何，归根结底取决于生产力的状况，因而，生产力是人类"全部历史的基础"，是社会发展的最终决定力量。而生产力这种最终决定力量，正是人们所不能自由选择的，因为任何生产力都是一种既得的力量，是人们以往活动的产物。生产力的前后相继，形成了历史中的最基本的联系，在这个基础上，就会形成人类发展的历史。

（三）生产关系一定要适合生产力的状况

和生产力相联系，马克思在书信中谈到了交换和消费形式、市民社会、交往关系、经济关系等。这些提法，实际上指的都是生产关系。

马克思把生产关系看作是政治上层建筑和思想上层建筑赖以存在的基础，把上层建筑看作是一定生产关系的反映。有一定的市民社会，就会有不过是市民社会的正式表现的一定的政治国家。适应自己的物质生产水平而生产出社会关系的人，也生产出各种观念、范畴，即这些社会关系的抽象的、观念的表现。

马克思把生产关系看作是人与人之间的物质关系，指出人们的物质关系是形成他们的一切关系的基础。显然，马克思把生产关系看作是人们之间最本质的关系，他认为生产关系决定着其他一切社会关系。

马克思强调生产关系一定要适合生产力的状况。生产力决定着生产关系。随着生产力的发展，原来的生产关系根本不适应生产力的状况时，这种生产关系迟早必须改变，因此，任何生产关系都不是固定的、永恒的，而是暂时的和历史性的。蒲鲁东不满意资本主义社会产生的弊病，但又要求保存资本主义制度，反对无产阶级革命。他把资本主义制度永恒化，这表明他没有离开资产阶级立场，

"没有超出资产阶级的视野"①。他和其他资产阶级者都不懂得资产阶级生产方式正像封建的生产方式一样，也是一种历史的和暂时的形式。生产关系一定要适应生产力的状况，一定要随生产力的改变而改变，这是人类社会发展的最根本的规律，是任何人都不能违背的规律。人们既得的生产力和他们的不再与此种生产力相适应的社会关系相互冲突，即生产力和旧的腐朽的生产关系的矛盾和冲突乃是社会革命爆发的根源，是伟大的历史运动之所以产生的根本原因。蒲鲁东企图通过范畴的"平衡""综合"去调和资本主义的矛盾，从而取消无产阶级和人民群众的伟大的革命运动，这是完全徒劳的。

马克思致约瑟夫·魏德迈*
（1852 年 3 月 5 日）

　　1852 年年初，流亡在美国的小资产阶级政治家卡尔·海因岑发表文章攻击马克思主义的阶级斗争学说。他不仅否认阶级斗争，还否认阶级的存在，他竟然把阶级和阶级斗争说成是"共产党人无聊的捏造"。1852 年 1 月底，约瑟夫·魏德迈在纽约发表文章，驳斥海因岑的观点。魏德迈是德国和美国工人运动的著名活动家，是马克思和恩格斯的战友，是共产主义同盟者成员，他参加过 1848 年革命，1851 年流亡美国。1852 年，他在纽约发起成立了美国第一个马克思主义团体"无产者同盟"。在美国，他经常和马克思、恩格斯通信。马克思看到魏德迈驳斥海因岑的文章后，写了这封信。马克思在信中评论说，像海因岑这类不仅否认阶级斗争，甚至否认阶级

---

①　《马克思恩格斯文集》第 10 卷，人民出版社 2009 年版，第 50 页。

*　同上书，第 106—111 页。

存在的无知的蠢材只不过证明：尽管他们发出一阵阵带有血腥气的和自以为十分人道的叫嚣，他们还是认为资产阶级赖以进行统治的社会条件是历史的最后产物，是历史的极限；他们只不过是资产阶级的奴才。在这封信中，马克思精辟地阐述了马克思主义阶级斗争学说的实质。

(一) 在马克思以前,资产阶级思想家已经发现了阶级和阶级斗争

阶级和阶级斗争，怎能是"共产党人无聊的捏造"呢？其实，在马克思以前，就已经有人发现了阶级和阶级斗争。马克思说："在我以前很久，资产阶级的历史编纂学家就已叙述过阶级斗争的历史发展，资产阶级的经济学家也已对各个阶级作过经济上的分析。"① 这里所说的资产阶级历史学家，主要是指拿破仑被推翻后法国复辟时期的一些历史学家，如梯叶里、基佐、米涅等人。这些历史学家，在 19 世纪初期，就站在资产阶级立场上描绘过阶级斗争。梯叶里把英国革命的历史看作是资产阶级与封建贵族斗争的历史，他认为，17 世纪英国长老会派和天主教派的斗争，就是各政党为了本阶级在财产上的利益而进行的斗争。基佐把法国的阶级划分为僧侣、贵族和第三等级，他认为法国 18 世纪的历史就是第三等级反对僧侣、贵族的历史。米涅把阶级斗争看作是政治事变的发条，认为 18 世纪法国大革命的原因存在于各阶级的不同的物质利益中。

这里所说的资产阶级经济学家，主要指近代法国重农主义者魁奈、杜尔哥以及英国古典经济学家亚当·斯密、大卫·李嘉图等人。魁奈把资本主义社会成员划分为三个阶级：土地所有者阶级，包括地主、僧侣、官吏等；生产阶级，即从事农业的阶级（他把农业看作是唯一的生产部门，所以把从事农业的人看作是唯一的生产

---

① 《马克思恩格斯文集》第 10 卷，人民出版社 2009 年版，第 106 页。

阶级）；不生产阶级，包括从事工业和商业的人。魁奈划分阶级，不是根据人们在生产关系中的地位，而是根据生产部门的不同来划分的，这是很不科学的。杜尔哥发展了魁奈的观点，他把生产阶级分为农业工人和农业资本家，把不生产阶级分为工人和工商业资本家，他注意到了雇佣工人与资本家的区分。亚当·斯密第一次较为正确地描述了资本主义社会的阶级结构，认为地主、工人和资本家是构成资本主义社会的"三大基本阶级"，它们分别依靠地租、工资和利润生活。李嘉图也在探讨工资、利润和地租的分配形式中，论证了工人、资本家、地主在经济利益上的对立。亚当·斯密和大卫·李嘉图的观点比重农主义者前进了一大步，但他们脱离生产资料所有制，仅仅从分配关系来划分阶级，也还是片面的。

近代资产阶级历史学家和经济学家关于阶级和阶级斗争的合理思想，是马克思主义阶级斗争学说的思想来源，但是，马克思主义的阶级斗争学说和他们的观点有着本质上的区别。

（二）马克思主义阶级斗争理论的新贡献

马克思吸收了资产阶级思想家关于阶级斗争学说的积极成果，并把阶级斗争理论推进到历史唯物主义的高度。马克思指出，他的新贡献就在以下三点。

第一，指出了"阶级的存在仅仅同生产发展的一定历史阶段相联系"[①] 这一点，揭示了阶级是一个历史范畴，指明阶级存在的经济根源，也就是阶级产生、发展、消亡的真正的根源。阶级并不是自有人类社会以来就存在的，它是生产发展到一定阶段而又发展不足的结果，并终将随着生产力的高度发展而消灭。资产阶级思想家虽然最先发现了阶级和阶级斗争的存在，并做过经济上的分析，但

[①] 《马克思恩格斯文集》第 10 卷，人民出版社 2009 年版，第 106 页。

他们都不了解物质生产对于社会发展的决定作用，因而也就不可能了解阶级矛盾、阶级斗争是生产力和生产关系的矛盾所派生的，是这一社会的最根本的矛盾的表现。把阶级的存在和物质生产的发展联系起来考察，才有可能揭示阶级、阶级斗争产生、发展、消灭的根源和客观规律，这是把阶级斗争理论上升为历史唯物主义的关键。

第二，指出"阶级斗争必然导致无产阶级专政"①。这一点，指明了资本主义社会阶级斗争发展的趋势和结果，是马克思主义阶级斗争理论的精髓。资产阶级思想家肯定资产阶级反对封建贵族的阶级斗争，认为这是推动历史发展的动力。然而，他们从自己的阶级立场出发，总是竭力地反对无产阶级对资产阶级的斗争。历史唯物主义则不仅承认以往历史上一切进步的阶级斗争，承认资产阶级反对封建贵族的斗争，认为这些阶级斗争推动了历史的发展，而且特别肯定无产阶级反对资产阶级的斗争，强调这种阶级斗争必然导致资本主义社会的灭亡，导致无产阶级专政的建立。因此，仅仅简单地承认阶级斗争还不是马克思主义，只有承认了阶级斗争必然导致无产阶级专政，才是马克思主义的阶级斗争理论，才是历史唯物主义。

第三，指出无产阶级专政"不过是达到消灭一切阶级和进入无产阶级社会的过渡……"② 这一点，指出了阶级最后必然归于消灭，并且指出了阶级消灭的途径。这当然也是资产阶级思想家不可能得出的结论。

总之，这三点鲜明地表达了马克思主义的阶级斗争理论同资产阶级思想家学说的根本区别，揭示了阶级、阶级斗争产生、发展、消灭的根源，也揭示了阶级从产生到消灭的历史过程和客观规律，为无产阶级认识和实现自己的历史使命提供了有力的思想武器。

---

① 《马克思恩格斯文集》第 10 卷，人民出版社 2009 年版，第 106 页。

② 同上。

恩格斯致康拉德·施米特(节选)*
(1890 年 8 月 5 日)

19 世纪 80 年代末 90 年代初，欧洲工人运动有了很大发展，马克思主义得到了广泛的传播。在德国，讲马克思主义成为一种"时髦"。为了抗拒马克思主义日益广泛的影响，资产阶级思想家加紧了对马克思主义特别是对历史唯物主义的攻击和歪曲。1890 年春天，德国唯心主义社会学家保尔·巴尔特著文，露骨地攻击历史唯物主义。歪曲历史唯物主义否认思想、政治的作用，歪曲历史唯物主义把人看作是受经济摆布的被动的机器。资产阶级思想家的观点在德国社会民主党内得到了呼应，尤其得到了党内一些大学生、文学家等组成的"青年派"的呼应。其首领之一保·恩格特杜撰说，在马克思那里，历史是完全自动地形成的，丝毫没有人的参与，经济关系就像玩弄棋子一样地玩弄这些人。恩格斯在 19 世纪 90 年代写的一批书信中驳斥了资产阶级思想家的歪曲，批评了"青年派"的观点，完整地阐述了历史唯物主义关于生产力和生产关系、经济基础和上层建筑的相互关系等一系列基本原理。其中，突出地阐述政治、思想上层建筑的相对独立性和能动作用，是恩格斯晚年对历史唯物主义的重大贡献。

康拉德·施米特，德国经济学家、哲学家，德国社会民主党人。在他活动的前期，他赞同马克思的经济学说，受到过恩格斯的称赞。但他后来信奉新康德主义，完全脱离了马克思主义。恩格斯

---

*《马克思恩格斯文集》第 10 卷，人民出版社 2009 年版，第 585—588 页。

给施米特的这封信，写于施米特活动的前期，批判的是巴尔特和
"青年派"的观点。

（一）社会意识对社会存在具有能动作用

恩格斯针对巴尔特对唯物史观的歪曲，阐述了历史唯物主义关
于社会存在和社会意识相互关系的原理，指明唯物史观在承认社会
存在决定社会意识的基础上，又充分地肯定社会意识对社会存在的
反作用。

保尔·巴尔特说，他在马克思的一切著作中所能找到的哲学依
赖于物质生活条件的唯一例子，就是笛卡尔宣称动物是机器。这是
对历史唯物主义的严重歪曲。不错，在马克思的著作中，例如在
《资本论》第一卷中，引用过笛卡尔关于动物是机器的例子，但这
并不意味着马克思赞同笛卡尔的观点。笛卡尔在自然观上是个机械
论者，他把机械的原理推广运用于生物机体中，把动物看作是自动
机器，把各种运动形式归结为机械的运动。这种观点不可能看到意
识运动的特殊性，更不可能承认意识对物质有能动作用。历史唯物
主义肯定哲学等意识形态依赖于物质生活条件，并不是机械论的观
点，决不是仅仅承认物质生活条件的作用而否认社会意识的反作
用。恩格斯指出，虽然物质生活条件是原始的起因，但是这并不排
斥思想领域也反过来对这些物质条件起作用，然而是第二位的作
用。所谓物质生活条件，就是社会存在，其中最基本的是生产方
式，即生产力和生产关系的统一。历史唯物主义认为，社会存在决
定社会意识，社会存在是第一性的，社会意识是第二性的，所以说
物质生活条件是原始的起因。这一点，将历史唯物主义和历史唯心
主义根本区别了开来。与此同时，历史唯物主义又充分肯定社会意
识对社会存在具有能动作用，当然，这只能是第二性的作用，是在
社会存在决定社会意识的基础上发生的作用，这一点，划清了唯物

史观与形而上学机械论的界限。

（二）分配方式随着生产方式的发展而变化

1890 年六七月间，在由"青年派"控制的德国社会民主党的《人民论坛报》上，发生了一场辩论：在未来的社会中，产品是按劳动量分配呢，还是按照其他方式分配？在辩论中，"青年派"没有重复拉萨尔之流关于公平分配原则的唯心主义空话，似乎是非常"唯物主义"的，但暴露了另一种原则性的错误。这主要是割裂分配与生产的关系，抛开生产，孤立地谈论分配，不懂得分配取决于生产，分配方式是随着生产的发展而变化的；把未来的社会主义看作是一成不变的社会。

恩格斯指出，产品的分配采取何种形式，要取决于可分配的产品的数量，而这个数量当然"随着生产和社会组织的进步而改变，从而分配方式也应当改变"①。这也就是说，生产决定分配，进而言之，也就是生产方式决定着分配方式。这里包含着两层意思：其一，在生产关系中，生产资料的所有制关系是基础，它直接规定分配方式的性质；其二，包括所有制关系与分配关系等在内的整个生产关系，又是由生产力所决定的。可见，是否承认生产决定分配，这是关系到是否承认生产力对生产关系起决定作用的原则问题。

既然生产决定着分配，那么分配方式就是随着生产力的发展而变化的，没有什么一成不变的分配方式。"青年派"之所以强调有一成不变的分配方式，是与他们头脑中的形而上学思维方式分不开的。他们不仅把分配方式看作是凝固的，还把未来的社会主义社会看作是一成不变的。恩格斯肯定，社会主义社会乃是"不断改变""不断进步"的社会。

---

① 《马克思恩格斯文集》第 10 卷，人民出版社 2009 年版，第 586 页。

（三）唯物史观是研究工作的指南

历史唯物主义是关于社会发展的一般规律的科学，它能够为各种社会科学提供理论和方法的基础，但是不能代替各种社会科学回答各个社会领域中的具体问题，因此，不能把历史唯物主义当作标签贴到各种事物上去，再不做进一步的研究。历史唯物主义不是"套语"，而是"进行研究工作的指南"①。这也就是说，恩格斯特别重视历史唯物主义作为观察社会历史问题的科学的世界观和方法论的作用，我们应当在唯物史观的指导下，研究全部历史，研究各种社会形态存在的条件，从这些条件中找出相应的政治、美学、哲学、宗教等方面的观点。这种研究工作才是科学的、有意义的。

"青年派"的思想的浅薄，表明他们没有唯物史观的理论根基。他们并不懂得历史唯物主义，更没有把历史唯物主义当作自己行动的指南。

恩格斯致约瑟夫·布洛赫（节选）*
（1890 年 9 月 21—22 日）

恩格斯的这封信，回答了约瑟夫·布洛赫提出的问题。布洛赫当时是柏林大学的学生，后来成为《社会主义月刊》的编辑。他在写给恩格斯的信中问道：从唯物主义历史观的观点来看，是否"唯独经济关系是决定性因素"？是否唯独经济关系到处都直接地、完全不以个人为转移地作为自然规律而起作用，还是归根结底要以经济关系为转移而同时又能够加速或者延缓历史发展进程的其他关系

---

① 《马克思恩格斯文集》第 10 卷，人民出版社 2009 年版，第 587 页。
* 同上书，第 591—594 页。

也在起作用呢？恩格斯在回信中针对布洛赫的问题，科学地阐明了经济因素和上层建筑的各种因素在历史发展中的作用，也阐明了历史的客观规律和人们创造历史的活动的关系。

（一）物质生产归根结底是社会发展的决定因素

历史唯物主义从社会存在亦即从社会物质生活条件中寻找社会赖以存在和发展的基础，把物质生产看作是社会发展的决定力量，所以恩格斯重申：“历史过程中的决定性因素归根到底是现实生活的生产和再生产。”[①] 这是历史唯物主义的一个根本观点。在现实生活中，生产包括生产力和生产关系两个方面。生产力表示的是生产中人对自然界的关系，是物质力量。生产关系表示的是生产中人与人之间的关系，是物质关系。生产力和生产关系的统一，构成生产方式，它决定着整个社会生活、政治生活和精神生活的过程。在生产方式中，生产关系直接规定和标志着生产方式的性质，是政治、思想等上层建筑的经济基础；而生产力又决定着生产关系，是生产方式从而也是社会发展的最终决定力量。恩格斯在书信中提到“经济状况是基础”，提到在社会的各种因素的交互作用中，归根结底是“经济运动”作为必然的东西通过无数偶然事件向前发展，提到“经济的前提和条件归根到底是决定性的[②]”，等等，这些表达的都是一个基本思想：生产方式在社会发展中起着决定性作用，是推动社会发展的根本动力。

（二）政治、思想等上层建筑对社会发展有着重大的影响

历史唯物主义肯定物质生产在社会发展中的决定作用，肯定生产关系是上层建筑的基础，并不是把经济看作是唯一决定性的因

---

① 《马克思恩格斯文集》第 10 卷，人民出版社 2009 年版，第 591 页。

② 同上书，第 592 页。

素，不是否认政治、思想等上层建筑在社会生活中的重大作用。恩格斯指出："经济状况是基础，但是对历史斗争的进程发生影响并且在许多情况下主要是决定着这一斗争的形式的，还有上层建筑的各种因素。"① 这里恩格斯对上层建筑的作用给予了充分的估计，肯定上层建筑在一定意义上也能够起某种决定性的作用。他一再使用了"归根到底"这个词，说明经济因素的决定作用是最根本的，同时提醒大家不要把经济因素看作是唯一起决定作用的因素。不过，恩格斯指出，经济因素归根到底起决定作用，强调上层建筑因素决定的是历史斗争的"形式"。也就是说，恩格斯并没有把上层建筑的某种决定作用与经济的决定作用相等同。事实上，也是不能等同的。因为经济的作用是第一性的作用，上层建筑的作用不论如何强大，它总是在经济起决定作用的基础上发生的，毕竟是第二性的作用。

由于这封信所要回答的主要是关于政治、思想等因素有无作用以及如何起作用的问题，所以，这封信因深刻地阐述政治、思想等因素的作用而引起人们的极大关注。恩格斯除了指出政治、思想等上层建筑能够决定历史斗争的"形式"之外，还谈到了经济、政治、思想等一切因素的交互作用。社会现象繁多，各种因素错综复杂，互相影响，互相制约。在人们创造历史的活动中，虽然经济的前提和条件归根到底是决定性的，但是，政治等的前提和条件，甚至那些存在于人们头脑中的传统因素，也起着一定的作用。如果单纯地从经济上来说明一切社会现象，那是不能不闹笑话的。

（三）历史的客观规律通过无数个人的活动表现出来

历史唯物主义绝不是把人看作无所作为的被动的机器的，它十

---

① 《马克思恩格斯文集》第 10 卷，人民出版社 2009 年版，第 591 页。

分重视人的作用。恩格斯在这封信中强调我们自己创造着我们的历史，并且深刻阐明了人们如何创造着自己的历史。

恩格斯在阐述人们如何创造历史的时候，说明了两点：第一，人们是在十分确定的前提和条件下进行创造的，人们创造历史，必须依赖和借助于一定的前提和条件，并且受到一定的前提和条件的限制，历史不是人们随心所欲的产物；第二，历史的结果总是从许多单个意志的相互冲突中产生出来的。这两点都很重要，前一点比较好理解，我们着重说明后一点。

在社会历史领域内进行活动的都是有目的、有意志的人。每个人的意志，由于生活条件的特殊性而往往很不相同。各种意志在大多数的场合下，相互矛盾，相互冲突，因此，就有无数互相交错的力量，有无数个力的平行四边形，从而融合为一个总的平均数，一个总的合力。历史的结果，就好像是许许多多个人的作用形成的这种总的合力。这种结果又可以看作一个不自觉地起作用的力量的产物，因为任何一个人的愿望都会受到另一个人的妨碍，而历史的结果就是发生谁都没有希望过的事情。这表明，社会历史和自然界一样，存在着不以人的意志为转移的客观规律。也就是说，历史的结果，是从许多单个的意志的相互冲突中产生出来的，表现出不以人的意志为转移的客观必然过程。然而，个人的意志并不是不起作用，不是等于零，相反，每个意志都对合力有所贡献，因而都包括在合力之中。可以说，人人都参与了历史的形成。这也就针对布洛赫提出的问题，说明经济在社会发展中的决定作用，固然和自然规律一样，不以个人的意志为转移，但它又绝不是离开有意志的个人的活动而实现的。恩格斯关于"合力"的思想，进一步揭示了思想、意志等精神力量在社会生活中的作用；同时，也肯定了个人包括普通个人在历史中的地位和作用。这一思想科学地阐明了历史的客观规律通过无数个人的活动表现出来，指明了人类社会的发展是客观规律和人们有意识的活动相统一的辩证历史过程。

恩格斯致弗兰茨·梅林(节选)*
(1893 年 7 月 14 日)

弗兰茨·梅林是德国的马克思主义者，是德国社会民主党左翼领袖和理论家之一。他把他撰写的《莱辛传奇》及其附录《论历史唯物主义》寄给恩格斯，恩格斯看后写了这封信。在信中，恩格斯通过对《论历史唯物主义》的评价，分析意识形态的特点，进一步阐明意识形态的相对独立性和能动作用。

(一)过去没有着重阐述意识形态能动作用的原因

恩格斯称赞梅林的《论历史唯物主义》对主要的事实论述得很出色，同时指出它有一个不足之处，是对意识形态的能动作用有所忽略。恩格斯说明，对此是可以理解的。过去为了和唯心史观划清界限的需要，马克思和他不得不把叙述的重点放在经济决定作用上，放在从作为基础的经济事实中探索出政治观念、法权观念和其他思想观念以及由这些观念所制约的行动上。这样做，在于说明观念的内容，说明它是社会存在的反映，然而却忽略了形式方面，即观念是由什么样的方式和方法产生的。而忽略观念产生的方式和方法，就难以描述观念具有相对独立性，以及有着相对独立发展的历史，也会影响对观念的能动作用的认识。由于未能对意识形态的相对独立性和能动作用给予充分的阐述，所以给了资产阶级思想家以可乘之机，由此歪曲历史唯物主义，这个教训倒是应该吸取的。

---

*《马克思恩格斯文集》第 10 卷，人民出版社 2009 年版，第 656—661 页。

（二）意识形态有相对独立发展的历史

考察意识形态以什么样的方式和方法产生，我们就会看到，意识形态不是自发地形成的，而是经过思想家专门加工、整理的结果，是思想家有意识地产生的。为了形成意识形态，思想家不能没有思维过程，也不能不和各种思想材料打交道。而这些材料是从以前的各代人的思维中独立形成的，并且在这些世代相继的人们的头脑中经过了他们自己的独立的发展道路。这也就是说，任何意识形态都不能凭空地产生，都不能离开前人的思想材料的积累。一个历史时期的新的意识形态的出现，首先是社会存在变化的结果，同时也是吸收和改造以往的思想材料并加以发展的结果。可见，意识形态有它相对独立发展的历史，有它特殊的运动规律。

（三）夸大意识形态的独立性，是陷入唯心史观的一个认识根源

唯物史观认为，意识形态的独立性是相对的。唯心史观不然，它夸大了意识形态的独立性，否认意识形态是由社会存在决定的。它认为意识形态纯粹是从思想中得出的，与社会存在无关，因而不去研究存在于思维之外的根源。按照它的观点，人们将始终停留在纯粹思维的范围之中。

正是宪法、法权体系、任何领域的思想观念的独立历史的这种外表，首先蒙蔽了大多数人。上层建筑的各个领域，具有相对独立的历史，因而存在着脱离经济发展的"独立历史"的这种外表。例如，在宗教方面，16 世纪，以路德和加尔文为代表的宗教改革运动，反映新兴资产阶级的利益，要求改革封建制度的精神支柱——天主教。在哲学方面，黑格尔把康德、费希特哲学中的辩证法思想大大向前推进，成为德国古典哲学辩证法思想的集大成者。在政治思想方面，18 世纪法国启蒙思想家卢梭提出共和主义的"社

会契约论"，主张建立资产阶级的民主共和国，反对实行君主政体。他的这种思想，间接地批判了孟德斯鸠的君主立宪主义。从意识形态来说，这些分别属于宗教神学、哲学、政治思想本身的一个发展过程，表现为这些思维领域发展的一个阶段而且完全不越出思维的范围，亦即表现为意识形态的相对独立性。然而，如果从内容的实质和根源上看，这些意识形态本身的发展和演变，归根到底，是社会存在变化的反映，是社会的经济运动、经济发展的反映。

如果说以上宗教、哲学、政治思想等领域的变化表现为完全不越出思维的范围，使人不容易看出这些变化的物质、经济根源，那么，在经济学说的领域，经济理论的变化应当不至于如此吧。可是，许多人的认识仍然如此。自从出现了关于资本主义生产永恒不变和绝对完善的资产阶级幻想以后，甚至重农主义者亚当·斯密之"克服"重商主义者，也被看作是纯思想的胜利，不是被看作改变了的经济事实在思想领域中的反映。由此，人们陷入唯心史观，就不奇怪了。从唯心史观看来，欧洲中世纪几百年的贫穷和愚昧，不是封建的经济制度形成的，其根源不在社会的经济状况之中，而是由帝王的主观动机决定的：如果英国国王理查二世和法国国王菲利浦·奥古斯特有着善良的愿望和动机，决定实行自由贸易，不卷入十字军东征，那就没有中世纪的黑夜了。

（四）历史唯物主义从来没有否认思想能够对历史发生影响

恩格斯在信中指出，唯心主义思想家们有一个荒谬的观念：因为唯物史观否认在历史上起作用的各种思想领域有独立的历史发展，所以唯物史观也否认它们对历史有任何影响。这是对唯物史观的歪曲。第一，不能笼统地说唯物史观否认意识形态有独立的历史发展。唯物史观所否认的乃是意识形态不受社会存在所决定的那种绝对的历史发展，它完全承认意识形态具有相对独立发展的历史。第二，唯物史观决不否认意识形态能够对历史发生影响。倘若懂得辩证法，把原因和结果看作是可以相互作用、相互转化的，就会承认当"一种历史因素一旦被其他的、归根到底是经济的原因造成了，它也就起作用，就能够对它的环境，甚至对产生它的原因发生反作用"①。意识形态归根到底是经济的原因形成的，在这里，经济是原因，意识形态是结果。然而，原因和结果并不是永恒对立的两极。意识形态反作用于经济的时候，意识形态就变成原因而经济就成结果了。

恩格斯致瓦尔特·博尔吉乌斯(节选)*
(1894 年 1 月 25 日)

瓦尔特·博尔吉乌斯是德国法律哲学系的大学生，他写信给恩格斯请教历史唯物主义的问题。他曾在大学的课堂讨论中做了关于经济唯物主义的发言，认为经济关系不是"归根到底"，而是决定着其他关系。他要求恩格斯对于什么是经济关系以及如何认识经济关系的作用等问题给予回答。他在信中写道，希望弄清楚您和您的亡友的著作中所阐述的原本的"经济唯物主义"坚持什么样的理解。这位大学生并非有意识地反对历史唯物主义，但他出于对历史唯物主义的肤浅了解，在当时思潮的影响下，还是把历史唯物主义看作是经济唯物主义。恩格斯在这封回信中，针对他提出的问题，精辟地阐述了历史唯物主义的一些基本原理。

（一）社会历史的决定性基础是生产方式

恩格斯提出了一个基本论点：经济关系是社会历史的决定性基

---

① 《马克思恩格斯文集》第 10 卷，人民出版社 2009 年版，第 659 页。

* 同上书，第 667—670 页。

础。经济关系是什么呢？恩格斯做了说明。他首先指出的是生产生活资料和彼此交换产品的方式；此外，还包括地理基础、旧经济残余和外部环境等。显然，这里讲的"经济关系"，有其特殊的含义，它并非专指生产关系，实际上指的是社会存在或者社会物质生活条件。所谓生产生活资料的方式，就是生产方式，即生产力和生产关系的统一。所谓彼此交换产品的方式，是在出现社会分工的条件下形成的，属于生产关系，它实际上包括在生产方式之中。"我们视之为社会历史的决定性基础的经济关系"①，是指生产生活资料和彼此交换产品的方式，这也就是说，唯物史观之所以肯定经济关系是社会历史的"决定性基础"，是就生产方式的作用而言的。

　　为什么说生产方式是社会历史的"决定性基础"呢？恩格斯做了具体的解释。他用技术装备的作用来说明这个问题。生产力包括劳动资料、劳动对象和劳动者三个基本要素。生产和运输的全部技术装备，属于劳动资料，包括在生产力从而也包括在生产方式之中。恩格斯在这里用"技术装备"来代替生产力，指明它决定着产品的交换方式，以及分配方式，从而在氏族社会解体后也决定着阶级的划分，决定着统治和从属的关系，决定着国家、政治、法律，等等。这段话，当然不是说技术装备能够直接决定着国家、政治、法律等的性质。历史唯物主义认为，生产力决定生产关系，而一定的生产关系的总和即经济基础又决定着上层建筑。因此可以认为，生产力不仅决定着生产关系，而且通过生产关系决定着上层建筑。对于恩格斯的这段话，也应作这样的理解。恩格斯在这里实际上阐发了唯物史观的一个基本原理：生产力是生产方式从而也是社会发展的最终决定力量。

　　为了说明生产力对于社会发展的最终决定作用，恩格斯还分析

---

① 《马克思恩格斯文集》第10卷，人民出版社2009年版，第667页。

了生产技术和科学发展的关系。博尔吉乌斯认为，技术在很大程度上依赖于科学状况。恩格斯肯定了这一认识，同时指出还应当看到另一方面：科学状况却在更大的程度上依赖于技术的状况和需要。恩格斯提出了一个著名论点：社会一旦有技术上的需要，则这种需要就会比 10 所大学更能把科学推向前进。这一论点，指明了社会对技术的需要，即对物质生产的需要，是推动科学前进的根本动力。

（二）经济基础和上层建筑的辩证关系

为了正确地理解经济关系是"社会历史的决定性基础"，恩格斯做了进一步的说明："我们把经济条件看做归根到底制约着历史发展的东西。"① 这个说明很重要，"归根到底"所包含的内容，把唯物史观与"经济唯物主义"区别了开来。

所谓"归根到底"，就是说要承认经济条件的决定作用，同时又不能对这种决定作用做简单、机械的了解，而应当辩证地认识经济因素和政治、思想因素的关系，辩证地认识经济基础和上层建筑的关系。就经济基础和上层建筑而言，唯物史观既承认经济基础决定上层建筑，又肯定上层建筑内部的各个组成部分之间互相发生作用，并承认上层建筑能够有力地反作用于经济基础。恩格斯精辟地阐明了经济基础和上层建筑的这种辩证关系。政治、法律、哲学、宗教、文学、艺术等的发展是以经济发展为基础的，但是，它们又都互相影响并对经济基础发生影响，并不是只有经济状况才是原因，才是积极的，而其余一切都不过是消极的结果。

承认上层建筑对经济基础的反作用，会不会如某些资产阶级思想家所认为的那样，导致唯物史观的动摇呢？不会，历史唯物主义揭示经济基础和上层建筑存在着辩证关系，不是二元论。恩格斯在

---

① 《马克思恩格斯文集》第 10 卷，人民出版社 2009 年版，第 668 页。

这里提出了极其重要的论断：经济基础和上层建筑是在归根到底不断地为自己开辟道路的经济必然性的基础上的互相作用。尽管其他的条件（政治的和思想的）对于经济条件有很大的影响，但经济条件归根到底还是具有决定意义的，它构成了一条贯穿于全部发展进程并唯一能使我们理解这个发展进程的红线。

（三） 以必然性和偶然性的辩证关系考察人们创造历史的活动

正确地理解经济条件归根到底制约着历史的发展，除了需要认识经济基础和上层建筑的辩证关系之外，还需要注意经济条件对历史的作用不是离开人们的活动而自动地实现的。

历史唯物主义绝不是"经济唯物主义"。"经济唯物主义"把复杂的社会生活归结为经济条件的唯一作用，一切都以这个作用来说明，并且认为这种作用不需要经过人们的努力就会自然而然地实现。这种认识，必然导致否认先进思想和革命理论的作用，抹杀无产阶级革命斗争的意义。恩格斯为了划清历史唯物主义和"经济唯物主义"的界限，深刻地分析了经济条件的作用与人们活动的关系。

恩格斯提出，实际情况并不像某些人为着简便起见而设想的那样是经济状况自动发生作用的，而是人们自己创造着自己的历史。这也就是说，唯物史观肯定经济条件归根到底制约着历史的发展，与承认人们创造历史的活动，这两者不是不相容的，而是一致的。因为经济条件的作用不是自动地发生的，而是通过人们的活动表现出来的。如果仅仅承认经济条件的作用，否认人们创造历史的活动，认为人们只能被动地听任经济条件的摆布，无所作为，就会陷入机械决定论和宿命论；但如果否认经济条件归根到底的决定作用，以为人们创造历史可以不受经济必然性的制约，又会陷入唯心史观。恩格斯的这句很重要的话是人们自己创造着自己的历史，但他们是在制约着他们的一定环境中，是在既有的现实关系的基础上进行创造的。

为了透彻地说明经济条件的决定作用与人们的活动这两者的一致性，恩格斯进而用必然性和偶然性的辩证关系分析人们创造历史的活动。

人们自己创造着自己的历史，但是，人们往往并不是按照共同的意志根据一个共同的计划来创造历史的。由于每个人都要按照自己的意志、愿望行动，而每个人的意志、愿望又是各式各样的，所以它们常常互相干扰，彼此冲突。这样，社会历史从表面上看，好像杂乱无章，没有规律可言，完全是由偶然性支配的。然而，偶然性不是脱离必然性而存在的，它是必然性的补充和表现。凡是在偶然性起作用的地方，都隐藏着规律，隐藏着在事物发展中占统治地位的必然性。在社会历史领域，这种必然性归根到底仍然是经济的必然性。

这也就是说，人们创造历史的活动归根到底是受经济的必然性制约的；而经济的必然性，又总是通过人们创造历史的活动，通过无数单个人的活动这些大量的偶然性表现出来的，要通过这些偶然性为自己开辟道路。某些把历史唯物主义歪曲为"经济唯物主义"的人，指责历史唯物主义否认个人意志的作用，否认个人包括伟大人物的作用，这同样是没有根据的。唯物史观肯定偶然性是必然性的表现，也就必然意味着承认个人意志的作用，承认历史人物能够促进或延缓历史的发展，承认伟大人物能够对历史的发展起重要的推动作用。不过，唯物史观又特别指出，任何个人的作用，包括伟大人物的作用，必须受到经济必然性的制约。伟大人物只有在符合历史发展趋势的条件下行动，才能对历史发展起有力的推动作用。而且，伟大人物之所以出现，归根到底也是由经济必然性决定的。恩格斯指出："恰巧某个伟大人物在一定时间出现于某一国家，这当然纯粹是一种偶然现象。但是，如果我们把这个人去掉，那时就会需要有另外一个人来代替他。"① 历史上出现拿破仑这个人具有偶然性，但出现拿破仑式的人物却是必然的。时势造英雄，拿破仑、恺撒、奥古斯都、克伦威尔等人的出现，都是历史发展的产物。他们之所以能够在历史上建立显赫的业绩，是因为他们反映了历史发展业已成熟了的要求。唯物史观的发现，也证明了这一点。唯物史观由谁来发现，带有偶然性，而它一定要被发现，则是历史发展的必然，因为发现它的条件已经成熟。

---

① 《马克思恩格斯文集》第 10 卷，人民出版社 2009 年版，第 669 页。

实 践 论[*]

　　《实践论》写于 1937 年 7 月。当时，我国国内第二次革命战争已经结束，在中国共产党的领导下，初步形成了抗日民族统一战线，中国革命进入了一个新的历史转折的关头。在新的形势下，如何把马克思列宁主义的普遍真理同中国革命的具体实践相结合，形成正确的指导思想，是一个亟待解决的问题。我们党从 1921 年成立到 1937 年的 16 年中，经历了北伐战争的胜利和失败，又经历了土地革命战争的胜利和失败，两次惨重的失败，都给革命带来了严重的损失和挫折，致使中国革命几乎陷入绝境。两次失败的原因，就其主观方面来说，都是由于党的领导在战略决策上犯了错误，其共同特点就是脱离了中国革命的具体情况去指导革命。

　　在我们党内的高级领导层中，存在着把马克思主义教条化、把共产国际决议和苏联经验神圣化的倾向。王明是这种教条主义的主要代表。在教条主义盛行的同时，党内还有经验主义的倾向，一部分同志拘守自身的片面经验，不了解理论对于革命实践的重要性，而是盲目地工作。教条主义和经验主义，是主观主义的两种不同的表现形式，毛泽东写《实践论》的目的，就是用马克思主义的认识

[*] 《毛泽东选集》第 1 卷，人民出版社 1991 年版，第 282—298 页。

论观点去揭露党内的教条主义和经验主义，特别是批判轻视实践的教条主义的错误。他曾以这篇论文的观点在延安抗日军政大学作过讲演。

《实践论》是中国革命经验的理论概括和总结。它从认识论上总结了中国革命的经验，论述了在中国的历史条件下怎样把马克思主义理论同革命的具体实践统一起来的原则，为党确立科学的思想路线，为新民主主义革命的胜利发展奠定了认识论基础，丰富了马克思主义的认识论。

怎样把握《实践论》的基本思想？书名为《实践论》，副标题是"论认识和实践的关系——知和行的关系"①。这表明，全书的基本思想是论认识和实践相统一，然而这个统一，不是消极的直观的僵死的统一，而是以社会实践为基础的能动的辩证的统一。

《实践论》是一部系统地阐明马克思主义认识论的哲学著作。因为它批判的锋芒是指向中国的教条主义，而中国共产党内的教条主义者并不公开否认唯物主义的一般原理，他们的致命弱点在于主观认识脱离中国实际，轻视革命实践，导致主观和客观相分离，所以，《实践论》从马克思以前的唯物主义不了解认识对实践的依赖关系讲起，是要说明辩证唯物主义的认识论不仅同唯心主义根本对立，而且同旧唯物主义也有原则性的区别。旧唯物主义不懂得社会实践在认识中的重要地位，也就不能彻底驳倒唯心主义。毛泽东强调认识对实践的依赖关系，其意义在于揭露教条主义在认识论上的唯心主义倾向，使人们懂得只有在社会实践中去认识世界、达到认识与实践的统一、解决主观和客观的矛盾，才能担负起改造世界的任务。《实践论》第 24 段最后一句话："我们的结论是主观和客观、理论和实践、知和行具体的历史的统一，反对一切离开具体历史的

---

① 《毛泽东选集》第 1 卷，人民出版社 1991 年版，第 282 页。

'左'的或右的错误思想。"① 这个结论，可以作为我们学习这部著作、把握全书基本思想的提纲。《实践论》所论述的认识论问题都是围绕这一基本思想展开的。

一　《实践论》系统地论述了认识对实践的依赖关系，实践在认识中起决定的作用

把实践观点引入认识论，是马克思主义认识论的本质特征。《实践论》发挥了列宁关于生活、实践的观点，应该是认识论的首先的和基本的观点，从四个方面阐明了认识一点也不能离开实践的观点。

（一）实践是认识的来源

所谓认识的来源，是指认识的发生。认识是人脑对客体的反映。如何才能发生这种反映呢？只有通过实践这个途径。《实践论》首先论述了"人类的生产活动是最基本的实践活动，是决定其他一切活动的东西"②，这是人的认识发展的基本来源。接着，又指出："人的社会实践，不限于生产活动一种形式，还有多种其他形式，阶级斗争，政治生活，科学和艺术的活动，总之社会实践生活的一切领域都是社会的人所参加的。"③ 这也就是说，社会生活是一个整体，社会实践是多层次、多种形式的复杂系统。人的认识是从社会生活的各个不同领域的实践活动中获得的。

《实践论》着力阐明一切真知都是从直接经验发源的，这个认

---

① 《毛泽东选集》第 1 卷，人民出版社 1991 年版，第 296 页。

② 同上书，第 282 页。

③ 同上书，第 283 页。

识论的唯物主义道理，并不否认接受间接经验的必要性和重要性。事实上，每个人不可能事事参与实践，多数的知识都是间接经验的总结，是古代和外域的知识。这里值得强调的是，讲认识来源于实践是就认识的总体而言的，任何知识的获得，都必须通过直接经验这一环节。任何知识的来源，在于人的肉体感官对客观外界的感觉，否认了这个感觉，否认了直接经验，否认亲自参加变革现实的实践，他就不是唯物论者。

（二）实践是认识发展的动力

认识不仅来源于实践，而且随着社会实践的发展，一步又一步地由低级向高级发展，即由浅入深、由片面到更多方面的发展，推动认识发展的原动力是社会实践。

（三）实践是检验认识的真理性的标准

关于实践标准问题，马克思、恩格斯、列宁都有精辟的论述。《实践论》特别强调只有人们的社会实践，才是人们对于外界认识检验的真理性的标准，真理的标准只能是社会的实践。这里讲"只有""只能"，就是"唯一"的意思，除此再无其他检验真理的标准了。实践是检验真理的唯一标准。

（四）实践是认识的目的

《实践论》发挥了马克思的观点，指出实践是辩证唯物主义的显著特点之一，"理论的基础是实践，又转过来为实践服务。"[①]"马克思主义哲学认为十分重要的问题，不在于懂得了客观世界的规律性，因而能够解释世界，而在于拿了这种对于客观规律性的认

---

① 《毛泽东选集》第 1 卷，人民出版社 1991 年版，第 284 页。

识去能动地改造世界。"① 承认认识是为变革现实的实践服务的，这是马克思主义哲学同其他一切哲学相区别的重要标志。

综上所述，《实践论》从认识的来源、动力、标准、目的，系统地论述了实践在认识中的决定作用。实践是认识的出发点和归宿，认识不能脱离实践，一切否认实践重要性的理论都是错误的。中国的教条主义者由于轻视中国革命的实践，否认实践是认识的基础，不可避免地犯了主观主义错误，实际上陷入了唯心主义。

二　《实践论》通过对认识和实践的矛盾运动的分析,阐明了认识发展的辩证过程

人的认识究竟是怎样从实践发生，又服务于实践呢？列宁在《哲学笔记》中认为，从生动的直观到抽象的思维，并从抽象的思维到实践，这就是认识真理、认识客观实在的辩证途径。列宁提出的这个思想是深刻的，但他未曾专门展开论述。《实践论》结合中国的历史经验，通过对认识和实践的矛盾运动的考察，阐述了认识发展过程中的两个飞跃，揭示了认识发展的总过程。

（一）　在实践的基础上，从感性认识到理性认识——认识过程中的第一个飞跃

《实践论》用大量篇幅详尽地论述了什么是感性认识，什么是理性认识，以及二者的辩证关系，指出："理性认识依赖于感性认识，感性认识有待于发展到理性认识，这就是辩证唯物论的认识论。"② "由感性到理性之辩证唯物论的认识运动，对于一个小的认

---

① 《毛泽东选集》第 1 卷，人民出版社 1991 年版，第 292 页。

② 同上书，第 291 页。

识过程（例如对于一个事物或一件工件的认识）是如此，对于一个大的认识过程（例如对于一个社会或一个革命的认识）也是如此。"① 认识的真正任务在于从感性认识能动地飞跃到理性认识，这也就是认识世界的任务。

实现从感性认识到理性认识的飞跃，必须具备一定的条件。毛泽东提出两个基本条件：一是感觉的材料十分丰富（不是零碎不全）和合乎实际（不是错觉）。理性认识是对事物的一般的共同本质的概括，一般寓于个别之中，本质存在于各种现象之中，如果不接触大量的具体事物和现象，没有丰富而合乎实际的感性材料，就不可能把一般从个别中分离出来，把本质从现象中抽象出来。在实际工作中，只有对周围环境和社会状况做系统的周密的调查研究，掌握大量的合乎实际的感性材料，才可能实现认识上的飞跃。二是必须经过思考的作用，将丰富的感觉材料加以去粗取精、去伪存真、由此及彼、由表及里的改造制作。应用辩证的思维方法对感性材料进行改造制作，才能使认识上的飞跃由可能性变成现实。经验证明，不懂得辩证地思考，尽管掌握大量的事实材料，也只能罗列现象，抓不住事物的本质和规律。《实践论》关于实现感性认识到理性认识飞跃的两个基本条件的论述，表现了认识论的唯物论和辩证法的统一。毛泽东从感性认识和理性认识的辩证关系上，揭露了教条主义和经验主义的失败在于把二者割裂开来，各持一端，由此导致类似哲学史上的"唯理论"和"经验论"的错误。

第一，认识过程中的第二个飞跃——从理性认识到实践。《实践论》强调指出，认识的能动作用更重要的还须表现在从理性的认识到革命的实践这一个飞跃上，这就是改造世界。从认识发展的过程来说，它之所以更为重要，理由有三：其一，这次飞跃是实现认

① 《毛泽东选集》第 1 卷，人民出版社 1991 年版，第 291—292 页。

识的目的。经过实践得到的理性认识，只有又转过来为实践服务，把理性认识转化为实践活动，才能变成改造自然、改造社会的现实力量，否则理性认识就是无目的无意义的。其二，理论通过这一次飞跃受到检验。第一个飞跃获得的理性认识可能是正确的，也可能是错误的，尚未得到证实，"只有使理性的认识再回到社会实践中去，应用理论于实践，看它是否能够达到预想的目的"①，才可说明这一理论是否正确。其三，从理性认识向实践的飞跃，是发展真理的一个环节。经过实践的检验，理论的真理性不断得以补充，错误的理论得到否定和纠正，即使原来的认识是正确的，由于客观情况的变化，它又需要适应新的情况和发展。由此可见，由理性认识回到实践的过程，是整个认识过程的继续，它发挥着三重作用，即理性认识为实践服务，在实践中受检验，并得到进一步发展。

第二，一个正确的认识，往往需要由实践到认识、由认识到实践的多次反复。就认识发展的过程来说，经过两次飞跃，对于这一过程的认识运动算是完成了，但是，实际的认识过程并不是一次完成的，对一个具体事物的正确认识，往往需要经过多次反复才能完成。《实践论》分析，这是因为从事变革现实的人们，常常受着许多的限制，不但常受着科学条件和技术条件的限制，而且也受着客观过程的发展及其表现程度的限制（客观过程的方面及本质尚未充分暴露）。在这种情况下，由于在实践中发现前所未料的情况，因而部分地改变思想、理论、计划、方案的事是常有的，全部地改变的事也是常有的……许多时候反复失败多次，才能纠正错误的认识，才能到达和客观过程的规律相符合，因而才能够变主观的东西为客观的东西，即在实践中得到预想的结果。这就告诉我们，由于主观和客观条件的限制，对具体事物的认识出现反复是不可避免

① 《毛泽东选集》第 1 卷，人民出版社 1991 年版，第 292 页。

的。从这个意义上说，任何人都难免犯错误。只要经常深入实际，研究新情况新问题，自觉克服主观方面的局限性，就可以减少反复，避免犯大的错误。

第三，人们的认识运动是没有止境的。《实践论》不仅分析了对某一具体事物的认识往往需要从实践到认识，又从认识到实践的多次反复，而且指出人类认识运动的无限性。这是因为，任何真理性的认识都是具体的、相对的。"在绝对的总的宇宙发展过程中，各个具体过程的发展都是相对的，因而在绝对真理的长河中，人们对于在各个一定发展阶段上的具体过程的认识只具有相对的真理性。无数相对真理之总和，就是绝对的真理。"① 因此，人们在实践中对于真理的认识也就永远没有完结。这就告诉我们，对待任何真理的认识都不应采取教条主义的态度。对待马克思主义也不例外。马克思主义是经过实践检验的科学真理，但它并没有穷尽真理，而是在实践中不断地开辟认识真理的道路。只有从实际出发，以实践为标准，对于已被实践证明是正确的马克思主义基本原理必须坚持，对于那些已经被实践证明是不正确的或不适合变化了的情况的判断和结论应该勇于突破，只有这样，才能坚持和发展马克思主义。坚持和发展是统一的，二者统一的基础就是实践。那种把它们对立起来，把马克思主义当作僵死的教条来坚持的观点是错误的，那种借口"发展"而否定马克思主义的基本原则，也是错误的。

《实践论》对人类实践和认识的发展运动的总过程做了科学的概括："实践、认识、再实践、再认识，这种形式，循环往复以至无穷。"② 这种循环，不是简单的周而复始，而是否定之否定，是螺旋式上升、波浪式前进的辩证运动，实践和认识之每一循环的内容都进到了比较高一级的程度。人类的认识是一个无限发展的过程，

---

① 《毛泽东选集》第 1 卷，人民出版社 1991 年版，第 295 页。
② 同上书，第 296 页。

遵循这一认识的辩证规律，人们的认识就能够一步一步地向深度和广度发展。

三 《实践论》肯定了理论对实践的指导作用

《实践论》着重反对轻视实践的教条主义错误，所以重点论述了实践在认识过程中的决定性作用，但它同时也反对轻视理论的经验主义错误，科学地阐明了理论对实践的指导作用以及发挥这种作用的条件。《实践论》中引用了列宁的话："物质的抽象，自然规律的抽象，价值的抽象以及其他等等，一句话，一切科学的（正确的、郑重的、非瞎说的）抽象，都更深刻、更正确、更完全地反映着自然"。[①] 指出： "感觉只解决现象问题，理论才解决本质问题。"[②] 这都说明了理论的重要性。接着，还强调了革命理论的重要作用："在马克思主义看来，理论是重要的，它的重要性充分表现在列宁说过的一句话：'没有革命的理论，就不会有革命的运动'。然而马克思主义看重理论，正是，也仅仅是，因为它能够指导行动。"[③] 历史的经验证明，共产主义运动是在科学社会主义理论的指导下兴起的。没有理论指导的实践，是盲目的实践。今天，我们进行社会主义现代化建设和改革，也需要有科学理论指导。进行这样伟大的系统工程，如果没有扎实的科学的理论来指导，靠东碰碰，西摸摸，必然会造成工作中的失误。

---

① 《毛泽东选集》第1卷，人民出版社1991年版，第286页。

② 同上。

③ 同上书，第292页。

四　《实践论》揭露了"左"右倾错误的认识论根源

毛泽东把党内在政治上犯"左"右倾错误的原因，提高到认识论的高度做了深刻的分析，指出："唯心论和机械唯物论，机会主义和冒险主义，都是以主观和客观相分裂，以认识和实践相脱离为特征的。"① 因此，要克服"左"的或右的错误，必须做到主观的指导和客观实际情况相符合。而要解决主观认识和客观实际的矛盾，使主观和客观相一致，这是需要通过认识和实践的矛盾运动来解决的。只有坚持理论和实践的统一，才能达到主观和客观的统一。

由于社会实践是不断发展的过程，人们的认识和实践总会处于又统一又分离的矛盾状态之中，一个矛盾解决了，又会有新的矛盾，认识运动就是不断解决认识和实践的矛盾过程，所以，认识和实践的统一，并不是僵死的，一劳永逸的，而是具体条件下的统一，是一定历史阶段的统一。我们的结论是主观和客观、理论和实践、知和行的具体的历史的统一。这一结论，既是唯物的又是辩证的，它既强调了统一，又强调了这是具体的历史的统一。共产党人既不应该思想僵化，不能成为思想落后于实际的"顽固派"；又不能把幻想当作真理，超越现实的条件盲目冒进，急于求成。党的全部历史经验说明：什么时候主观和客观相分裂，理论同实践相脱离，就犯了"左"的或右的错误；什么时候坚持了认识和实践的统一，我们的革命事业就向前发展。只有达到"具体的历史的统一"，才能把马克思主义的普遍真理同我国的具体实践结合起来。

---

① 《毛泽东选集》第 1 卷，人民出版社 1991 年版，第 295 页。

五 《实践论》指出无产阶级改造
自身的认识能力的任务

马克思和恩格斯把自己称为实践的唯物主义者。他们说，对实践的唯物主义者，即共产主义者来说，全部问题在于使现存世界革命化，实际地反对和改变事物的现状。《实践论》指出："社会的发展到了今天的时代，正确地认识世界和改造世界的责任，已经历史地落在无产阶级及其政党的肩上。"① 这些话有着浓厚的时代感。重读这些论述，无疑会增强我们的历史责任感。

无产阶级及其政党是认识世界和改造世界的主体。改造世界的任务包括改造客观世界和改造主观世界。改造客观世界包括改造自然客体和社会客体。改造自然界的物质成果就是改造物质文明，它表现为人类物质生产的进步和对物质生活的改善。而改造社会的成果，则是新的生产关系和新的社会政治制度的建立和发展。在我国，社会主义制度已经建立，然而，我国的社会主义还仅仅处于初级阶段。在这个历史阶段，根本任务是发展社会生产，同时改革不适应生产力发展的生产关系和上层建筑，这是相当艰巨的任务。

无产阶级及其政党为了更好地改造客观世界，必须自觉地改造主观世界。改造主观世界的成果就是精神文明，它表现为教育、科学、文化知识的发达和人们思想、政治、道德水平的提高，改造主观世界，从根本上说，就是改造主体自身的认识能力，就是改造主观世界同客观世界的关系。所谓认识能力，是指主体能动地反映客体以及把握客体的规律，达到主观和客观具体的历史的统一的本

① 《毛泽东选集》第1卷，人民出版社1991年版，第296页。

领、才能。无产阶级政党要实现改造社会的任务，没有认识能力不行，认识能力低了也不行，因此要自觉地不断改造自身的认识能力；而要提高无产阶级政党的认识能力，关键在于提高党的干部，特别是高层领导干部的认识水平。

六　学习《实践论》具有重大的现实意义

第一，学习《实践论》，加深对党的思想路线的理解，提高坚持科学的思想路线的自觉性。《实践论》为我们党制定正确的思想路线提供了重要的理论基础。思想路线问题的实质就在于用什么样的世界观和方法论去观察和分析问题，去改造世界。我们党的思想路线的基本点是一切从实际出发，理论联系实际，实事求是，在实践中检验真理和发展真理。这些基本点是相互联系的，其核心是实事求是。所谓实事求是，就是要从客观实际出发，分析事物的内部矛盾，找出其固有的规律，获得真理性的认识，达到主观和客观、认识和实践的统一。

思想路线问题的解决并不是一劳永逸的，搞得不好是会反复的。新中国成立后，从 20 世纪 50 年代后期开始，直到"文革"，我们党所发生的失误就表现了这种反复，这些失误的思想根源，从根本上说，就是背离了实事求是的思想路线。1978 年 5 月开始的后来形成全国性的关于"实践是检验真理的唯一标准"的讨论，是在新的历史条件下坚持《实践论》思想、反对主观主义思想的斗争。这场斗争，通过批判"两个凡是"的错误观点，恢复了事实求是的光荣传统。党的十一届三中全会高度评价了真理标准问题的讨论，恢复和重新确立了党的实事求是的思想路线。这是一个重大的历史转折。

实事求是的思想路线重新确立，是从党中央的指导思想上来说的，是从全党居于主导地位的思想来说的，但是，这并不等于说各地区、各部门以及每个党员干部的思想路线问题都已经完全解决了。实际上在有些地区、部门以及工作人员的思想上还没有很好地解决这个问题，以致在实际工作中出现这样或那样的偏差和失误。因此，端正思想路线对于每个同志来说，都应该经常注意，认真地解决。我们学习《实践论》，可以加深理解党的思想路线的科学依据，从而大大提高坚持实事求是思想路线的自觉性。

第二，用《实践论》指引我们建设有中国特色的社会主义。中国共产党人坚持实践论的观点，把马克思主义同中国革命和建设实际相结合，走自己的路，夺取了中国革命和建设的巨大胜利。现在，要在更高的水平和要求上进一步建设社会主义，首先还需要从中国的国情出发，认识中国的实际和世界政治、经济发展状况，认真分析和研究国内外的各种矛盾，善于总结实践经验，敢于创新，勇于探索，勇于实践。同时，要不断加强各个学科的研究，形成自己的知识体系和理论观点，不断发展高科技，为实践提供理论支持和有利条件。

矛盾论[*]

  《矛盾论》是毛泽东继《实践论》之后，为了同一目的，即为了克服当时存在于党内的严重的主观主义，特别是为扫除教条主义思想而写的。它和《实践论》一起，是对建党之后 16 年中国革命经验教训的总结和概括，为我们党的实事求是的思想路线奠定了理论基础。

  这部著作是毛泽东论述唯物辩证法的一部最重要的著作。它在揭示辩证法和形而上学两种发展观的根本对立时，系统地阐述了唯物辩证法的根本规律——对立统一规律，强调指出不仅要研究矛盾的普遍性，尤其重要的是研究矛盾的特殊性，用不同的方法解决不同性质的矛盾来促成事物的转化，达到革命的目的。它从唯物辩证法理论方面阐明了马克思主义普遍真理和中国革命具体实践相结合的必要性，并从中国革命的经验教训中概括了这种结合的方法。

  《矛盾论》的内容很丰富，原理的论述既深入浅出又系统完整，便于我们学习和掌握。在这里，按著作的逻辑结构，从唯物辩证法的基本原理方面归纳几个问题做些说明。

---

* 《毛泽东选集》第 1 卷，人民出版社 1991 年版，第 299—340 页。

一　两种宇宙观对立的实质

《矛盾论》首先论述了事物的矛盾法则，即对立统一规律，是唯物辩证法的核心。在关于事物的发展问题上，唯物辩证法和形而上学两种宇宙观的根本对立，实质上在于是否承认事物内部的矛盾性引起事物的运动和发展。

人类认识史上从来就有互相对立的两种发展观。《矛盾论》坚持并发挥了列宁关于辩证法和形而上学是两种根本对立的发展观的思想。形而上学的宇宙观，用孤立的、静止的和片面的观点去看世界。这种观点把世界上的一切事物、一切事物的形态和种类，都看成是永远彼此孤立和永远不变的东西。如果说有变化，也只是数量上的增减和场所上的变化。这种观点是不科学的，因为它否认客观事物自身存在着矛盾，认为事物变更不是由它的矛盾引起的，而是由外力的推动引起的。与形而上学的宇宙观相反，唯物辩证法用联系的、发展的和全面的观点去看世界，认为世界上的一切事物和现象都是互相联系、互相制约的，是不断运动、变化、发展的。而事物发展的根本原因，在于事物内部的矛盾性，是事物内部的必然的自己的运动。

唯物辩证法是不是否认外因对事物发展的作用呢？不是的。毛泽东论述了矛盾在事物发展中的作用，论述了事物的内部矛盾和外部矛盾、根据和条件的辩证统一。他指出事物的发展是事物内部的必然的运动，是事物内部的矛盾所引起的。任何事物内部都有这种矛盾，它是事物发展的根本原因，一事物和他事物的互相联系和互相影响则是事物发展的第二位的原因。外因是变化的条件，内因是变化的根据，外因通过内因起作用。毛泽东分析自然界和社会的发展历史，论述了这个原理。这一原理是我们党的独立自主、自力更生方针的重要的理论基础。我国的社会主义现代化建设事业要得到发展，不能不注重外部条件，不能不利用国际环境的有利条件实行对外开放；但是又必须立足于独立自主的基础上，实行全面改革，只有这样才能把社会主义现代化建设事业引向胜利。

《矛盾论》指出，研究唯物辩证法，主要的目的就是要使人们善于观察和分析各种事物的矛盾运动，并根据这种分析，提出解决矛盾的方法。

二　矛盾的普遍性和特殊性的关系是矛盾问题的精髓

毛泽东说，研究对立统一规律涉及许多方面的问题，如矛盾的普遍性、矛盾的特殊性、主要的矛盾和主要矛盾的主要方面、矛盾诸方面的同一性和斗争性、对抗在矛盾中的地位，等等，如果我们将这些问题都弄清楚了，我们就在根本上懂得了唯物辩证法。而在这所有的问题当中，自始至终贯穿的一个基本思想，就是要正确理解和处理矛盾的普遍性和特殊性的关系问题。

（一）矛盾的普遍性及其意义

关于矛盾的普遍性，马克思、恩格斯和列宁都有很多的论述，而且在应用上获得了极其伟大的成果。《矛盾论》引证了恩格斯和列宁的一些经典论述。这里特别值得注意的是列宁论述《资本论》时指出，这些矛盾和这个社会各个部分总和的自始至终的发展（增长与运动两者），这样一句话，它不仅强调了一切事物都包含的矛盾，而且指明了"自始至终"都是矛盾推动着事物的发展。毛泽东根据这些思想，做了一个完整的简明的概括："矛盾的普遍性或绝对性这个问题有两方面的意义，其一是说，矛盾存在于一切事物的发展过程中；其二是说，每一事物的发展过程中存在着自始至终的矛盾运动。"① 也就是说，从空间来看，矛盾无处不有；从时间来看，矛盾无时不在。或者说，到处有矛盾，永远有矛盾。新事物代替旧事物，旧过程完结了，新过程发生了，新过程又包含新的矛盾，开始它自己的矛盾运动。世界上每一差异中就已经包含着矛盾，差异就是矛盾。矛盾即是运动，即是事物，即是过程，即是思想。没有矛盾就没有世界。

承认矛盾的普遍性和方法论意义，就在于要坚持矛盾分析的方法，矛盾的分析方法是我们认识事物最根本的方法。毛泽东在《反对党八股》中对这一方法做了精辟的论述，指出矛盾分析方法也就是提出问题、分析问题和解决问题的过程。提出问题，就是对问题即矛盾的两个基本方面加以大略的调查研究，发现矛盾的所在；分析问题，就是对矛盾进行系统的周密的分析，暴露事物内部的各个方面的联系；解决问题，就是要把分析的结果综合起来，指明矛盾的性质，提出解决矛盾的办法。《矛盾论》强调指出："中国共产党人必须学会这个方法，才能正确地分析中国革命的历史和现状，并推断革命的将来。"② 在实际工作中，只有学会应用矛盾分析的方法去观察问题、提出问题、分析问题和解决问题，才能避免犯主观主义的错误，才能把事情办好。

（二）矛盾的特殊性及其意义

《矛盾论》用足够的篇幅着重地论述了矛盾的特殊性问题，这是因为仅仅懂得矛盾的普遍性是不够的，现实存在着的矛盾都是具

---

① 《毛泽东选集》第 1 卷，人民出版社 1991 年版，第 305 页。
② 同上书，第 308 页。

体的，有其特殊性。鉴于我们党内的教条主义者根本不了解中国社会、中国革命和中国革命战争的特殊性，而只知照搬"本本"和外国经验，所以毛泽东认为，对矛盾的特殊性有必要做详尽的分析。

什么是矛盾的特殊性？矛盾着的事物及其每一个侧面各有其特点，这就是矛盾的特殊性和相对性。也就是说，矛盾的特殊性是指不同事物矛盾的各自特点和事物内部矛盾双方的特点。既然事物具有矛盾的特殊性，这就要求我们在认识事物的时候必须对具体事物做具体的分析。列宁说，马克思主义最本质的东西，马克思主义的活的灵魂，就在于具体地分析具体的情况。这是唯物辩证法的一个重要原则。怎样具体分析各种矛盾的特殊性呢？在马列的著作中都还没有从理论上做过系统的概括和论述。毛泽东联系中国革命的经验，精辟地阐述了具体分析矛盾特殊性的五种情形。

首先，各种物质运动形式中的矛盾，都带有特殊性。任何运动形式，其内部都包含有本身特殊的矛盾。这种特殊的矛盾构成一事物区别于其他事物的特殊本质。这就是世界上各种事物千差万别的内在原因。各门科学的研究对象不同，就是根据它们所研究的矛盾特殊性和特殊的本质来区分的。

其次，事物都是作为过程存在的，每一物质运动形式在其发展的不同过程中，矛盾也带有特殊性。事物不同的发展过程，为其包含的特殊的根本矛盾所规定。根本矛盾就是决定过程的本质、贯彻过程始终的矛盾。例如，在社会运动形式中，各个不同的社会形态，它们所包含的根本矛盾是不相同的。根本矛盾解决了，社会形态也就变化了。

再次，事物发展过程中矛盾的各个方面都具有特殊性。只有了解矛盾的各个方面，才能暴露事物发展过程的本质。所谓了解矛盾的各个方面，就是了解矛盾每一方面各占何等特定的地位，各用何种具体形式和对方发生相互依存又互相矛盾的关系，在互相依存又互相矛盾中，当其所依存的矛盾破裂后，又各用何种具体的方法和对方做斗争。

又次，从事物发展过程的具体情形来看，在同一过程的不同发展阶段，矛盾也有特殊性。根本矛盾决定过程的本质，它不到过程完结之日是不会消失的；但是，根本矛盾在其发展中或者采取了逐渐激化的形式，或者被根本矛盾所规定和影响的其他许多矛盾发生了变化，有些激化了，有些暂时地或局部地解决了，有些缓和了，又有些发生了，因此，过程就显出阶段性来了。例如，在我国新民主主义革命过程中，人民大众同帝国主义、封建主义这一根本矛盾始终存在着，但由于此根本矛盾的发展及其所规定和影响的其他矛盾的变化，使过程区分为好几个不同的发展阶段。社会主义社会的发展过程，也会有若干不同的发展阶段，我国现在还处在社会主义初级阶段，对它做具体分析，才能恰当地提出现阶段的任务和解决矛盾的具体方针、政策和方法。

最后，在同一发展过程的不同阶段，矛盾的各个方面也有其特殊性，都需要做具体分析。只有把握矛盾诸方面的特点，才能具体把握矛盾总体上的特点。

总之，矛盾的特殊性，就是矛盾的个性、特点。不论研究何种矛盾，都不能带主观随意性，必须对它们进行具体的分析。离开具体的分析，就不能认识任何矛盾的特殊性。毛泽东特别强调指出："研究问题，忌带主观性、片面性和表面性"①，片面性、表面性也是主观性。如果不是如实地反映事物本来的矛盾性，而只是片面地或表面地去看它们，对事物的互相联系和内部规律都不认识，这种看问题的方法必然是主观主义的。

把握矛盾的特殊性有什么意义呢？《矛盾论》中着重讲了两点。

----

① 《毛泽东选集》第 1 卷，人民出版社 1991 年版，第 312 页。

　　第一点，认识矛盾的特殊性是认识事物的基础。从人类认识运动的顺序来说，总是从特殊到一般，又从一般到特殊。人们总是首先认识了许多不同事物的特殊本质，然后才有可能更进一步地进行概括总结，从而认识诸种事物的共同的本质。当人们已经认识了这种共同的本质以后，就以这种共同的认识为指导，继续地向着尚未研究过的或者尚未深入地研究过的各种具体的事物进行研究，找出其特殊本质，这样才可以补充、丰富和发展这种共同的本质的认识，而使这种共同的本质的认识不致变成桎梏的和僵死的东西。教条主义者的错误就在于，一方面，他们不懂得只有研究矛盾的特殊性，才有可能充分认识矛盾的普遍性；另一方面，也不懂得在认识了矛盾的普遍性以后，还必须继续研究那些尚未深入研究过或者新出现的事物的特殊性。他们拒绝对具体的事物做任何艰苦的研究工作，而把一般真理看成是凭空产生的，把它当作抽象的公式和教条到处搬用。他们这样来指导中国革命的具体实践没有不失败的。在今天，我们可以说，不了解中国社会主义现代化的特点，就不能指导中国的现代化建设，就不能实现中国的社会主义现代化。现代化建设与革命战争的情况性质不同，需要我们研究现代化建设的规律。我们的现代化是社会主义的现代化，它又与资本主义的现代化具有根本性质的区别，这就需要研究社会主义现代化的特点。而中国的社会主义现代化，还不同于其他社会主义国家的现代化，有中国自己的国情，因此，对于其他社会主义国家的经验，只能借鉴，不能照搬。总之，建设有中国特色的社会主义，只能从中国的实际出发，具体分析自己的特点，走中国自己的实现社会主义现代化的道路。

　　第二点，认识矛盾的特殊性是正确解决矛盾的关键。《矛盾论》中论述了一个重要原则，不同性质的矛盾，只有用不同的方法才能解决。教条主义者不了解诸种革命情况的区别，因而也不了解应当用不同的方法去解决不同的矛盾，而只是千篇一律地使用一种自以为不可改变的公式到处硬套，这就只能使中国革命遭受挫折，或者将本来可以做得好的事情弄得很坏。注意这一点，对于改进我们的领导方法和工作方法是十分重要的。

（三）认真研究矛盾的普遍性和特殊性的关系，把握事物矛盾问题的精髓

《矛盾论》论述矛盾的普遍性和特殊性之间的关系，主要表现在两个方面。

一方面，是两者互相联结。任何事物都是矛盾的普遍性和特殊性的统一体，矛盾的普遍性存在于特殊性之中，矛盾的共性寓于个性之中，没有特殊性、个性，就没有普遍性、共性；而矛盾的特殊性、个性，又总是和普遍性、共性相联系而存在的。这是因为任何具体的事物总是属于一类事物中的一个，它们不仅由于有其各自的特点而彼此相区别，而且又因为有其共同的本质而相互联系。也就是说，在个性中有共性，在特殊中有普遍。

另一方面，是两者可以互相转化。我们所说的矛盾的普遍性和特殊性的区别是相对的，是就一定范围一定场合而言的。由于事物范围的极其广大，发展的无限性，所以，在一定场合为普遍性的东西，而在另一场合则变为特殊性。反之，在一定场合为特殊性的东西，而在另一场合则变为普遍性。

毛泽东论述两者的关系时明确指出，矛盾的普遍性和特殊性的关系，就是矛盾的共性和个性的关系，这一共性个性、绝对相对的道理，是关于事物矛盾问题的精髓。这一论断，在马克思主义哲学史上是一个崭新的概括，无论在理论上还是在实践上，都具有十分重要的意义。

从理论上说，不懂得这个"精髓"，就等于抛弃了辩证法。矛盾学说包含着多方面的具体内容，而共性个性、绝对相对的道理贯穿于所有这些内容之中，它揭示了对立统一规律各个原理之间的内在联系。例如，矛盾的普遍性、矛盾的斗争性，是矛盾的共性、绝对性；矛盾的特殊性、矛盾的同一性，是矛盾的个性、相对性，而对立统一规律又是唯物辩证法的实质和核心。因此，不弄清楚共性个性、绝对相对的道理，也就不能正确理解矛盾学说，也就不能真正把握唯物辩证法。

从实践上说，"精髓"的道理是把马克思主义真理同本国革命具体实践相结合这一原则的重要哲学基础。恩格斯和列宁曾多次说过，把马克思的理论应用于不同的国家，必须具体地研究该国的经济条件和政治条件，分析该国的特点。毛泽东关于事物矛盾问题精髓的论述，从唯物辩证法理论上对这一思想做了深刻的阐述。我们党关于马克思主义普遍真理同本国革命和建设的具体实践相结合的思想，就是共性个性、绝对相对的道理的具体体现。经验证明，不懂得"精髓"的道理，就必然会犯主观主义的错误。

从方法上说，共性个性、绝对相对的道理，提供了正确认识事物的根本方法，也是搞好各项工作的根本方法。毛泽东所总结的"一般号召和具体指导相结合"等领导方法，就是矛盾的普遍性和特殊性相结合的原理在实际工作中的具体应用。工作中的开拓精神、创造性从哪里来？关键在于"结合"，把马克思主义的普遍真理同我国的具体实际结合起来。把党中央的路线、方针、政策同本地区、本部门、本单位的实际情况结合起来，把一般号召和具体指导结合起来。结合就是创造。

因此，关于矛盾问题的"精髓"的论述，是认识论、实践论和方法论。

三　矛盾及其各个方面地位和作用的特殊性
——主要矛盾和主要矛盾方面

事物的各种矛盾和矛盾诸方面的发展总是不平衡的。它们在事物的发展中所处的地位和所起的作用是不同的，这也是矛盾特殊性的问题，由于它对人们实践活动的成败具有特别重要的意义，所以《矛盾论》对此做了专门论述。

《矛盾论》中明确指出主要矛盾和主要矛盾方面的含义，主要矛盾和非主要矛盾、主要矛盾方面和非主要矛盾方面的区别、联系和转化，以及研究这些问题的重要意义。

（一）主要矛盾和非主要矛盾

在复杂事物的发展过程中，有许多矛盾存在，其中必有一种矛盾起着主要的、领导的、决定的作用，由于它的存在和发展，规定或影响其他矛盾的存在和发展，这个矛盾就是主要矛盾。而其他的矛盾则处于次要和服从的地位，这就是非主要矛盾。抓住主要矛盾，就可以带动全局，其他矛盾也就比较容易解决了。抓不住主要矛盾，就找不到解决矛盾的正确方法。善于抓住和集中力量解决主要矛盾，是制定正确的战略策略的一个重要原则。在实际工作中，只有抓住主要矛盾，工作才有中心、重点和主攻方向，因此，这对我们从事一切工作都是普遍适用的。

值得注意的是，强调主要矛盾的重要性，绝不是可以忽视或撇开非主要矛盾。它们二者是相互制约、相互影响、相互作用的关系。只抓住主要矛盾，非主要矛盾不会自动得到解决，而且只有恰当地处理非主要矛盾，才有利于主要矛盾的解决。无论做什么事情，既要抓住中心，反对平均使用力量；又要全面安排，学会"弹钢琴"，防止"单打一"。

主要矛盾和非主要矛盾不是一成不变的，在一定条件下它们可以互相转化。当原来的主要矛盾解决了或者基本上解决了，其他矛盾就会突出起来，上升到主要的、支配的地位。1956年，党的"八大"分析了社会主义改造基本完成以后的形势，指明了国内的主要矛盾已经不再是工人阶级和资产阶级的矛盾，提出了全面开展社会主义建设的任务。这条路线本来是正确的，然而由于党的主要领导人错误地估计了新时期阶级斗争的形势，把无产阶级和资产阶级这个在一定时期内的主要矛盾绝对化，从1957年"反右派"斗争开始至发动"文化大革命"，犯了长时间的"左"倾严重错误。直到党的十一届三中全会，党中央才果断地停止了使用"以阶级斗争为纲"的口号，坚定不移地把全党和全国工作的重心转移到以经济建设为中心的社会主义现代化建设上来。这一具有伟大历史意义的战略转折，正是在对我国社会主义时期主要矛盾进行科学分析的基础上做出来的。

（二）矛盾的主要方面和非主要方面

在每一个矛盾中，矛盾各方面的发展也是不平衡的，有主要方面和非主要方面的区别。矛盾着的双方，必有一方面是主要的，处于支配地位、起主导作用；他方是次要的，处于被支配地位、起非主导作用。事物的性质，主要是由取得支配地位，起主导作用的矛盾主要方面所规定的。

矛盾的主要方面和非主要方面，在一定条件下也是互相转化的。这种转化是依靠事物发展中矛盾双方斗争的力量的增减程度来决定的。当矛盾的双方主次地位发生变化的时候，事物的根本性质也就改变了。《矛盾论》论述了生产力和生产关系、理论和实践、经济基础和上层建筑这几对矛盾的双方地位转化问题，既坚持了唯物论，又坚持了辩证法。

四　具体把握矛盾诸方面的同一性和斗争性以及斗争形式的特殊性

《矛盾论》进一步揭示了事物发展的内在动力，论述了矛盾同一性和斗争性的问题，以及对抗在矛盾中的地位。

（一）矛盾的同一性和斗争性及其相互关系

关于矛盾的同一性和斗争性问题，在马列著作中有很多论述。列宁说："对立面的统一（一致、同一、均势）是有条件的、暂时的、易逝的、相对的。相互排斥的对立面的斗争是绝对的，正如发展、运动是绝对的一样。"① 毛泽东把列宁的一些思想系统化，并做了发挥。什么是矛盾的同一性？他指出，对立面在一定条件下的互相联结、互相贯通、互相渗透、互相依赖，这种性质叫作同一性。也就是说，矛盾双方互相依存，不可分割，它们互为自己存在的条件，失去一方他方也就不能存在，这就是矛盾的同一性。《矛盾论》在论述同一性时，进一步指出矛盾对立面的转化。转化与同一性是有密切关系的，正因为对立面之间具有同一性，所以它们在一定条件下能够各自向着自己的对立面转化。对立面的转化，是事物的质变，是飞跃。没有同一性的东西，是不会相互转化的。什么是斗争性？辩证法所讲的斗争性是一个极其广泛的哲学概念，它所指的就是矛盾双方的互相排斥、互相对立、互相否定这样一种性质。

---

① 《毛泽东选集》第 1 卷，人民出版社 1991 年版，第 340 页。

事物内部对立面之间这种同一性和斗争性是矛盾的基本属性，它们不可分割地联结在一起。二者的关系也是相对和绝对的关系。同一性是相对的，斗争性是绝对的。斗争性寓于同一性之中。没有斗争性，就没有矛盾，因而也就无所谓同一性。而同一性又制约着斗争性，同一性的情况、性质不同，决定着斗争的内容、形式、方法的不同，因此，我们应该在同一中把握斗争，在斗争中把握同一。毛泽东说："有条件的相对的同一性和无条件的绝对的斗争性相结合，构成了一切事物的矛盾运动。"① 也就是说，矛盾双方又统一又斗争，才导致对立面的转化，推动事物的不断发展。否认同一性或者否认斗争性，实质上也就否认了事物的运动、变化和发展。历史的经验告诉我们：把同一性和斗争性绝对对立起来，强调同一性而排斥斗争性，或者强调斗争性而排斥同一性，都是错误的，只能给革命和社会主义建设事业带来损失。

（二）对抗在矛盾中的地位

《矛盾论》中论述了矛盾斗争形式的特殊性问题，阐明了对抗只是矛盾斗争的一种形式，而不是它的一切形式，不能到处套用这个公式，这一点也是很重要的。多年来，在"左"的错误思想指导下犯的阶级斗争扩大化的错误，从哲学上来说，一个重要原因就是离开具体的同一性片面地强调斗争性。结果，斗争就是一切，斗争就是"批判""打倒"，混淆两类矛盾的性质，乱斗一气。这种错误的认识和做法必须彻底纠正。我们应该具体地研究各种斗争情况。矛盾的性质不同，解决矛盾的方法，即斗争形式也不同，因此，在研究解决矛盾的方法时，要注意矛盾的各种不同的斗争形式的区别。

---

① 《毛泽东选集》第 1 卷，人民出版社 1991 年版，第 333 页。

五　结论

毛泽东在讲了矛盾问题的各个方面以后，做了一个简短结论。这个结论强调对立统一规律是宇宙的根本规律，概括了对立统一规律的要点，以矛盾的普遍性和特殊性的关系问题为红线，把这些要点贯穿于矛盾问题的各个方面，明确指出懂得这些要点，就能够击破教条主义的思想，也能够避免重复经验主义的错误。

半个多世纪的中国革命和建设的历史经验证明，《矛盾论》的基本原理是正确的。凡是背离《矛盾论》的基本原理，不以《矛盾论》为理论基础的思想路线，就会犯这样或那样的错误。当然，《矛盾论》同其他经典著作一样，并没有穷尽真理，而是为认识真理开辟了道路，自然科学、社会科学在发展，世界人民革命斗争和我国现代化建设事业在发展，因此，我们要在坚持《矛盾论》基本思想的同时，总结科学技术革命的新成果，概括社会实践的新经验，把唯物辩证法不断地推向前进，沿着正确的思想路线为中国特色的社会主义事业而继续奋斗。

关于正确处理人民内部矛盾的问题

　　《关于正确处理人民内部矛盾的问题》是毛泽东于 1957 年 2 月 27 日在最高国务会议第十一次（扩大）会议上的讲话，后经过整理、修改和补充，于同年 6 月 19 日在《人民日报》公开发表，人民出版社同时出版单行本。人民出版社于 1964 年出版的《毛泽东著作选读》、1970 年出版的《毛泽东五篇哲学著作》、1999 年出版的《毛泽东文集》第 7 卷，均收入此文。

　　此文以正确处理人民内部矛盾为总题目，讲述了以下 12 个方面的问题：两类不同性质的矛盾；肃反问题；农业合作化问题；工商业者问题；知识分子问题；少数民族问题；统筹兼顾、适当安排；关于百花齐放、百家争鸣、长期共存、互相监督；关于少数人闹事问题；坏事能否变成好事？关于节约；中国工业化道路。其中，在第一个问题中全面论述了人民内部矛盾的基础、性质、特点、解决原则等方面，在除第二个问题外的其他问题中，都是从不同角度阐述了如何处理好人民内部矛盾的各个方面的问题以及有关方针。

一　社会主义社会的矛盾和基本矛盾

（一）应该用对立统一规律来观察社会主义社会

对立统一规律是宇宙的根本规律，它普遍地存在于自然界、人类社会和人们的思想中。矛盾着的对立面既统一又斗争，由此推动事物的运动和变化。矛盾是普遍存在的，不过事物的性质不同，矛盾的性质也就不同。对于任何一个具体的事物来说，对立面的统一是有条件的、暂时的、过渡的，因而是相对的；对立的斗争是绝对的。

应该运用这一规律去观察问题和解决问题。人民内部还存在着矛盾，正是这些矛盾推动着社会向前发展。只有在不断正确处理和解决矛盾的过程中，才能使社会主义社会内部的统一和团结日益巩固。

社会主义社会的矛盾同旧社会的矛盾是根本不同的。阶级社会的矛盾表现为激烈的对抗和冲突，表现为激烈的阶级斗争，不可能靠社会制度本身来解决。社会主义社会的矛盾不是对抗性矛盾，它可以通过社会主义制度本身不断地得到解决。

（二）社会主义社会的基本矛盾

在社会主义社会中，基本矛盾仍然是生产力和生产关系、经济基础和上层建筑之间的矛盾。

社会主义社会的基本矛盾和旧社会的基本矛盾具有根本不同的性质，它是非对抗性质的矛盾。

社会主义社会的生产力和生产关系、经济基础和上层建筑之间是既相适应又相矛盾的。社会主义社会的生产关系已经建立起来，它是和生产力的发展相适应的，但是，它还很不完善，这些不完善的方面和生产力的发展又是相矛盾的。

社会主义社会的生产关系比旧的生产关系更能适合生产力的发展，因而使生产不断扩大，人民的需要逐步得到满足。但是，由于存在着公私合营企业和半社会主义的农业合作社，在社会经济中生产和交换、消费和积累的矛盾还难以完全解决，这些又都制约着生产力的发展。

从上层建筑的范围看，人民民主专政的国家制度和法律，以马克思列宁主义为指导的社会主义意识形态，是和社会主义的经济基础相适应的，但是，资产阶级意识形态的存在，国家机构中官僚主义作风的存在，国家制度中缺陷的存在，都是和社会主义的经济基础相矛盾的。

社会主义社会的基本矛盾就是在不断解决矛盾问题的过程中发展前进的。

二　社会主义社会两类矛盾的学说

毛泽东指出，在我们的面前有两类社会矛盾，这就是敌我之间的矛盾和人民内部的矛盾。这是性质完全不同的两类矛盾。

（一）人民内部矛盾

第一，人民的概念。人民这个概念在不同的国家和各个国家的不同历史时期，有着不同的内容。在现阶段，在建设社会主义的时期，一切赞成、拥护和参加社会主义建设事业的阶级、阶层和社会团体，都属于人民的范围。

第二，人民内部矛盾的范围。毛泽东指出，在我国现在的条件下，所谓的人民内部矛盾，包括工人阶级内部的矛盾，农民阶级内部的矛盾，知识分子内部的矛盾，工农两个阶级之间的矛盾，工人、农民同知识分子之间的矛盾，工人阶级和其他劳动人民同民族资产阶级之间的矛盾，民族资产阶级内部的矛盾，等等。政府同人民群众之间也有一定的矛盾。这种矛盾包括国家利益、集体利益同个人利益之间的矛盾，民主同集中的矛盾，领导同被领导之间的矛盾，国家机关某些工作人员的官僚主义作风同群众之间的矛盾，这些也属于人民内部矛盾。

工人阶级和民族资产阶级之间存在着剥削和被剥削的矛盾，这本来是对抗性的矛盾。在我国的具体条件下，可以转化成非对抗性的矛盾，如果处理不当，也可以变成敌我之间的矛盾。

第三，人民内部矛盾的性质。人民内部的矛盾，在劳动人民之间，是非对抗性的；在被剥削阶级和剥削阶级之间，除了对抗性的一面之外，还有非对抗性的一面。

一般来说，人民内部的矛盾，是在人民利益根本一致基础上的矛盾。

第四，解决人民内部矛盾的指导原则。人民内部矛盾是一个分清是非的问题。我国的人民民主专政表明，在人民内部实行民主制度，在人民内部实行的民主集中制，要求民主和集中的统一，自由和纪律的统一，我们不应当片面强调一个侧面而否定另一个侧面。凡属思想性质的问题，凡属人民内部的争论问题，只能用民主的方法去解决，只能用讨论的方法、批评的方法、说服教育的方法去解决，而不能用强制的、压服的方法去解决。

在历史上，我们曾经把解决人民内部矛盾的民主方法具体化为一个公式叫作"团结—批评—团结"，就是从团结的愿望出发，经过批评或者斗争，分清是非，使矛盾得到解决，从而在新的基础上达到新的团结。

一般情况下，人民内部矛盾不是对抗性的，但是如果处理得不适当，也可能发生对抗，这通常只是局部的、暂时的现象。

（二）敌我矛盾和阶级斗争

在现阶段，一切反抗社会主义革命和敌视、破坏社会主义建设的社会势力和社会集团，都是人民的敌人。解决敌我矛盾的方法是专政。人民民主专政的第一个作用，就是压迫国家内部的反动阶级、反动派和反抗社会主义革命的剥削者。压迫那些社会主义建设的破坏者，就是为了解决国内敌我之间的矛盾。人民民主专政的第二个作用，就是防御国家外部敌人的颠覆活动和可能的侵略，担负着解决对外敌我矛盾的任务。

革命时期大规模的疾风暴雨式的群众阶级斗争基本结束，但是阶级斗争还没有完全结束。无产阶级和资产阶级之间的阶级斗争，各派政治力量之间的阶级斗争，无产阶级和资产阶级之间在意识形态方面的阶级斗争，还是长期的、曲折的矛盾，有时甚至是很激烈的矛盾。无产阶级要按照自己的世界观改造世界，资产阶级也要按照自己的世界观改造世界。在这一方面，社会主义和资本主义之间谁胜谁负的问题还没有真正解决。

三　正确处理人民内部矛盾的若干方针

（一）社会主义时期的根本任务

在国家政权巩固后，我们的根本任务已经由解放生产力变为在新的生产关系下保护和发展生产力。

（二）知识分子的改造

知识分子如何适应新社会的需要，也是人民内部的一个矛盾。

知识分子必须继续改造自己，逐步抛弃资产阶级的世界观而树立无产阶级的、共产主义的世界观。世界观的改变是一个根本的改变，现在多数知识分子还不能说已经完成了这个转变。

我们的教育方针，应该使受教育者在德育、智育、体育几方面都得到发展，成为有社会主义觉悟的有文化的劳动者。

（三）少数民族问题

搞好汉族和少数民族关系的关键是克服大汉族主义。在存在地方民族主义的少数民族中间，则应当同时克服地方民族主义。

（四）百花齐放、百家争鸣的方针

百花齐放、百家争鸣的方针是促进艺术发展和科学进步的方针，是促进我国社会主义文化繁荣的方针。

艺术和科学中的是非问题，应该通过艺术界和科学界的自由讨论去解决，通过艺术和科学的实践去解决，不要轻率地作结论，不应当采取简单的方法去解决。这种态度可以帮助科学和艺术得到比较顺利的发展。

正确的东西总是在同错误的东西做斗争的过程中发展起来的。真的、善的、美的东西总是同假的、恶的、丑的东西相比较而存在、相斗争而发展的。这是真理发展的规律，也是马克思主义发展的规律。

同时要看到，资产阶级、小资产阶级，它们的思想意识是一定要反映出来的。它们一定要在政治问题和思想问题上，用各种办法顽强地表现它们自己。

根据我国《宪法》的原则，根据我国最大多数人民的意志和各党派历次宣布的政治主张，在我国人民的政治生活中，判断言论和行动是非的标准大致规定如下：有利于团结全国各族人民，而不是分裂人民；有利于社会主义改造和社会主义建设，而不是不利于社会主义改造和社会主义建设；有利于巩固人民民主专政，而不是破坏或削弱这个专政；有利于巩固民主集中制，而不是破坏或削弱这个制度；有利于巩固共产党的领导，而不是摆脱或削弱这种领导；有利于社会主义的国际团结和全世界爱好和平人民的国际团结，而不是有损于这些团结。在这六条标准中，最重要的是社会主义道路和党的领导两条。

（五）　长期共存、互相监督的方针

共产党和资产阶级、小资产阶级的民主党派长期共存、互相监督是我们的方针。

只要为人民效力，在人民有困难的时期确实帮了忙的、做了好事的，并且是一贯地做下去的，人民和人民的政府就没有理由不给他以生活的机会和效力的机会。这是各党派长期共存的政治基础。

所谓互相监督，当然不是单方面的，共产党可以监督民主党派，民主党派也可以监督共产党。

（六）　关于少数人闹事问题

个别地方少数人闹事，最主要的原因是领导上的官僚主义，另一个原因是对于工人和学生缺乏思想政治教育。

群众闹事是坏事，但是可以使我们接受教训，克服官僚主义，教育干部和群众。从这一点上讲，坏事也可以转变成好事。

（七）　中国工业化的道路

工业化道路问题，主要是指重工业、轻工业和农业的发展关系问题。

我国的经济建设是以重工业为中心的，这一点必须肯定；同时

必须充分注意发展农业和轻工业。

依据我国国情，发展工业必须和发展农业并举，只有这样工业才有原料和市场，才可能为建立强大的重工业积累较多的资金，从而使工业得到更快的发展。

四　现实意义

毛泽东关于社会主义社会矛盾的学说，科学揭示了社会主义社会发展的动力，为正确解决社会主义社会各种矛盾、创造良好的社会环境和政治环境，提供了基本的理论依据，也为后来的社会主义改革奠定了坚实的理论基础。今天的中国，改革已经是这个时代最鲜明的特征，改革使社会主义在中国得到了新发展。可以说，没有改革开放，就没有今天的中国。在今天深化改革的关键时刻，我们仍需将正确处理人民内部矛盾作为我们工作的重中之重，这是继续深化改革的一大难题。

后　记

习总书记在 2016 年 5 月 17 日主持召开的哲学社会科学工作座谈会上指出："这是一个需要理论而且一定能够产生理论的时代，这是一个需要思想而且一定能够产生思想的时代。"我们观察当代中国哲学社会科学，需要有一个宽广的角度，需要将其放到世界和我国发展大历史中去看。我们的哲学社会科学有没有中国特色，归根到底要看有没有主体性、原创性。《马克思主义哲学经典著作导读》正是坚持了不忘本来、吸收外来、面向未来，尝试构建具有中国特色的马克思主义经典著作的学术体系和话语体系。

本书总共 20 余万字，分为总论和分论两大部分，总论部分由对 3 篇哲学原著的解读构成，分论部分由对马克思、恩格斯"关于历史唯物主义的书信"的解读，对毛泽东哲学原著的解读，对马克思、恩格斯、列宁哲学原著的解读构成。本书的编著、大纲、统稿、定稿都由作者独立完成。

在写作的过程中，杨建毅教授对《马克思主义哲学经典著作导读》的编著提出了宝贵意见，给予了大力支持，兰州城市学院的一些同事们对本书的写作和出版，表示了足够的关心。作者在此表示由衷的谢意。中国社会科学出版社的工作人员为本书的出版做了大量的工作，在此谨致以最真挚的谢意。

由于作者水平有限，时间仓促，书中难免有错误或疏漏，恩请广大专家学者和广大读者朋友对本书的缺点、错误提出宝贵的批评意见。

兰州城市学院马克思主义学院　**甄晓英**

2016 年 5 月